2007

L'année du discernement spirituel

Le retour de la lumière

Kryeon, Adama, la Fraternité de Lumière,
Soria, Hildon, Chandra et Flex

Propos recueillis par Martine Vallée

ARIANE

Titre original français :
Le retour de la lumière
2007, l'année du discernement spirituel

1209, av. Bernard O., bureau 110, Outremont, Qc,
Canada H2V 1V7
Téléphone : (514) 276-2949, télécopieur : (514) 276-4121
Courrier électronique : info@ariane.qc.ca
Site Internet : www.ariane.qc.ca

Traduction :Louis Royer
Révision linguistique : Monique Riendeau, Hélène Hamel et Michelle Bachand
Révision : Martine Vallée
Graphisme et mise en page : Carl Lemyre
Illustration de la page couverture : Gabriel Uribe

Première impression : août 2006

ISBN : 978-2-89626-015-7
2-89626-015-3

Dépôt légal : 3e trimestre
Bibliothèque nationale du Québec
Bibliothèque nationale du Canada
Bibliothèque nationale de Paris

Diffusion
Québec : ADA Diffusion – (450) 929-0296
www.ada-inc.com
France et Belgique : D.G. Diffusion – 05.61.000.999
www.dgdiffusion.com
Suisse : Transat – 23.42.77.40

Participation de la SODEC Québec

Imprimé au Canada

Table des matières

Présentation aux lecteurs vii

Première partie – Kryeon 1
Dernières pensées sur l'achèvement de l'énergie 11
L'année 2007 13
L'Afrique 28
Conseils aux humains sur le sentier de l'illumination 31

Deuxième partie – Adama 43
La Convergence harmonique 49
Les événements et changements futurs 55
L'Océanie et la Chine 72
L'intelligence du cœur 87

Troisième partie – La Fraternité de Lumière 91
L'intensité croissante de la vie 98
2006, l'année de la nouvelle intention 107
La compétition et la fatigue spirituelles 112
2007, l'année du discernement spirituel 115
Le climat et la politique
Le Canada, les États-Unis et le Mexique 119
Les énergies de guérison 123
Le huitième chakra 130

Quatrième partie – Soria 149
La France et le continent européen 155
L'œuvre à accomplir, les énergies
et les changements géophysiques 159
La mise en place des réseaux de lumière 165
Les planètes relais, les dernières tentatives des forces
de l'obscur et le travail des forces intersidérales 167
Les esprits de la nature et l'importance de s'y connecter ... 187
Activation du Maître Cristal de notre Super Univers 201

Cinquième partie – Hildon, Chandra et Flex 209
Les moments importants de 2006 218
Salim de Véga 224
L'Amérique du Sud et le Machu Picchu 229
L'année 2007 et la perception stellaire 233
Les Gardiens de l'astrologie sacrée 234
Message d'Octarus, Sterrius et Arquila des Pléïades 236
Les nouvelles fonctions de la grille cristalline 245
Message d'Elphis, grand prête inca 253
Les sept déesses de cristal de la création 256

Sixième partie – Méditations 267
Méditation individuelle 269
Méditation de groupe 275

Présentation aux lecteurs

Chers amis,

Bienvenue à ce rendez-vous cosmique ! J'ai toujours le plus grand plaisir à m'adresser à vous, mais cette fois, les mots semblent me manquer pour vous exprimer la joie et le bonheur que je ressens de vous présenter le premier tome d'une série qui s'intitule *Ensemble vers 2012*.

En quoi consiste cette série ? Tout d'abord, elle se compose de plusieurs ouvrages répartis sur quelques années. Chaque année – au 17 août, date de la Convergence harmonique, ce moment énergétique sans précédent dans l'histoire de l'humanité –, paraîtra un livre dont le contenu portera sur l'année qui s'annonce. Vous tenez donc entre vos mains le premier tome de cette série : *Le retour de la lumière – 2007, l'année du discernement spirituel*. À chaque année correspondra d'ailleurs un thème différent.

Les ouvrages de cette série ne contiennent surtout pas des « prédictions », comme on l'entend habituellement, ils constituent plutôt un partage de potentiels et de probabilités. Certains événements vont se produire et d'autres probablement pas.... peu importe. Il faut savoir que certaines dates portent en elles des énergies très particulières et qu'il est important de les connaître pour tirer parti de leur potentiel vibratoire. Mis à part les changements climatiques et terrestres, ce qui me semble primordial pour chacun d'entre nous, c'est non seulement de mieux comprendre ce qui se profile à l'horizon sur les plans énergétique et vibratoire, mais également de mieux saisir ce que nos frères et sœurs intraterrestres et extraterrestres préparent et leurs défis concernant l'humanité et la situation planétaire.

Pourquoi avoir intitulé le premier tome *Le retour de la lumière – 2007, l'année du discernement spirituel ?* Simplement parce que je crois que ce retour à la lumière est bel et bien amorcé non seulement sur la planète mais en chacun de nous. Il reste certes beaucoup à faire, mais cet ouvrage vous permettra de constater l'étendue du travail déjà accompli et de comprendre ce que chacun doit encore accomplir, assimiler et transformer. Quant à « *2007, l'année du discernement spirituel* », cela tient au fait que le discernement sera un atout aussi majeur qu'essentiel pour faire face à ce qui va se présenter sous couvert.

Dans ce premier tome, cinq auteurs et channels transmettent leurs enseignements. Lorsque j'ai demandé à Lee Carroll, Edna G. Frankel, Aurélia Louise Jones, Régine Françoise Fauze et Nathalie Chintanavich de participer à mon projet, tous ont accepté immédiatement avec une grande joie. Par la suite, d'autres entités se sont jointes au projet, dont les déesses de cristal. Animées de forces féminines et cristallines, ces entités œuvrent actuellement sur la Terre pour mettre en place les caractéristiques du Verseau. J'ai d'abord reçu une vision de ces sept entités qui souhaitaient s'exprimer, puis j'ai demandé à Nathalie Chintanavitch de bien vouloir transmettre leurs enseignements. Vous trouverez leur tout premier message à la page 256. Incidemment, il est fort possible qu'un livre entier leur soit consacré en 2007. J'ai en haute estime tous ces auteurs et le canal que chacun transmet. Ils ont toute mon admiration et ma gratitude.

Enfin, vous trouverez à la fin du livre un CD contenant des méditations. À mon sens, ce supplément audio vient compléter le travail à accomplir. J'ai donc demandé à Hildon, Chandra et Flex de bien vouloir nous offrir des méditations semblables à celles que les Incas ont reçues avant leur propre ascension. Nous vous proposons tout d'abord une méditation individuelle qui vous aidera à bien ancrer les énergies solaires, puisqu'elles se font de plus en plus présentes sur la planète. Pour ceux qui souhaiteraient vivre ces moments entre amis, il y a également une méditation de groupe.

En terminant, chers lecteurs, je vous invite à vous célébrer vous-mêmes ! Célébrez ce moment historique de la Convergence harmonique. L'année 2007 correspondra à son vingtième anniversaire… et ce sera également le vôtre. Je tiens à exprimer ma plus grande admiration à chacun d'entre vous, car vous relevez quotidiennement de nombreux défis, vous accomplissez votre mission contre vents et marées... et vous faites preuve de courage dans l'adversité. Je vous remercie d'être là… et de poursuivre votre route en dépit de tout. Sachez que le retour à la lumière a pu venir au monde grâce à ce que vous semez jour après jour.

Bonne lecture et que votre vie exprime toutes les possibilités !

Martine Vallée, Éditrice, août 2006
martine@ariane.qc.ca

Première partie

Kryeon

De notre point de vue, la paix mondiale est déjà survenue ; il ne vous reste plus qu'à la découvrir. Le mot « héros » me vient à l'esprit pour désigner ceux qui s'efforceront de transmettre la lumière, de méditer et d'agir au lieu de se contenter d'observer.

Message de Lee Carroll

C'est un immense plaisir pour moi de participer à cette série de livres qui est porteuse d'un très grand espoir pour l'humanité puisqu'elle exprime la certitude d'une amélioration future de la situation planétaire. C'est le moment idéal pour une telle entreprise et j'en félicite chaleureusement Martine Vallée, éditrice, qui considère ce projet comme l'œuvre de sa vie. Quelle noble tâche que de vous livrer ces messages sous une si belle forme et à un moment si propice !

Je salue également ici tous mes fidèles lecteurs francophones. Les livres de Kryeon ayant d'abord été traduits en français avant de l'être dans vingt et une autres langues, vous êtes donc particulièrement chers à mon cœur.

Pour plusieurs, la situation mondiale empire de jour en jour. Pour d'autres, dont sans doute les lecteurs de cette série d'ouvrages, nous assistons à une évolution de la conscience ponctuée de nombreux événements inattendus qui démontre clairement que les changements subis à l'heure actuelle par l'humanité conduisent vers une ère de paix.

Alors que les terroristes posent des bombes et que les fomenteurs de haine crachent leur venin, nous commençons à voir se réaliser ce dont parlait Kryeon il y a plusieurs années. Très lentement, les énergies se rassemblent en deux camps : d'un côté il y a ceux qui désirent la destruction à tout prix et de l'autre, ceux qui cherchent des solutions. Ces derniers l'emporteront à coup sûr, mais cette guerre d'énergies est horrible à regarder. Voilà pourquoi il faut écrire des livres comme celui-ci et les lire très attentivement.

Par ailleurs, nous voyons grandir les enfants indigo et nous commençons à comprendre pourquoi Dieu les a placés ici à ce moment précis de l'histoire. L'espoir nous vient autant des petites choses que des grandes. De plus en plus, les gouvernements et les grandes sociétés commerciales sont tenus responsables de leur corruption incessante. Ce qui était naguère considéré comme « normal » n'est plus acceptable aujourd'hui. En Israël, des Palestiniens et des Israéliens qui, il n'y a pas si longtemps, ne se seraient même jamais parlé s'entendent maintenant sur la nécessité de la création d'un État palestinien, tandis que certains de leurs compatriotes ne veulent encore que s'entretuer. De plus en plus, ces vieux ennemis se répartissent désormais en deux groupes : *ceux qui désirent la paix et ceux qui n'en veulent pas.* Plusieurs de ceux qui désiraient autrefois la guerre cherchent cette fois des solutions.

Kryeon nous avait prédit cette grande séparation en deux camps entre lesquels tous les humains devraient choisir. Eh bien, nous y voilà ! Au cours du *channeling* qui suit, il évoque un « pont d'épées » qui finira par régler le problème. Il apparaît de plus en plus que ce pont ne sera pas une guerre finale, mais plutôt une union, une célébration, un temps d'entente et de solutions. Les semeurs de haine s'éteindront lentement et l'histoire retiendra cette période critique où l'humanité aura dû prendre une énorme décision.

C'est là tout l'objet de mon travail. La paix intérieure nous permet de changer la situation planétaire. Nos pensées mêmes sont cruciales pour l'équilibre des choses et, en cette époque troublée, Kryeon nous apporte un immense réconfort. Il nous demande constamment si nous pouvons nous réjouir d'être ici. Pouvons-nous répondre que notre âme en est bien contente ? Sommes-nous suffisamment matures et éclairés pour vaincre la peur qui nous entoure ? Je pense que c'est le cas des lecteurs de ce livre, que je qualifie d'« amis » et de « travailleurs de la lumière ».

Soyez tous bénis.

LEE CARROLL

◊◊◊

Introduction

Salutations, très chers. Je suis Kryeon, du Service magnétique. Je sais parfaitement ce qui se passe au moment où vous lisez ces lignes. Vous affrontez des difficultés qui n'existaient pas encore lorsque mon partenaire a canalisé ces paroles. Tout ce dont vous êtes témoins Actuellement relève d'un grand bouleversement dont aucun épisode n'était toutefois imprévu.

Bénis soient ceux qui comprennent qu'ils sont venus ici pour être des guerriers de la lumière et non pour trembler de peur dans le noir. Tous les lecteurs de ce livre sont de vieilles âmes. Cette « fin du monde » n'étant que la « fin d'un vieux monde », il fallait que de vieilles âmes reviennent sur cette planète afin de la conduire vers un avenir d'espoir. Autrement dit, ceux qui prendront les décisions importantes sont déjà venus ici. Plusieurs sont jeunes et leur ADN diffère réellement du vôtre. Vous avez pour tâche de porter la lumière et de l'empêcher de faiblir. Utilisez votre énergie pour vous concentrer sur les lieux les plus sombres de la planète. Là où se trouve la lumière, l'obscurité ne peut exister et la sagesse finit toujours par triompher.

De notre point de vue, la paix mondiale est déjà survenue ; il ne vous reste plus qu'à la découvrir. Je vois déjà ce qui pourra être écrit dans vos futurs livres d'histoire. Le mot « héros » me vient à l'esprit pour désigner ceux qui s'efforceront de transmettre la lumière, de méditer et d'agir au lieu de se contenter d'observer.

Une grande partie du plan demeure cachée sous l'apparente réalité. Ce qui se prépare reflète ce que vous avez déjà accompli, même si vous ne pouvez pas encore le percevoir. Ne soyez donc pas inquiets parce que vous n'en voyez pas clairement les résultats. Ils apparaîtront au moment propice. C'est exactement comme si vous mouriez de faim pendant qu'un cuisinier vous prépare un repas gastronomique à votre insu. Quand celui-ci vous sera servi, vous festoierez !

Et il en est ainsi.

KRYEON

– *L'année 2007 sera la dix-huitième depuis l'arrivée de Kryeon. Ses messages sont survenus à la fin d'une période d'illumination, en 1989, et nous voici de nouveau à la fin d'une telle période. En quoi cette période de dix-huit ans qui s'achève diffère-t-elle de la précédente ? En quoi l'énergie du message diffère-t-elle ?*

Il n'y a jamais eu de période d'illumination comme celle-ci auparavant. Cela étant, on ne peut donc établir aucune comparaison. Le calendrier comporte plusieurs neuf et plusieurs onze, mais cette dix-huitième année n'est marquée d'aucun jalon majeur, pas plus que ne l'étaient la neuvième et la onzième. La durée de l'énergie se mesure plutôt en générations humaines. L'énergie qui fut activée en 1987 ne s'achèvera qu'au bout de vingt-cinq ans. Il y a une durée de vingt-cinq ans entre 1987 et 2012, et c'est cette période que nous appelons « le Nouveau Don de Lumière ».

Plusieurs désirent pourtant inscrire des jalons, et c'est compréhensible. En réalité, vous avez besoin de savoir comment vous évoluez. En numérologie, l'année 2007 signifie aussi l'« achèvement ». Par conséquent, l'année 2008 représente un « nouveau commencement ». Nous avons d'ailleurs mentionné ces deux années dans des messages précédents afin de rappeler leurs *potentiels*, qui sont, dans ce cas précis, particulièrement importants. En effet, vous vous dirigez vers un jalon qu'il vous faudra atteindre en 2012. Pour l'instant, vous êtes bien engagés sur la voie, même si vous ne le sentez probablement pas.

Comme l'année 2008 apportera des changements majeurs, vous devrez régler une fois pour toutes quelques vieux problèmes en 2007. Y a-t-il dans votre vie une énergie inappropriée ? Sur le plan culturel, la vieille énergie tente-t-elle de s'accrocher ? Si c'est le cas, vous pouvez très bien, en tant que maîtres travailleurs de la lumière, disposer de cette énergie, et c'est là votre tâche jusqu'en 2008.

Il y aura aussi une importante distribution d'énergie en 2007. Je vous explique. Comme l'humanité change continuellement et que nous servons les humains, notre tâche change aussi constamment afin de correspondre à votre énergie. Ça peut vous sembler étrange, mais l'essentiel de notre travail se déroule dans l'invisible. Notre activité la plus particulière et la plus gratifiante consiste à suivre les allées et venues des nouveaux humains. L'« énergie de départ » des humains qui arrivent doit être sans cesse rééquilibrée afin de correspondre aux nouvelles énergies de Gaïa.

Il est important que vous saisissiez la relation entre Gaïa (que vous appelez « la nature ») et ce qui arrive à la planète. Tout ce qui se trouve sous vos yeux est interconnecté, mais vous n'aimez pas y penser, car certaines choses ne vous semblent aucunement associées. Vous ne voyez pas la relation qui existe entre le temps, le soleil, la guerre, les changements climatiques, les tremblements de terre et la conscience humaine. Pourtant, ces éléments sont si intimement liés qu'un jour cela deviendra évident à vos yeux. Votre compassion s'élève, et les réactions émotionnelles profondes des individus changent, comme tout le reste. Mais nous reviendrons sur l'année 2007 un peu plus loin.

Nous désirons maintenant ajouter ceci : l'humanité demande instamment d'être libérée de la douleur, mais elle refuse d'ouvrir la porte de la « chambre de la douleur » pour en sortir. Pour Kryeon et son entourage, il est triste de voir des humains, qui croient avoir tout compris, se complaire dans les limites de leur propre esprit et de la fausse conception de Dieu qu'on leur a inculquée.

La première prison de l'humain est la croyance en sa nullité. Les humains décident d'avance qu'ils sont tellement séparés de Dieu qu'ils ne peuvent rien réaliser de valable, quels que soient leurs efforts. La religion organisée renforce cette croyance en affirmant que vous êtes nés souillés et que vous ne pouvez rien accomplir par vous-mêmes. Mais à quoi d'autre s'attendre de la part d'un vaste ensemble mondial créé par des hommes pour contrôler leurs semblables ? N'avez-vous jamais remarqué que la religion, tout en parlant de l'amour de Dieu, vous en sépare, puis vous demande de vous engager tridimensionnellement à le réclamer ? Jamais elle ne vous dit que cet amour est en vous ni que vous le recevrez intuitivement si vous le cherchez. Elle veut plutôt vous rallier à elle, que vous observiez ses dogmes et « payiez » même un peu avant d'être vraiment sauvés. Mais, dites-moi, est-ce là l'énergie de Dieu ou celle des hommes ?

Voyant cela nous pleurons (métaphoriquement), car, en vérité, chaque humain est de la même nature que tous les maîtres qui ont foulé le sol de cette planète. Vous êtes donc tous des maîtres qui s'ignorent et qui, apparemment, ne veulent pas tenter de le devenir. Même si la vérité dépasse vos capacités de croyance, il est triste de voir ainsi éprouvées votre tranquillité et vos attentes. Cependant, c'est là le résultat du libre arbitre dont nous disposons tous.

La deuxième prison de l'humain est la croyance en l'intellectualité de Dieu et en l'inutilité des émotions dans la vie spirituelle. Plusieurs croient que toute émotion nuit au travail spirituel et que la spiritualité doit se rapprocher graduellement du processus scientifique. Une chose leur échappe totalement : le pouvoir de l'émotion est en réalité l'une des énergies fondamentales de l'univers, au même titre que les forces électromagnétiques et la gravité. L'émotion humaine est une force qui fait bouger les électrons et modifie votre ADN. La compassion, particulièrement, possède un grand pouvoir, celui de déplacer les montagnes… Et pourtant, des gens très sérieux quant à leurs modalités de guérison ont décidé que l'émotion humaine était une faiblesse ! Elle est plutôt une source réelle de pouvoir. Ceux qui le nient finiront par échouer dans leur travail et leur ego les dominera, car ils se soustraient volontairement à l'amour de Dieu et aux lois universelles.

Voici une autre vérité. Certaines émotions humaines existent spécifiquement pour aider à la transformation de Gaïa. Évidemment, si vous choisissez de demeurer dans la colère, le drame et la haine, il y aura les réactions en conséquence. Mais si, au contraire, vous choisissez de vivre dans la compassion et l'amour, vous obtiendrez une tout autre réaction.

Vous savez, tout cela fait partie du libre choix que chaque humain peut faire entre la lumière et la noirceur.

La troisième et dernière prison de l'humain est celle-ci : plusieurs ont encore besoin de servir la vieille énergie même si l'humanité est entrée dans la nouvelle. Même ceux qui se disent des travailleurs de la lumière semblent englués dans leur vieux soi, comme s'ils ne voulaient pas vraiment accéder à la terre promise d'une existence paisible. Ils s'accrochent à leur vieille réalité comme à une couverture douillette. En fait, cette couverture est toute sale, imprégnée d'une énergie sombre, et elle les empêchera d'avancer toute leur vie s'ils ne l'abandonnent pas. C'est le cas des gens qui ne se libèrent pas de leur passé, qui se complaisent dans le récit répété de leurs ennuis et de leur désespoir, ou qui s'attirent les mêmes problèmes à répétition. Ils vont ensuite assister à des rencontres spirituelles et s'y sentent à leur place, mais ce n'est qu'un leurre. Ils ne sont vraiment à l'aise que dans la controverse, non dans le changement et la responsabilité. Ils rejouent sans cesse leur propre drame, et il en sera ainsi jusqu'à ce qu'ils abandonnent volontairement leur passé pour réclamer un nouvel ADN. Leur difficulté est la suivante : ils ont l'impression qu'agir autrement correspondrait à mourir, et ils ont raison. Ce serait la « mort du vieux soi », laquelle exige plus de courage qu'ils ne veulent bien en déployer. Ils demeurent donc enfermés dans l'obscure prison de leurs fausses certitudes.

– *De votre côté du voile, vous arrive-t-il parfois d'être surpris du comportement de l'humanité, ou bien savez-vous toujours d'avance ce que nous ferons ?*

L'esprit n'est jamais vraiment surpris, car toutes vos potentialités sont étalées sous nos yeux comme sur une carte intemporelle. Tous les événements potentiels, sombres ou lumineux, qui vous concernent sont déjà écrits. Par conséquent, lorsque vous suivez une voie qui vous mène à une belle réalisation, nous n'en sommes pas surpris, mais nous nous réjouissons que vous ayez suivi cette voie.

Nous célébrons donc le puzzle, pour ainsi dire, heureux que vous ayez eu le courage de vous aventurer dans le territoire inconnu où vous vous trouvez maintenant. Certes, vous êtes troublés par la haine, la guerre et l'incertitude qui vous accablent, vous et votre famille, mais comprenez bien ceci : vous devez désormais effectuer un choix très difficile. Devant vous s'étend une forêt sombre, pleine de dangers mortels. On vous a dit que, de l'autre côté, la paix règne sur terre, car une nouvelle civilisation y est née qui s'est engagée à respecter la vie et à rechercher le bonheur et qui, à cette fin, a établi des règles observées sur la planète entière.

Les prophètes ont prédit que vous vous arrêteriez au seuil de la forêt en proclamant que votre voyage est terminé. La Terre devait finir là. Mais vous avez plutôt entraîné toutes vos familles à l'intérieur de la forêt, où vous saviez que les choses iraient mal. C'est là que vous vous trouvez à l'heure actuelle, vous déplaçant dans cette obscurité. Cependant, le travailleur de la lumière le sait et il tient fermement le flambeau. Les autres ont peur et font appel à Dieu, disant néanmoins à tout le monde qu'ils vont mourir et que Dieu est mort. Il faudrait peut-être normalement toute une génération pour passer de la forêt à la lumière, mais, en ce moment, vous avancez presque tous et, qui plus est, vous le faites très rapidement. C'est là la surprise.

Dernières pensées sur l'achèvement de cette énergie…

Cette énergie s'achèvera complètement quand il y aura un consensus final en Israël. Le problème de ce pays est au cœur de la vieille énergie. C'est aussi là que tout était censé échouer. Maintenant, dans une nouvelle énergie, tout va s'arranger. Nos propos sur Jérusalem sont donc profondément motivés.

À l'époque biblique, l'expression « Nouvelle Jérusalem » désignait une autre région près de la mer Morte, où l'on espérait reconstruire une Jérusalem sans ennemis ni conflits. Actuellement, ce nom représente toutefois un changement d'énergie dans la vieille Jérusalem réelle, car c'est ce à quoi nous nous attendons. Tous les changements auxquels vous travaillez surviendront en somme lorsqu'il y aura un consensus à Jérusalem sur les Juifs en général et sur les Palestiniens en particulier [tels que vous les définissez aujourd'hui]. Cela pourrait bien se produire plus tôt que vous ne croyez. La sage entente si attendue entre ces deux forces inaugurera une paix de mille ans entre les deux pays, selon une vision de la propriété partagée et la reconnaissance du fait que la direction spirituelle et la souveraineté d'un territoire sont deux choses très différentes devant être sagement combinées. Ce sera là un nouveau modèle de partage et de gestion dans le respect de ces réalités. Aucun autre État ou ville terrestre d'aucune culture n'a jamais tenté une telle approche, qui représente une pensée interdimensionnelle où l'énergie spirituelle supplante les notions de pays, de région et de propriété d'objets ou de territoires.

Les Juifs et les factions islamiques ont un parent et un Dieu communs. On devra mettre l'histoire de côté et embrasser l'avenir comme une histoire potentielle en devenir. Quand cela arrivera, vous serez officiellement en mode « d'achèvement ». Il faudra toutefois deux générations pour y parvenir (en manifester la réalité), car la haine de l'Orient pour l'Occident s'apaisera lentement lorsque la cause profonde aura disparu. Quand un feu est éteint, la fumée ne peut plus servir de prétexte à la haine, au meurtre ou à la conspiration. Plusieurs l'utiliseront malgré tout, puisqu'ils sont nés dans une énergie qui ne peut changer dans leur esprit. Même si l'énergie qu'ils représentent et perpétuent aura alors disparu, ils en demeureront les guerriers jusqu'à leur mort.

On pourrait donc affirmer que l'achèvement réel aura lieu bien avant que sa réalité ne crée l'énergie du résultat final que vous attendez. Mais, pour nous, vous aurez créé l'histoire à ce moment précis et il suffira simplement d'attendre ensuite « que la marmite refroidisse ». Les États-Unis ont vécu cela dans les années soixante lorsqu'ils ont mis fin à la division des deux grandes races dans leurs territoires du Sud. Maintenant, ces races ne sont plus séparées, tout comme la ségrégation flagrante dans le transport et le commerce a disparu. À ce jour, elles partagent les postes de direction, elles ont les mêmes droits, et le consensus gouvernemental a depuis longtemps cédé la place à l'unité législative en cette matière. Mais la haine est toujours là, n'est-ce pas ? Et il y a encore une certaine ségrégation par défaut, n'est-ce pas ? Vous le voyez bien, il faudra plusieurs générations avant que meurent les vieilles habitudes, même si leur source a été éliminée. La nature humaine est ainsi faite. Certains invoqueront l'histoire pour justifier leur haine, laquelle durera toujours puisque, dans la réalité tridimensionnelle, le passé ne change jamais. Plusieurs attendent encore, quarante ans plus tard, que la marmite refroidisse. Certes, elle refroidira, mais le processus est plus lent quand les deux camps veulent poursuivre le combat malgré l'élimination de tout motif. Un jour, toutefois, tous les individus ayant participé à la création du problème auront disparu. C'est alors que les enfants s'interrogeront sur leur propre rôle. En fait, ils le font déjà.

Concentrez-vous sur l'envoi d'énergie au Moyen-Orient. On y cherche désespérément une solution qui n'est pas encore prête. Priez pour que chacun soit patient et compréhensif. Priez pour que les nombreuses factions des deux côtés s'unissent afin que les accords puissent avoir un sens. L'année dernière, le transit de Vénus a rééquilibré Gaïa en lui fournissant davantage d'énergie féminine. Priez pour que les mères aient cette fois leur mot à dire et acquièrent plus de prestige au sein de leur famille. Priez pour que les hommes les écoutent et comprennent enfin que chaque humain de cette planète a le droit d'y vivre et d'y remplir le mandat qu'il s'est confié avant d'y venir : celui d'instaurer la paix. Priez pour que les adultes respectent suffisamment les enfants et créent un lieu où ces derniers pourront être heureux longtemps après le départ de leurs parents.

L'année 2007

Parlons maintenant de l'année qui vient : 2007. J'ai spécifié précédemment que 2007 et 2008 ne constituaient pas la fin du cycle d'énergie. Cependant, 2007 possède le potentiel de l'achèvement d'une partie du puzzle. Par ailleurs, c'est en 2009 que se produira au Moyen-Orient un événement très particulier. Comprenez-vous alors pourquoi les quelques prochaines années seront cruciales ?

L'année 2007 a le potentiel de régler une fois pour toutes certains problèmes majeurs, dont le séparatisme. Ce dernier est partout. Dans votre culture, il divise les races, les factions politiques, les langues et même les groupes d'âge. Il est plus aigu dans les pays sous-développés, où la culture stagne depuis des décennies et où l'on assiste encore à des guerres tribales ou religieuses.

La nature humaine étant ce qu'elle est, ce problème ne sera jamais entièrement éliminé, car c'est une question d'équilibre. Il peut toutefois être désamorcé de façon que l'humanité entière le voie tel qu'il est : *un très vieux modèle désuet de l'existence humaine.* Quand on sépare des humains d'autres humains, quelle qu'en soit la raison, on limite leurs ressources. À un moment où l'humanité doit s'unir pour affronter les changements de climat et d'énergie, tout séparatisme ne peut que vous nuire, car il vous prive de l'intégralité nécessaire pour créer une Gaïa unifiée et activer ce que nous appelons l'« Akash »*. Il s'agit d'un champ ésotérique universel où tout le passé est emmagasiné. De notre point de vue, toutefois, c'est tout le futur qui y est stocké ! Nous utilisons des concepts qui vous sont si étrangers que vous ne pouvez les comprendre. Si un nombre suffisant d'esprits humains activent l'Akash, ils peuvent changer l'histoire. Comme nous voyons en même temps le passé et le futur, il n'y a pas pour nous de « vies antérieures ». Tout n'est qu'une seule énergie, qui peut être affectée par celle de la prière et de la méditation. Nous appelons « vies présentes » cet ensemble temporel qui comprend également celles que vous pensez ne pas avoir encore vécues ! Pour nous, elles l'ont toutes été, sauf que les décisions que vous avez prises pourraient convenir à un grand nombre de scénarios inconnus. Voilà le mystère. Quel scénario choisirez-vous parmi tous ceux qui sont, pour ainsi dire, déjà disponibles ? Pour nous, l'Akash représente ce que l'histoire dira du futur. Tout cela est difficile à comprendre pour vous qui vivez dans une réalité quadridimensionnelle où le

---

* **Note de l'auteur.** Les Archives akashiques font partie de l'Akash. C'est la relation entre l'humain et la Terre (Gaïa) qui crée, lorsqu'elle est pleinement réalisée, la maîtrise chez l'humain ainsi que sa parfaite intégration à l'univers. Aucun maître n'a jamais vécu sans être profondément connecté à la Terre. Cela semble accompagner l'illumination.

temps ne va que dans une seule direction et où vous ne pouvez voir que le passé.

Laissez-moi expliquer cela plus en détail. Supposons que vous assistiez à une course de chevaux interdimensionnelle. Il y a neuf chevaux dans la course, qui, en ce monde interdimensionnel, se déroulera un nombre infini de fois, avec un nombre infini d'issues… dont plusieurs seront identiques. Puisque toutefois, dans l'interdimensionnalité, le temps n'existe pas, toutes les courses ont lieu en un seul instant et tous les résultats vous sont connus. Maintenant, arrêtons-nous un peu. Connaissez-vous l'avenir ? Bien sûr, et vous connaissez *tout* l'avenir, tous les gagnants de cette course de neuf chevaux. Ce que vous ne savez *pas*, c'est laquelle de ces issues conviendra à la Terre quand la course se déroulera en quatre dimensions. Nous vous répétons donc que l'année 2007 offre des solutions à de graves problèmes. Quelle issue choisirez-vous ? Tout dépendra de la quantité de lumière que vous déciderez de mettre sur la Terre. Peut-être comprenez-vous maintenant pourquoi nous sommes si excités ? C'est que cette année-là recèle du potentiel et que nous « savons » ce qui pourrait se produire. Le choisirez-vous ? Actuellement, il semble que oui.

En 2007, un groupe particulier recevra de l'énergie. Nous aborderons cet aspect plus loin.

– *Quel sera le travail de Kryeon durant cette année-là ?*

Aimer l'humanité si parfaitement que Kryeon s'intégrera dans la conscience de tous. Cela peut sembler un peu évangélique, mais ce ne l'est pas. Ce travail unit le cerveau gauche et le cerveau droit ; il équilibre aussi la dualité. C'est l'étape qui permet à l'humanité de s'unir aux anges sans même s'en apercevoir !

Plusieurs humains ne suivront pas la route spirituelle, refusant de croire à la spiritualité. Pour eux, comme il n'en existe aucune preuve, ils n'ont aucune raison de le faire. Ils s'efforceront cependant de rechercher la paix, de développer l'équilibre et de se comporter d'une manière responsable. En fait, ils reçoivent à leur insu une énergie à laquelle l'humanité s'est ouverte depuis longtemps. Vous verrez donc des individus non spirituels manifester des attributs spirituels, ce qui est précisément le propre des maîtres, quel que soit le système de croyances.

Mon travail consiste en somme à inculquer à l'humanité les attributs des maîtres. Ça l'a toujours été, mais l'humanité est vraiment prête cette fois. De plus en plus d'individus acceptent ce genre de sagesse spirituelle qui n'exige pas d'assister à des assemblées ni de changer de système de croyances. On pourrait appeler cela l'« intuition ajoutée ».

Aucun humain ne « verra » Kryeon dans sa vie pour autant, mais ce sera là le début d'un « nouvel humain » vivant un nouveau genre de vie. Les ingénieurs, les scientifiques et tous ceux qui ne manifestent aucun intérêt pour l'ésotérisme commenceront à vivre selon nos enseignements. Évidemment, ils continueront à vous dire que cela ne les intéresse pas, sauf que vous les entendrez faire des déclarations d'une haute teneur ésotérique ! Contentez-vous alors de sourire sans plus, car vous ne voudriez surtout pas qu'ils retournent à leurs anciennes croyances... (*Sourire de Kryeon.*)

Quel sera donc l'un des plus grands défis de l'humanité en 2007 ? Vous devrez enfin décider de la signification réelle du mot « civilisation ». Par le passé, vous tolériez toutes les définitions. Vous n'étiez pas en faveur des dictateurs, mais vous les acceptiez. Vous déploriez l'inhumanité de l'homme envers son semblable, mais vous la pensiez inévitable. Voilà ce qui changera.

Alors que l'accroissement de la population vous rapprochera les uns des autres, vous devrez prendre d'importantes décisions qui n'ont jamais été à votre « programme » auparavant. Finalement, vous devrez décider s'il est conforme à la « civilisation » qu'un groupe de personnes désire en détruire un autre. Par le passé, vous n'aimiez pas cela, mais vous le tolériez. À l'avenir, ce ne sera plus le cas.

Vous finirez par voir tous les pays du monde travailler ensemble sur la base d'une entente humaine stipulant que la vie de chaque être est précieuse, peu importe la culture de la personne, et qu'aucun groupe n'a le droit d'en éliminer un autre. En fait, cela fera partie intégrante de la

« nouvelle humanité » vivant sur la planète. Nul besoin d'apprendre tout cela, car ce sera implanté à la naissance. Les nouveaux enfants indigo le savent déjà. Demandez-leur ce qu'ils voient sur cette terre et ils vous le diront.

La civilisation humaine éliminera lentement ceux dont la conscience est trop peu évoluée pour respecter la vie ou dont les croyances mythologiques leur font voir Dieu comme *leur* appartenant plutôt qu'à tous. Ils disparaîtront sans doute plus lentement que vous ne le souhaitez, mais cela se produira. En fait, c'est déjà commencé. Un jour, le système juridique de plusieurs nations sera fondé sur cette prémisse. Quiconque tentera alors de tuer un individu qui ne partage pas ses croyances ne gagnera aucun appui nulle part, de sorte qu'il ne pourra se loger ni se nourrir, ni même trouver d'autres personnes partageant ses vues. Ces gens, en nombre limité, disparaîtront peu à peu.

Ce sera là votre ultime technique de survie. Au lieu de cultiver la guerre, qui réduit tout en cendres, vous développerez lentement une société mondiale qui comprendra que sa survie dépend entièrement d'une même conscience de l'être, une conscience qui, fondamentalement, reconnaît que chaque humain est à sa place ici et a droit à la vie. Cela se manifestera évidemment par des variantes, vos cultures étant très diversifiées. Il n'y aura donc jamais uniformité de pensée parmi les humains, car des désaccords politiques ou autres existeront toujours, mais l'« entente fondamentale » deviendra graduellement « innée ».

En arriver là sera votre plus grand défi, car vous devrez adopter deux attitudes à la fois. Tout en respectant la vie, vous devrez peut-être l'enlever à d'autres pour survivre. Nous avons déjà évoqué cette situation. Que ferez-vous si un ennemi de la vie frappe à votre porte pour vous tuer, vous et vos enfants ? Chanterez-vous pour lui ? Entamerez-vous une discussion sur ses motifs ? En le voyant brandir son arme, le regard haineux, lui demanderez-vous de s'asseoir avec vous pour communiquer ? Non. Vous savez bien qu'il sera trop tard. Vous défendrez votre vie et celle de votre famille. Même le plus pacifique se battra pour sauver ses enfants ; le plus gentil d'entre vous a une légère idée de la brutalité qu'il pourrait déployer dans une telle situation. C'est là une des plus grandes difficultés que vous aurez à affronter. Certains seront choqués de voir leur dualité ainsi révélée. Les anges sont d'une très grande férocité au combat.

– *De votre point de vue, que devons-nous faire pour utiliser au mieux l'énergie de l'année 2007 ?*

De l'introspection. Bien que ce soit devenu un message commun, c'est ce que vous pouvez faire de plus valable.

Au cours des années, une somme d'actions silencieuses et d'énergie s'est accumulée en vous, qui pourrait sembler incroyable et très ésotérique à plusieurs. Quand Gaïa change, ce changement est emmagasiné dans l'ADN humain sous forme d'énergie interdimensionnelle. Par conséquent, vous avez tous changé un peu au cours des ans, sans le savoir.

Ces changements ne vous ont cependant pas affectés ; ils ont plutôt été intégrés en vous pour contribuer à un futur *effort de libre arbitre* si vous le désirez. C'est là une notion un peu complexe, une sorte d'énigme en temps linéaire, mais voyez les choses de la manière qui suit. Un voyageur s'aventure en territoire inconnu en priant Dieu de le guider et de le protéger. Dieu l'entend et dispose des vivres dans tous les endroits où il *a des chances* de passer. Si le voyageur décide librement de suivre un certain sentier sage à emprunter, il trouvera les vivres sur sa route, de lieu en lieu. Il lui faut du discernement et du travail sur lui-même pour choisir le bon chemin à mesure qu'il avance. Il reçoit de l'aide à cette fin, et le sait. En méditant, il lui sera plus facile de choisir le sentier où sont les vivres. Il travaille donc sur lui-même. Sur sa propre tolérance envers les autres et sur ses réactions dans les situations difficiles. Résultat ? Il développe un autre sens, lequel lui permet de choisir les sentiers où des vivres sont placés exactement là où il en aura besoin.

Imaginez maintenant que ces sentiers et ces vivres soient à l'intérieur de votre ADN. L'Esprit dispose dans votre corps de la sagesse, des outils et des dons particuliers qu'il vous est possible d'activer si vous choisissez la conscience appropriée. Le libre arbitre ne pourrait être mieux utilisé. Si un individu ne désire pas les découvrir (et plusieurs ne le veulent tout simplement pas !), il ne les découvrira pas. Sa vie n'en sera aucunement affectée s'il ne s'adonne jamais à l'ésotérisme. Par contre, s'il se livre à l'introspection et adopte une démarche spirituelle, ces dons seront activés beaucoup plus qu'ils ne l'auraient été il y a quelques années.

Ce système n'est pas injuste, car il récompense ceux qui choisissent de déceler en eux des qualités angéliques. En fait, c'est l'intuition qui est suivie ici à bon escient. Pour plusieurs, l'être humain développe ainsi la capacité de percevoir ce qui lui était inaccessible auparavant. Pour nous, c'est simplement l'éveil de la « source d'énergie » que vous avez toujours possédée et qui s'active davantage maintenant.

L'introspection éveille donc une toute nouvelle conscience, laquelle ouvre des portes auparavant bloquées. Derrière celles-ci se trouvent la survie, la sagesse, la paix et l'amour de Dieu. Il y a plusieurs années, nous vous avons dit que la nouvelle énergie planétaire nécessiterait que l'humanité y travaille. Nous y voilà.

– *Kryeon pourrait-il nous parler de son entourage ?*

La vérité concernant l'entourage de Kryeon est plus complexe que vous ne pouvez l'imaginer. En réalité, vous en faites tous partie ! J'ai déjà fourni de l'information à ce sujet, mais je vais ici concentrer ma réponse sur la question posée dans le cadre de ce livre.

En surface et dans la quadridimensionnalité, vous concevez mon entourage en tant que « groupe qui accompagne Kryeon ». Vous présumez cependant qu'il s'agit d'anges de soutien ou, tout au moins, d'entités semblables à moi. Ce concept nous semble vraiment très drôle, car la « vérité » est bien cachée.

Combien d'entre vous sont conscients de ne pas être entièrement ici ? Ce que je veux dire, c'est que votre « vous » total n'est pas présent. Je m'explique. Si vous êtes chacun un être angélique tout en étant un humain vivant sur cette planète, où est alors le reste de votre « angélité » pendant que vous êtes ici ? Celle-ci ne peut se trouver en vous, puisque vous ne pourriez alors être un humain. Plusieurs affirment donc qu'elle réside dans « le Soi supérieur ». Dans certaines religions, où l'on a accordé tout le pouvoir à un maître sauveur au lieu de le placer en « vous », on l'appelle « Saint-Esprit ». Autrement dit, la plus grande partie de l'humanité reconnaît qu'il manque un élément à son système de croyances, quel qu'il soit, et elle doit lui donner un nom et un but. En l'occurrence, ce but est la « sagesse spirituelle ».

Réfléchissez-y davantage, mais sans tenir compte de ce qu'on vous a appris et de ce que vous percevez autour de vous. Le Soi supérieur est en réalité « le reste de vous ». Il contient les éléments de la divinité qui ne peuvent faire partie de vous quand vous êtes un être humain. Dans la quadridimensionnalité, vous vous dites simplement ceci : « C'est une masse d'énergie qui m'appartient, mais qui n'est pas utilisée et que je retrouverai quand je ne serai plus sur la Terre. C'est un genre de réserve. »

Laissez-moi, par un exemple, vous prouver que cette conception est ridicule. En science, vos techniciens ont étudié l'ADN, dans lequel ils peuvent voir un code quadridimensionnel. Ils l'ont appelé « génome humain ». C'est un code logique et chimiquement systématique. Il crée les gènes qui construisent le corps humain. Les scientifiques l'étudient avec l'espoir que sa connaissance permettra entre autres d'éliminer les maladies et de maintenir la santé. Ce qui leur paraît étrange, c'est que ce code n'est présent que dans 3 % de la substance de l'ADN. Tout le reste semble inutile. Quatre-vingt-dix-sept pour cent de l'ADN ne contient aucun code ! Du point de vue de ces chercheurs, c'est de l'ADN non génique qui, plus qu'autre chose, nuit à leur étude puisqu'il n'a aucun rapport avec cette dernière.

Comme nous l'avons évoqué auparavant, les 97 % non étudiés constituent un « trésor » dont vous vous privez. Ils contiennent un code, mais celui-ci est invisible dans la quadridimensionnalité. Voilà pourquoi vous les écartez. Jamais l'évolution humaine n'aurait produit 97 % d'ADN inutile ! C'est tout simplement logique. Mais, comme la science ne peut le comprendre, elle prétend que ce n'est pas important. (À propos, ce ne sera plus vrai dès que quelqu'un aura mis au point une matrice permettant de « voir » le code contenu dans ces 97 % non étudiés.)

Il en est de même pour votre « Soi supérieur ». Vous pensez qu'il est emmagasiné ou qu'il vous aide peut-être parfois, mais vous n'avez aucune idée de ce qu'il fait. Voici donc la liste de ses fonctions :

1. Il participe à la grande séance de planification avec tous les autres « Soi supérieurs » de la planète. Il travaille constamment à ce que vous qualifiez de « cocréation », mais qui est réellement une « coopération » avec les autres énergies de potentiel contenues dans votre « maintenant ». Les autres individus qui vous entourent ont aussi de l'énergie et cocréent également. Cela exige une énorme quantité de travail et de coordination. Vous en interprétez le résultat comme une simple synchronie et, parfois, comme une coïncidence apparente. C'est drôle ! Alors que tout ce travail est accompli pour répondre à vos prières et créer votre réalité, vous qui ne pouvez voir que 3 % du code de l'ADN tenez cela pour de simples coïncidences !
2. Le Soi supérieur crée, avec tous les anges de l'Univers, la prochaine phase de ce qui constituera de nouveaux univers dans un cosmos beaucoup plus grand que vous ne pouvez le concevoir. Très occupé, il participe donc à la cocréation de tout !
3. Il est connecté à tous les autres anges ou humains qui existent, et ce, d'une façon que vous n'avez pas encore comprise, bien que vous l'utilisiez quotidiennement. Vous le « sentez », mais sans savoir de quoi il s'agit. Par le Soi supérieur, vous êtes reliés à tous les êtres vivant sur la Terre et, bien sûr, dans le cosmos. Le Soi supérieur établit donc la connexion interdimensionnelle avec tout ce qui existe.
4. Vous faites partie de l'entourage de soutien de chaque entité appartenant au « groupe de soutien » de la planète Terre, ce qui inclut l'entourage de Kryeon et de l'archange Michaël, pour n'en nommer que deux.

Pensez un peu à ce que cela signifiait dans votre ville de Montréal, à la fin de 2002, lorsque vous avez accompli une « célébration magnétique » à l'occasion du départ de l'entourage de Kryeon, ou « groupe de la grille », comme nous l'appelions. Nous vous avions dit que notre travail sur la grille serait terminé en 2002, et ce fut le cas. Nous avions en effet effectué tous les changements d'énergie alors nécessaires. Vous présumiez que l'« entourage » était aussi le groupe de la grille. Il ne l'était pas, mais vous vous êtes rassemblés pour le remercier. Au moment propice, vous l'avez fait, et plusieurs ont vu un grand groupe d'anges qui avaient accompli l'inimaginable : *ajuster le magnétisme de la planète au bénéfice futur de votre ADN*. Cela ne ressemble-t-il pas à de nouveaux dons ?

Combien savaient la vérité parmi ceux qui étaient là ? Très peu, sans doute. En réalité, vous accomplissiez cette célébration pour votre propre travail ! C'était *vous*, c'est-à-dire le Soi supérieur de chacun d'entre vous, qui formiez ce groupe. Si vous aviez usé d'un peu de logique spirituelle, vous l'auriez compris immédiatement. Qui pouvait savoir ce qui avait besoin d'être changé à l'intérieur de l'ADN humain ? Seule réponse possible : la conscience actuelle des participants du changement de l'ADN ! Ce ne *pouvait* donc être que *vous* !

Et ça l'est encore. Même en ce jour, l'entourage de Kryeon, cette grande force qui vous assiste tandis que vous lisez ces lignes, ou qui visite les salles où ont lieu les *channelings*, est composé de tous ceux qui ont consenti à fournir leur aide. Cet entourage change constamment, mais il n'est *pas* formé d'êtres angéliques déconnectés. Il est composé plutôt des Soi supérieurs des humains présents ici maintenant, qui y étaient auparavant et qui y seront plus tard. Cela continue d'être complexe…

Essayez de transcender la logique quadridimensionnelle. Dépassez ce que vous ne savez pas et appréhendez la vérité du cosmos, à savoir que vous faites partie de tout ce qui *est*, de tout ce qui peut exister de plus grandiose et de plus mystique. Vous êtes votre propre guérison. Vous êtes votre propre création. Oui, vous êtes l'entourage de Kryeon.

– *Kryeon pourrait-il nous parler du 18 septembre 2007 (9-9-9) ? Cette date circule un peu partout depuis quelque temps et certains ont même affirmé qu'elle correspondait à l'ascension de la Terre ! Puisqu'on entendra toutes sortes de suppositions à ce sujet, je crois qu'il est important de remettre cette information en perspective.*

Il est toujours intéressant de voir ce que l'humanité fait de son potentiel. Parfois elle le craint, parfois elle le vénère. Je vous ai dit déjà qu'en 2007 une énergie particulière allait être distribuée à quelques-uns. Cette réponse contiendra cette information.

Cette date a été choisie pour représenter ce qui a été canalisé par d'autres il y a plusieurs années au sujet des enfants indigo. Pour le lecteur qui ne le saurait pas encore, précisons qu'il s'agit des « nouveaux enfants de la planète ». Vous pouvez leur donner n'importe quel nom, même celui « d'enfants non indigo ». Vous pouvez aussi les classer dans une catégorie, les séparer, accoler à leurs attributs des appellations bizarres. En vérité, ce sont *tous* ces enfants dont nous vous disions, il y a plusieurs années, qu'ils étaient sur le point d'arriver.

N'ayant été appelés ainsi que par un seul *channel*, ils peuvent donc porter une multitude de noms, à votre gré. Néanmoins, ils représentent une nouvelle conscience qui aura une énorme influence sur le déroulement de votre avenir sur terre.

Plusieurs ont demandé si une énergie coordonnée avait été prévue pour les indigos. La réponse est oui. Vous ne l'avez pas encore perçue, car elle débutera en 2007. Ce jour-là, le 18 septembre 2007, ces enfants obtiendront leur « plan ».

Que signifie tout cela pour vous ? Comme dans plusieurs autres cas, vous le percevez comme un éclair instantané d'énergie dont les résultats sont immédiats. Je dois vous poser la question suivante : Quel autre événement spirituel ou biologique est instantané ? Un seul : la mort. Tout le reste nécessite du temps. Y aviez-vous déjà pensé ? La naissance biologique n'est pas instantanée. La vie doit d'abord être créée, puis elle prend neuf mois à se réaliser. La planification et la croissance spirituelles requièrent souvent des années. Pourquoi n'en est-il pas de même pour la mort ? C'est un peu difficile à expliquer, mais c'est la seule chose qui n'a pas d'avenir ! Tout le reste est quelque chose qui se développe. La mort est la fin rapide de la construction du futur, une évacuation de l'énergie pour permettre une nouvelle naissance, laquelle prendra du temps, encore une fois.

Nous vous disons cela pour vous éviter, le 18 septembre 2007, de scruter le ciel afin d'y apercevoir le plan indigo ! (*Humour de Kryeon.*) Cela exigera beaucoup de temps, mais ce jour marquera le début de la livraison de ce plan à tous les enfants indigo, même ceux qui se disent de jeunes adultes. Souvenez-vous, très chers, que ce sont eux qui recevront la sagesse afin de vous fournir un nouveau plan pour la Terre. Ils vous présenteront des idées, des projets et des processus inédits en vue d'instaurer la paix sur cette planète.

C'est là le début d'un processus spirituel. Il répond au nombre d'enfants indigo vivant sur cette planète et à l'énergie que vous avez créée pour leur donner la possibilité d'accomplir ce qu'ils sont venus accomplir. Attendez-vous à plusieurs changements en cette année 2007. En effet, ces enfants auront alors la voie libre pour influencer les gouvernements ; ils auront le potentiel pour le faire.

– *Comment mieux comprendre les événements comme l'ouragan Katrina et les autres ? Je pense que si on les voyait d'un point de vue plus élevé, on les craindrait moins et on travaillerait sans doute dans le même sens qu'eux. Tout le monde sait qu'il s'en produira de plus en plus.*

Kryeon a mentionné auparavant que Katrina était une énergie du 11. Une action illuminée appropriée. En était-il ainsi parce que l'événement a eu lieu, ou à cause de ses conséquences sur l'humanité ?

Il vous faut considérer tout cela globalement et non séparément quant aux raisons, aux actions ou aux buts. C'est le sens qui importe. On ne peut faire cuire quelque chose sans produire de chaleur. Quand vous ouvrez le feu de la cuisinière, personne ne se demande pourquoi il devient chaud.

Katrina a eu lieu afin de provoquer un certain effet sur Gaïa par le truchement des émotions de l'humanité. Cette tragédie a suscité plus de compassion universelle qu'aucun autre événement de votre passé récent. Cette vague émotionnelle a réellement modifié le noyau de Gaïa, chers humains, de sorte que *chaque enfant qui naîtra désormais sur cette planète aura une énergie de départ différente.*

Ce fut donc un produit de votre passé, de votre présent et de votre avenir. Son potentiel était toujours là, mais il aurait pu ne pas survenir si vous n'aviez pas décidé de changer l'énergie de votre planète. Vous voilà donc devant l'énigme éthique suivante : si vous n'aviez pas décidé de faire avancer la planète vers plus de lumière, l'ouragan Katrina d'août 2005 ou le tsunami de décembre 2004 n'auraient peut-être pas eu lieu. Vous vous dites donc : « Comment cela peut-il justifier la mort de 230 000 personnes ? C'est payer un peu trop cher l'évolution de la Terre ! »

Dans le premier ouvrage de Kryeon (1989), il était dit que ce processus pourrait coûter la vie à au moins 1 % de la population planétaire. Vous rappelez-vous ? Vous avez pourtant accepté ce processus. Un peu plus tard, nous vous avons dit que ce potentiel s'était quelque peu tempéré et qu'il y aurait possiblement moins de victimes. En fait, la mort fait partie intégrante de l'existence de la planète. Comme elle appartient au cycle de la vie, elle est donc indissolublement liée à l'évolution de la Terre. Certains d'entre vous s'en attristent, et nous les comprenons, mais il ne faut pas oublier que tous ceux qui ont quitté cette planète à la suite de tels événements y reviendront puisqu'ils participent à l'évolution générale.

– *J'ai remarqué que ces événements touchent de plus en plus les aspects social, politique, économique et humain. Katrina semble avoir affecté chacun de ces aspects. Est-ce pour cette raison qu'elle était une énergie du 11 ?*

Katrina était une énergie du 11 (une apparente coïncidence ?) parce qu'elle fait partie du « cycle d'achèvement » du 9,11 pour lequel même Kryeon se trouve ici. Nous vous avons souvent parlé de ces chiffres, mais reprenons-les brièvement pour les besoins de ce livre. Le nombre de Kryeon est le 11. En numérologie, il correspond à *Kryon* en anglais (la langue originale du *channel*). De plus, quand je suis venu vous donner de l'information sur les changements que subirait la Terre, je vous ai précisé que le nombre clé qui représenterait cette époque était le 9. En définitive, je vous ai dit que c'étaient là les deux nombres importants. Si vous en doutez, allez vérifier. Voilà qui expliquait le titre du premier livre, *La graduation des temps*, lequel représentait l'achèvement d'un cycle temporel et décrivait la fin de la vieille énergie (9) et le début de la nouvelle (11).

La plupart des scénarios constituant les potentiels de votre destin sont maintenant disparus. L'Empire soviétique, qui devait jouer un rôle essentiel dans l'Harmagedôn prévu, n'est plus. Rendez-vous compte ! L'une des plus grandes forces de changement potentiel de la planète s'est tout simplement évaporée. Cela avait-il été annoncé par les prophètes bibliques ? Certes non. Cela représentait toutefois la *fin* d'une vieille époque et le début d'une nouvelle. Ce n'était conforme à aucune prophétie.

Les temps nouveaux ont l'énergie du 11. Ce chiffre est un nombre maître qui évoque avec éloquence de « nouveaux débuts » (un double un). Tout cela vous a déjà été révélé il y a plusieurs années. Vous devriez maintenant compiler les apparentes « coïncidences » dont vous avez été témoins. Vous voyez un grand désastre dans les événements qui ont eu lieu aux États-Unis le 11 septembre 2001, mais comprenez-vous comment ils ont changé le monde ? Voyez-vous comment ils ont fait naître une énergie pouvant créer un futur événement mondial, peut-être même une guerre ? Tellement de choses se prêtent à un tel regard numérologique ! Ne voyez-vous pas souvent 11:11 sur vos cadrans ? Comprenez-vous que c'est une confirmation de la nouvelle énergie, un clin d'œil de l'Esprit en vue de vous rappeler qui vous êtes et pourquoi vous êtes ici ? Et Katrina... Un nom dont le chiffre est 11 en anglais. N'est-ce là qu'une coïncidence, ou bien l'Esprit tente-t-il par là de tempérer votre tristesse en vous donnant une meilleure idée de la nature réelle de l'événement ?

Le chiffre 11 est lié à l'humanité en général, à l'économie de la planète et à son avenir politique. C'est donc un processus très lent susceptible de s'étendre sur toute une génération. Mais, encore une fois, nous vous rappelons qu'il y a vingt-cinq ans entre 1987 et 2012, soit une génération complète. L'année 1987 fut appelée l'événement 11:11 lors d'une célébration en 1992. L'année 2012 est le jalon du nouveau don de lumière.

Mais revenons-en à l'énergie de Katrina. Par de tels événements, l'Esprit recherche certains effets, dont l'équilibre. Gaïa était prête pour ce genre d'activité dramatique, dont le résultat fut d'équilibrer certains de ses aspects. La compassion générée par Katrina a comblé un manque d'énergie. C'était nécessaire pour équilibrer les événements qu'a connus la planète ces deux dernières années, dont le fameux transit de Vénus*. Plusieurs se sont demandé comment l'énergie féminine de ce transit pouvait transmuter une énergie terrestre de prédominance masculine. La réponse : Katrina. Tous ces événements sont liés d'une manière que vous ne pourrez voir qu'une fois qu'ils seront terminés.

Vous pouvez tenter de prévoir le prochain événement du genre, si vous le désirez. Sachez que Gaïa est présentement sous pression. Cette pression sera sans doute libérée au cours des années 2006, 2007 et 2008, selon ce que fera l'humanité. L'Amérique du Nord sera inévitablement touchée, mais il faut aussi s'attendre à des changements dans d'autres régions du monde. Il y aura d'autres séismes en des lieux plus prévisibles. Plusieurs volcans redeviendront actifs, soudainement et sans avertissement, souvent en réponse aux tremblements de terre. Les pays à surveiller sont l'Éthiopie, la Russie, la Nouvelle-Guinée, l'Inde, l'Équateur, le Japon, le Salvador et l'État de l'Alaska.

Vous voyez que tout est interconnecté. Quel sera le résultat sur les gens ? L'énergie plus équilibrée de Gaïa favorisera votre paix intérieure. Le comprenez-vous ? La conscience humaine implique beaucoup plus de facteurs que vous ne le croyez. Elle implique la Terre elle-même, l'atmosphère, le système solaire et tout ce qui vit sur la planète.

Les événements et les énergies ont diverses significations numérologiques qu'il faut en effet regarder attentivement. Lorsque, à l'évidence, il

---

* **NDÉ :** Détail fort intéressant à propos du transit de Vénus, ce dernier porte également l'énergie du 11. De plus, il est à noter que deux autres ouragans « d'énergie féminine », soit Rita et Wilma, ont suivi de près Katrina.

s'agit d'un 9 ou d'un 11, il est alors question du véritable but de votre vie en cette époque et de celui de la Terre.

Ne vous préoccupez pas trop des nombres eux-mêmes. Considérez-les simplement comme des couleurs. Ils apportent une énergie de compréhension à l'équilibre des choses.

L'Afrique

– *Comme nous n'entendons pas souvent parler de l'Afrique, plusieurs personnes désirent savoir ce qui se passe sur ce continent. Il semble parfois refléter ce qui va mal dans l'humanité, notre manque de compassion et de générosité, l'abus de pouvoir et la pauvreté, les guerres tribales, sans compter qu'il représente un terrain fertile pour les forces obscures. L'Afrique serait-elle le miroir de ce qui manque à l'humanité ? Que réserve l'avenir à ce continent ? À quoi devrons-nous nous attendre en 2007 ?*

La réponse à votre première question est non. L'Afrique sert à équilibrer tout ce qui se passe ailleurs, non à le refléter. Cet équilibre est cependant très révélateur et c'est pourquoi vous êtes portés à y voir un miroir.

Avant de parler de l'Afrique, permettez-moi de vous rappeler un élément déjà évoqué plusieurs fois. Cela peut vous paraître injuste, mais c'est pourtant très réel. Nous vous avons expliqué comment le magnétisme terrestre affecte les humains. Entre autres, nous vous avons expliqué qu'il était dangereux de vivre trop loin au nord, car vous entrez alors dans la « zone neutre » où se trouvent les pôles. Nous avons même précisé que cela serait prouvé une fois compilée l'information médicale sur ce qui survient aux individus qui passent de longues périodes aux pôles, en mission scientifique. Nous prédisons la découverte chez eux d'un taux de cancer et de mort prématurée supérieur à celui de la population normale, ce qui indiquera que ces régions sont bel et bien nuisibles à votre santé. Il en est ainsi en raison du magnétisme, non du froid. Nous attendons toujours que quelqu'un se donne la peine de le démontrer. Ça pourrait être le point de départ d'une étude portant sur le magnétisme des diverses régions du globe, qui établirait en quels lieux il peut être néfaste de vivre.

Il en va de même pour l'équateur, mais d'une autre façon. C'est aussi une zone neutre, mais qui ne possède *aucune* polarité, au lieu d'une polarité déséquilibrée comme celle que l'on trouve aux deux pôles. C'est donc dans les régions de l'équateur qu'il est le plus difficile de vivre, à cause du lent éveil de la conscience humaine. En outre, ce sont ces régions qui subiront en dernier les effets d'une plus grande paix terrestre.

Parlons maintenant de l'Afrique. Regardez le continent africain sur une carte. Il est gros et comporte plusieurs cultures. Au sommet, qui est situé assez loin au nord de l'équateur, se trouvent les pays du Moyen-Orient, tels que l'Algérie, la Libye et l'Égypte. Quand on descend vers le milieu du continent, les cultures diffèrent. Elles sont moins stables, en proie aux guerres tribales, au séparatisme et à ce que l'on pourrait appeler « le côté sombre » de l'humanité. Voyez ce qui se passe en Tanzanie, au Kenya, en Ouganda, au Gabon, en Angola, au Rwanda et au Zaïre (Congo). Bien qu'il s'agisse là de régions très riches, la haine, la guerre et le meurtre y règnent. Il y a aussi quelques points moins sombres, mais aucun n'est très stable.

Aussi injuste que cela puisse paraître, c'est là le résultat du magnétisme terrestre que je viens d'évoquer. Les humains qui vivent sous les latitudes équatoriales éprouvent des difficultés dans leur vie même. Bornéo, en Indonésie, ainsi que l'Équateur et la Colombie ont des problèmes similaires, puisque ces pays sont situés à l'équateur. Plusieurs événements qui s'y déroulent sont le résultat de « l'absence d'une grille magnétique communicante sur l'ADN ». Rappelez-vous cette question posée dans le premier livre de Kryeon : « Où devrions-nous déménager pour connaître une meilleure situation spirituelle ? » J'avais alors répondu : « Allez au nord. » Vous savez maintenant pourquoi. Voilà le conseil que je donnerais à quiconque vit dans ces régions et a les moyens de quitter l'endroit où il est.

Remarquez également que les sociétés deviennent plus stables à mesure que l'on s'éloigne de l'équateur, dans quelque direction que ce soit. L'Afrique du Sud (*voir question ci-après*), qui est beaucoup plus bas que les latitudes d'équilibre neutre, fut l'une des premières à effectuer d'énormes changements. C'est la même chose avec l'Australie. Ce pays, situé bien en dessous de l'équateur, n'éprouve pas les difficultés des pays au niveau de l'équateur.

Soyez toutefois conscients que la nouvelle énergie de Gaïa fera disparaître ce problème de déséquilibre magnétique après 2012. Ne vous attendez donc pas, en 2007, à voir s'améliorer la situation en Afrique.

Nous vous l'avons dit, la plus noire obscurité est un produit de l'énergie humaine. C'est le cas surtout dans les pays que nous avons nommés, où s'est développé non seulement le côté sombre de l'humanité, mais aussi la peur nécessaire à sa mise en œuvre. Cette poche d'obscurité n'est nullement une punition karmique pour quoi que ce soit ; elle sert plutôt à équilibrer l'énergie de la planète de façon que d'autres lieux puissent recevoir plus de lumière. Ceux qui s'y trouvent le savaient avant d'y venir ; leur souffrance permet à d'autres régions de cette planète de se développer (comme le Moyen-Orient, situé directement au-dessus).

L'Afrique finira par devenir un acteur important sur la scène mondiale pour les Africains eux-mêmes, et non plus pour des colonisateurs ou les seigneurs industriels d'une autre culture. Ce continent renferme des ressources encore inconnues dont l'Occident a besoin, entre autres des herbes médicinales qui ne se trouvent que sous les latitudes équatoriales ! Un jour, l'Afrique centrale pourrait fournir les moyens de guérir même une grippe ordinaire. Mais tout cela est pour plus tard, car ce n'est pas prêt. Quand ce le sera, il en résultera aussi des retombées financières aussi importantes que celles engendrées par le pétrole du Moyen-Orient. L'Afrique centrale deviendra même synonyme de guérison.

Aux Africains qui s'éveillent dans leur région, nous conseillons de se tenir tranquilles et de prier. Si la situation devient dangereuse ou intolérable, qu'ils aillent vers le nord ou vers le sud. Le temps de l'Afrique n'est pas encore venu.

– *Pourriez-vous nous parler davantage de l'Afrique du Sud ? Elle semble être actuellement le lieu éclairé où s'opèrent de grands changements.*

L'Afrique du Sud change effectivement depuis une dizaine d'années. On y a décidé de s'attaquer sérieusement au problème de la ségrégation raciale et la victoire est proche malgré les difficultés.

Ce genre de processus exige beaucoup de temps ; il s'étale parfois sur une génération, car il implique un changement de leadership. Tout cela est lié à l'« événement indigo » (*voir plus haut*), qui apportera un peu de sagesse aux gouvernements qui sont prêts pour une infusion de changement, comme en Afrique du Sud. Ce pays particulier a été choisi pour représenter le point clair du continent. Son modèle de gouvernement finira par être imité en Afrique centrale, où l'on en a le plus besoin. L'Afrique du Sud joue le rôle de « père » pour le reste du continent, bien que ce ne soit pas encore apparent.

Conseils aux humains sur le sentier de l'illumination

Laissez-moi vous parler ici de votre sentier spirituel et de ses quatre attributs, dont trois vous ont déjà été fournis auparavant. Pour les besoins de ce livre, nous allons reprendre les trois premiers attributs.

Ce message s'adresse aux humains qui suivent un sentier spirituel. Plusieurs trouveront nos conseils absurdes, mais nous devons toutefois offrir cet enseignement. Tout enseignement portant sur la voie de l'illumination touche à l'interdimensionnalité. Bien qu'il puisse avoir l'air d'une incursion dans l'illogique et l'insensé, il a pour but l'union entre l'humain et le divin. Comme il est interdimensionnel, il est irraisonné. Voilà pourquoi nous vous prions de faire taire votre intellect pour un moment. Évaluez plutôt l'information qui suit avec le discernement du cœur, non avec la logique de l'expérience quadridimensionnelle que vous considérez comme votre réalité.

Votre cerveau quadridimensionnel vous trahira complètement, jusqu'à ce que vous ayez appris à utiliser ses parties qui transcendent le temps et l'espace pour atteindre ces lieux incommensurables qui semblent n'appartenir qu'au fantastique. Ce sont ces parties interdimensionnelles qui s'ouvrent et commencent à s'unir aux parties quadridimensionnelles, créant la *logique de la foi* et *faisant confiance à l'invisible* parce qu'il « existe et fonctionne ». Dépasser la logique quadridimensionnelle est ce qu'il y a de plus difficile pour les humains, et c'est pourquoi si peu d'entre eux s'éveillent, même devant des preuves évidentes. Il y a effectivement dans l'univers une force intelligente qui *vous* connaît et qui est consciente de tout ce qui arrive.

Je mentionne cela maintenant, car plusieurs de ceux qui lisent ces lignes y sont prêts. Il s'agit de *vous*. Je m'adresse donc à ceux qui sont sur la voie de l'illumination. Tout d'abord, vous devez savoir que cette voie n'a pas de fin. Certains ont énoncé la critique suivante, de leur point de vue d'humains quadridimensionnels : *« Dans un monde linéaire, on doit établir son but, savoir où l'on va. C'est dans ce monde que l'on vit, et on ne peut porter d'œillères ! »*

Dans un monde interdimensionnel, on ne peut établir de but, car, sans le temps, la route n'est pas linéaire. Si vous voyagiez à l'intérieur d'un énorme ballon, où serait votre but, l'autre côté, étant donné qu'il n'y aurait pas de bout ? Au départ, cela est difficile à accepter pour l'esprit humain. Vos yeux sont grands ouverts, mais rien de ce que vous voyez n'a de sens. Quelle est la réponse ? Apprenez à « voir » au-delà des limites de cette route inexistante. Cela exige de l'intuition, de l'intention, et la connaissance de ce qu'est une carte spirituelle (*voir le paragraphe suivant*). Entre-temps, vous construisez vos propres buts en fonction du lieu où vous « pensez » que l'Esprit vous conduit. C'est là votre plus grande erreur, car l'Esprit voit toutes les routes comme une seule. Quand vous décidez d'avance où vous pensez aller, vous pouvez demeurer « bloqué » sur votre propre route, ne permettant pas à l'Esprit de changer votre idée préconçue de « qui vous êtes » pour vous conduire sur le chemin qui est votre meilleur potentiel futur. Vous vous sentirez alors trahi, car il n'y aura « personne en haut ». C'est là un exemple classique de perception humaine faisant obstacle à l'avancement spirituel.

Dans le voyage allégorique « *Le Retour* » transmis par *channeling*, l'une des premières leçons de Michaël Thomas, le héros du livre, fut de recevoir une carte qui ne fonctionnait pas. Du moins, c'était sa perception, car en la consultant elle ne lui indiquait rien d'autre que l'énergie du lieu où il était. Il la trouvait donc stupide de lui révéler quelque chose qu'il croyait connaître déjà.

J'aborderai maintenant quelques attributs de cette carte spirituelle qui s'applique à votre sentier, quel qu'il soit. Cette carte est métaphorique. En outre, elle commencera à fonctionner seulement quand vous vous retrouverez à un carrefour d'énergie et que vous en aurez alors vraiment besoin. Sur ce sentier que vous avez choisi, vous désirez disposer d'une carte. Celles que vous êtes tous habitués de consulter sont quadridimensionnelles ; elles comportent les graphiques des lieux où vous désirez peut-être aller, car vous voulez savoir à quoi vous attendre au cours de votre voyage. Une carte spirituelle interdimensionnelle est toutefois bien différente, car votre destination est inconnue. En fait, votre libre arbitre la modifie à chaque pas que vous effectuez. Même Dieu ne sait pas ce que vous ferez de votre route !

Cela entraînera de l'insécurité chez bien des humains, n'est-ce pas ? *« Si Dieu ne le sait pas, comment pourrais-je le savoir ? »* Nous vous l'avons déjà dit pourtant, votre divinité étant une partie de Dieu, vous appartenez donc à l'énergie de la création. Par conséquent, voyez cette carte comme celle d'un créateur. Acceptez la responsabilité de l'inconnu. Considérez-vous comme un explorateur envoyant des éclaireurs dans la région environnante pour découvrir où il vaut mieux aller. Nous avons déjà employé la métaphore de la porte que l'on ouvre, au-delà de laquelle on sent l'énergie et on utilise celle du discernement pour avancer lentement. La seule différence ici entre l'explorateur et vous, c'est que vous transportez la lumière partout où vous allez, de sorte que votre exploration sera toujours sûre et illuminée, quoi que vous fassiez.

Nous avons déjà comparé cela à l'achat d'un billet de train spirituel. Ce billet est votre sentier, mais vous devez patienter jusqu'à l'arrivée du train. Montons maintenant d'un cran en adoptant une métaphore plus complexe. Vous achetez un billet, ce qui correspond à *l'intention*, mais il n'y a ni voie ferrée ni train ! Il y a cependant une station ! Que ferez-vous donc à cette station où il n'y a pas de voie ferrée et où aucun train ne passe ? On rira de vous. Eh bien, la voie ferrée et le train ne sont tout simplement pas encore construits ! « *Qui les construira ?* » Vous.

Le premier point

Voici donc le premier conseil que nous vous donnons tandis que vous avancez sur votre sentier, vers ce que certains appellent l'ascension : *Ne décidez pas d'avance où vous irez.*

Certains diront : « *Oh ! Kryeon, tous vos conseils seront-ils de cette nature ? Nous sommes censés attendre à une station où il n'y a ni voie ferrée ni train, sans nous soucier du lieu où nous allons et sans même prétendre y aller ?* » Oui, exactement ! C'est un bon début. Et ces gens ajouteront : « *Comment donc pourrons-nous alors avancer ?* » Mais qui a dit que vous alliez avancer ? N'est-ce pas là le propre de la quadridimensionnalité ? Et si vous alliez plus haut ? Dans quelle direction croyez-vous que vous iriez si vous demandiez à votre vieille structure cellulaire d'élever ses vibrations ? Je vous le demande : quelle est cette direction ? Comment pouvez-vous attendre à la station ferroviaire si vous voulez qu'elle élève ses vibrations ? Les *hautes vibrations* n'ont pas de *direction.* Libérez-vous de cette attitude réductrice qui vous amène à dire : « *Je sais où je vais et c'est là que Dieu me conduira.* » Sinon, vous serez choqué d'apprendre la vérité. Elle reste à venir. Ce sera le quatrième point de ce message.

Ce qui sera le plus difficile sur votre route, ce sera de réaliser que vous ne marchez pas sur un sentier déjà foulé par les maîtres. Ceux-ci créent leur propre sentier ! Selon le plan divin, vous devez assumer la responsabilité de votre cheminement en ne suivant pas les autres, en ne vous accrochant pas à leurs conseils, ni même aux enseignements de Kryeon. Vous devez plutôt les fondre ensemble pour former votre propre création. Tous les enseignements que vous recevez de sources comme la mienne sur cette planète font partie d'une recette de cuisine interdimensionnelle. Concoctez donc un mets qui n'a jamais été préparé auparavant, en utilisant l'information que vous possédez maintenant sur tous les ingrédients ! Votre ADN favorise la maîtrise ! Comprenez-vous cette fois pourquoi nous vous avons conseillé, il y a seize ans, de ne pas être un disciple ? Comprenez-vous pourquoi nous avons demandé à notre partenaire [Lee], il y a seize ans, de ne pas devenir un gourou ? Ce serait une insulte à votre propre maîtrise, dans votre propre structure cellulaire. Cela explique également pourquoi il ne peut pas vraiment y avoir de *manuel de l'ascension.*

Le deuxième point

Ce deuxième conseil vous est familier : *N'émettez pas d'hypothèses quant à votre travail.*

« Oh ! Kryeon, ça empire ! Nous ne sommes pas censés savoir où nous allons et nous ne sommes pas censés non plus penser à ce qui se produira quand nous serons rendus. » Exact, cher ami quadridimensionnel. Ne présumez de rien, car vos présomptions vous empêcheront alors d'atteindre votre destination. Cher travailleur de la lumière, l'utilisation de l'énergie divine est une entreprise plus profonde que tout ce que votre cerveau peut concevoir. Mon partenaire vous en a fourni un aperçu aujourd'hui en évoquant la séance de *planification divine* et en mentionnant que le puzzle devient plus complexe lorsque vous cocréez pour vous-même.

Quand ils assistent à une rencontre comme celle-ci, certains d'entre vous réussissent à entrer en contact, métaphoriquement, avec cette partie d'eux-mêmes qui est *le groupe* qui est *vous* et à sentir aussitôt une ondée d'amour. Il se passe tellement plus ici que ce qui est visible ! Ce sentier illuminé que vous avez décidé de suivre contribuera à l'énergie de Gaïa. Cela relève de la physique, puisqu'elle est aussi divine, et de votre ADN. Cela relève également de l'ange présent en vous. J'étais près de vous sous le *vent de la naissance* quand nous vous avons communiqué ceci et que vous avez décidé de venir sur terre alors que les prophéties étaient bien différentes de ce qu'elles sont à ce jour. Et vous voici ici, en ce lieu qui a changé, avec un potentiel de *paix terrestre* et la capacité d'envoyer de la lumière qui demeurera vraiment où vous l'aurez envoyée !

Vous parlez d'un contrat comme si vous étiez venu ici avec une déclaration signée stipulant que vous devez accomplir telle ou telle chose. Vous ne comprenez pas que le contrat qui est lié à votre venue sur cette planète ne stipule que ceci : « Me voici sur la Terre. Commençons donc le travail ! » Vous voulez le lire, ce contrat ? Il y est écrit ceci : « Je suis ici sur la Terre et voici mes parents ainsi que mon potentiel de départ. » Voilà le contrat. Ce n'est qu'un potentiel de départ, non un plan de vie exhaustif. Vous croyez avoir un contrat de guérisseur, par exemple ? Vous prétendez qu'on vous l'a révélé et que vous avez eu des visions de vous-même exerçant ce métier ? Sachez, cher humain, que vos visions faisaient partie d'un rêve qui n'a duré qu'une seconde et demie, comme je l'ai mentionné plus tôt. Vous n'en connaissez pas le reste. Peut-être avez-vous eu, en réalité, une vision de ce que vous faisiez *avant* de venir ici. Avez-vous pensé à cela ? Vous ne le savez pas non plus, car tout est confus. N'élaborez donc pas d'hypothèses. L'ardoise est vide. Et si votre vision signifiait simplement que vous *êtes* un guérisseur et que vous irez cette fois au-delà ? Si vous en tirez une hypothèse quadridimensionnelle, vous passerez votre vie à faire quelque chose que vous avez déjà fait !

« Comment puis-je vivre de jour en jour avec une ardoise vide ? Il doit y avoir un but quelconque. » D'accord, mais que votre but ne soit pas « où je vais ». Qu'il soit plutôt « qui je suis ». Votre but est de « devenir divin ». Vous pourrez alors dire ceci : *« Je vais manifester dans l'instant la plus grande divinité possible. Ce sera moi, un moi différent de l'instant précédent, un moi aux vibrations plus élevées, et, dans le processus, les portes qui doivent s'ouvrir s'ouvriront. Même sans carte terrestre, je pourrai obtenir de l'information de ma carte divine quand je serai rendu où j'en aurai besoin. J'irai à gauche ou à droite, selon ce que m'indiquera la carte. Elle fonctionne quand j'ai besoin d'intuition et de discernement. Je ne présumerai qu'une chose : je suis une partie bénie de divinité qui crée tout ce dont j'ai besoin sur mon chemin. Cela me conduira au lieu parfait. »*

Le troisième point

Ce troisième conseil ressemble aux deux premiers : *Ne vous fixez pas d'échéance.*

J'en ai entendu tellement qui disaient : *« Voici donc le plan. Nous allons faire telle ou telle chose et cela donnera tel ou tel résultat après tant d'années… »* C'est aussi inutile que contraignant. Vous vous mettez vous-même en prison. Lorsque vous vous fixez une échéance en cette matière, vous vous créez, à l'échelle cosmique, une prison temporelle quadridimensionnelle. Et si votre véritable plan de vie, cher humain, était d'une envergure dépassant tout cadre temporel ? Et si demain une porte s'ouvrait sur le miracle ? Vous confineriez-vous dans votre échéancier en disant : *« Désolé, cher miracle, mais vous survenez trop tôt. Pouvez-vous revenir au moment où je m'y attendrai ? »* Ce serait comique, n'est-ce pas ? Et pourtant, c'est ce que vous faites !

Certains diront, devant le miracle : *« Je ne peux pas faire ça, car ça n'entre pas dans mon échéancier ! Je ne suis pas prêt. »* Mon partenaire voulait intituler cette transmission « Comment l'humanité évite les miracles », mais je ne le lui ai pas permis.

« Cher Kryeon, j'ai attendu longtemps que ce processus survienne. J'ai été très patient, mais il ne se produit rien dans ma vie. » Vraiment ? Et la réparation de votre cœur ? (*Pause.*) *« Qu'entendez-vous par là ? »* Je parle de ce qui ne s'est *pas* produit, cher humain, quand vous être entré sur le sentier. Je parle de la réparation qui a eu lieu à l'intérieur de votre cœur et dont vous aviez besoin pour continuer à porter la lumière, au lieu de périr tel qu'un vieux potentiel le décrétait. Cette réparation a eu lieu à votre insu. Elle est physique. Vous n'en saurez peut-être rien jusqu'au jour où une radiographie ou une échographie en révélera les traces et que des médecins vous interrogeront là-dessus. Vous répondrez alors que vous n'avez jamais subi d'opération, mais vous en avez subi une ; une très belle, une divine ! Vous l'avez effectuée vous-même par l'intention. Il se passe en vous des choses qui échappent à vos perceptions. Par exemple, les vibrations que vous recevez quotidiennement. Vous croyez qu'il ne vous arrive rien ? Au

contraire, tout vous arrive ! Mais vous mesurez ce qui « arrive » selon vos propres normes, à partir d'une liste fixée au mur de votre esprit quadridimensionnel. Pourquoi ne pas ouvrir votre perception pour sentir ce qui se passe dans votre corps ?

L'illumination elle-même est une grande énergie curative qui vous transporte littéralement. Tout commence alors à changer autour de vous. Je vous invite à évacuer le drame de votre vie. Peut-être cela a-t-il toujours été le but ? Et si celui-ci avait toujours été de vous amener à envoyer de la lumière ? Qu'en dites-vous ? Et s'il n'y avait rien de plus ? Si votre rôle se résumait à être un phare et que, pendant tout le reste de votre vie, rien ne se produisait sinon l'accroissement de votre lumière afin d'influer sur Gaïa ? Est-ce acceptable pour vous ? Créer *la paix sur la Terre* est-il acceptable pour vous ? Ou bien aurez-vous le sentiment d'avoir échoué parce que cela ne figurait pas sur la liste quadridimensionnelle fixée au mur de votre esprit ? À vous de choisir.

Le quatrième point

Ce dernier point est le suivant : *Votre ADN est beaucoup plus complexe que vous ne le pensez.* Je vous ai fourni jusqu'ici la signification de dix couches de l'ADN et je vous donnerai celle des deux dernières bientôt. Les trois dernières sont une énergie combinée [10-11-12]. Je ne devrais pas les numéroter, mais je le fais pour vous, en raison de votre perception quadridimensionnelle. À l'intérieur de toutes ces énergies de l'ADN se trouve encore quelque chose de grand qui est bien dissimulé. Si vous regardez les noms des couches de l'ADN et leur signification, vous y découvrirez quelque chose qui n'est pas étranger à la *maîtrise.*

Que se passe-t-il si un être humain s'engage sur une voie qui modifie son ADN ? Il semble devenir quelqu'un d'autre ! Du moins à vos yeux, car votre perception de « qui vous êtes » est limitée par l'expérience de la vie quadridimensionnelle. Quand vous activez l'ADN, tous les attributs que vous possédiez dans vos vies antérieures se manifestent. Avez-vous déjà été artiste ? Vous ne l'êtes plus dans cette vie-ci, mais où est passé ce talent ? Il est toujours en vous ! « *Vous voulez dire que je pourrais devenir un artiste si j'activais mon ADN ?* » Bien sûr, puisque vous l'avez déjà été, chère vieille âme.

Il est vraiment temps d'aborder ce sujet, et je le ferai d'une manière accessible à tous. Il y a en chacun de vous un être humain supérieur. Toutefois, la plupart d'entre vous ne le connaîtront jamais, mais certains le découvriront s'ils prêtent vraiment attention à ce que nous disons maintenant. Quelques-uns, parmi ceux qui écoutent ces paroles ou lisent ces lignes, portent en eux les germes de la maîtrise. Dans cette pièce, ou devant ce livre, se trouve une partie de la plus grande énergie curative de la planète. Le croirez-vous ? À ceux qui se diront trop vieux pour cela, je répondrai ceci : « *Vous voilà encore en train de compter les années !* » Et à ceux qui diront manquer d'énergie, je répondrai ceci : « *Vous voilà encore en train de mesurer l'énergie en fonction de quatre dimensions.* »

Comprenez donc, chers humains, que votre espérance de vie peut s'accroître, que votre énergie peut être modifiée, que votre ADN et votre santé peuvent s'améliorer considérablement. Toutes vos fonctions corporelles n'attendent que les instructions du « patron ». Mais parlons donc de « qui vous avez été », chers *Lémuriens.* Vous plairait-il de développer peu à peu cette perception extradimensionnelle ? Il suffit de le demander. Certains la nomment « intuition », d'autres, « intuition avancée », et quelques-uns parmi vous sont à même de voir les couleurs et de saisir de quoi je parle.

Laissez-moi vous ramener trente ans en arrière, soit à l'époque où mon partenaire possédait ce qu'il appelle la jeunesse. À trente et un ans, il avait atteint les « buts » qu'il s'était fixés. Il exerçait la profession qu'il désirait, il avait une famille professionnelle au sein de laquelle il croyait demeurer, et il était heureux. Nous allons maintenant l'interviewer. Il déteste évidemment cette partie de la transmission, car elle le concerne personnellement.

Il y a trente ans, l'homme qui, en cet instant, canalise mes paroles devant vous était un ermite. Il était presque toujours enfermé dans une pièce où il n'était en interaction avec personne. C'était un merveilleux ingénieur ermite. Quand il n'était en contact qu'avec de l'équipement, il n'avait pas à composer avec le drame de l'humanité. Il n'avait pas à entretenir de relations sociales ni à écouter les opinions des autres. C'était à son avantage. Maintenant, je vais interviewer cet ingénieur ermite et je vous demande d'écouter mes questions et ses réponses.

« Dites-moi, cher partenaire, à quel moment avez-vous acquis l'aptitude à parler publiquement de spiritualité et à le faire avec éloquence devant des milliers de personnes à la fois, sans la moindre nervosité ? » Il répondra ceci : *« Mais de quoi parlez-vous ? Je ne suis pas un conférencier public et je ne l'ai jamais été. Cette seule pensée m'effraie. Je ne ferai jamais ça. »*

« À quel moment avez-vous compris que vous pouviez écrire ? Combien de livres et d'articles avez-vous rédigés à l'école ? Quels cours avez-vous suivis ? » Et il dira : *« Que voulez-vous dire ? Je n'écris pas de livres. Je suis un ingénieur. Je travaille avec les sons et les images, sur un plan technique. Je ne suis pas du tout un auteur, je n'ai pas ce talent. »* Vous commencez à saisir ? D'où lui sont donc venues ces aptitudes ? Il est un excellent exemple.

Malgré son bonheur, il vivait en réalité dans une prison qu'il avait lui-même construite. Pourtant, quand il a commencé à avancer sur son propre sentier, ses aptitudes latentes sont lentement réapparues, changeant « qui il était ». De l'intérieur, nous l'avons invité à ne plus se sentir nerveux devant de grandes foules, et il ne l'était plus ; nous l'avons invité à écrire tous ces livres, et il l'a fait. Avec quel talent et quel entraînement y est-il parvenu ? Tous les talents dont il avait besoin étaient cachés dans son ADN, prêts à faire apparaître ce nouveau « lui ». Ce fut automatique, sans qu'il ait à subir le moindre entraînement, puisqu'il le possédait déjà. Et cela l'embarrasse que nous parlions ainsi de lui, car nous semblons le grandir. Cependant, nous parlons plutôt ici de l'amour de Dieu et du fait que chacun et chacune d'entre vous porte en lui, en elle, les mêmes attributs. Vous pouvez tous devenir beaucoup plus que ce que vous croyez être !

« Cher Esprit, je sais que l'on m'a demandé de faire telle ou telle chose et je sens intuitivement que je devrais m'y mettre, mais je n'en possède pas la

capacité. » Oh oui ! vous l'avez ! Autrement, vous n'y songeriez même pas ! Considérez l'exemple que nous venons de vous donner. L'Esprit ne vous pousserait pas dans une direction inappropriée à vos aptitudes. Vous a-t-on demandé d'écrire des livres pour enfants ? L'avez-vous fait ? Je sais qui est *ici.* Alors, faites-le ! Guidé par l'amour de Dieu, laissez le flot des mots se déverser sur la page. Je sais qui est ici ! N'est-ce pas là une précieuse révélation de votre frère/sœur Kryeon ?

Il y a ici un entourage que nous vous avons décrit il y a un instant. Ses membres sont-ils fiers de vous ? Bien sûr ! Mais il y a également une autre énergie que certains ont d'ailleurs commencé à percevoir. Ce n'est pas de l'impatience, mais la sentez-vous quand même ? C'est l'Esprit qui vous presse, vous disant : « Maintenant que vous savez, allez-y. »

Nous vous disons donc, devant les bouleversements climatiques, demeurez en lieu sûr. Usez de votre sagesse divine et de votre discernement pour soutenir ce qui doit l'être. Ne soyez pas surpris si Gaïa se manifeste encore d'une manière que vous jugez peut-être outrageante. Combien d'entre vous osent chanter avec le vent ? Étudiez la numérologie des noms. Voyez les événements comme un nettoyage approprié de la planète aux endroits qui en ont besoin et comprenez que tout cela fait partie du grand changement. Cher travailleur de la lumière, le plus grand attribut inscrit dans votre ADN est celui du guerrier intrépide. Il est temps de le revendiquer. Si vous le faites, vous serez sur la voie de la guérison du corps que vous avez pris pour vivre ici.

Tout cela fait partie de ce que nous appelons l'illumination. Nous ne le dirions pas si ce n'était pas le cas. Ce sont les vérités du moment. C'est une information précieuse pour les êtres précieux qui lisent ces lignes.

Et il en est ainsi.

KRYEON

Deuxième partie

Adama

L'ascension de la planète jusqu'à sa destinée ultime est un processus d'une durée totale de mille ans. L'année 2012 n'est que le début de la plus merveilleuse et excitante aventure qui ait jamais eu lieu sur une planète ayant connu autant d'obscurité, de douleur et de violence.

Message de Aurélia Louise Jones

C'est avec plaisir que je participe au premier ouvrage de ce grand projet littéraire conçu par Martine Vallée concernant les changements planétaires prévus en 2006 et 2007.

Ce qui est intéressant avec les « prédictions » c'est qu'elles ont la particularité d'être changeantes à cause des nombreux facteurs connus et inconnus qui entrent en jeu, mais aussi parce que le libre arbitre de l'humanité est indéniablement un catalyseur très important dans la concrétisation des événements prédits. Le but principal de ce genre d'informations est de donner aux gens des scénarios futurs possibles découlant de ce que la conscience collective de l'humanité a engendré comme karma positif et négatif. Un événement annoncé joue également un rôle de mise en garde, car celle-ci explique les divers stades de purification nécessaires pour que l'équilibre puisse être rétabli en divers points de la planète et dans le cœur de ses habitants.

Nous aspirons tous à retrouver notre « véritable demeure » et à vivre le retour au paradis que nous avons jadis connu. Chaque jour, de plus en plus de personnes s'éveillent au fait que notre libération spirituelle est maintenant entre nos mains. Nous devons simplement nous ouvrir à des changements positifs dans le Soi et contribuer à apporter des changements constructifs dans la société.

Accueillons à cœur ouvert les changements qui surviendront et cueillons à bras ouverts les miracles qui jalonneront notre route pour nous soutenir dans cette merveilleuse période de transition vers le monde nouveau de l'Amour et de la Lumière.

Aurelia Louise Jones

Introduction d'Adama de Telos

Je vous salue, chers frères et soeurs. Je suis Adama, de Telos. Je suis heureux et très honoré d'être invité à contribuer au premier tome de cette série de livres.

À Telos, nous percevons que cette série d'ouvrages jouera un rôle important en incitant les lecteurs à se préparer sérieusement au « Grand Changement », et surtout en aidant l'humanité à sortir du marais spirituel dans laquelle elle se trouve. Chaque année, les lecteurs des ouvrages de cette série recevront des éclaircissements sur ce que leur réserve leur avenir immédiat, mais également, ce qui les aidera à se préparer à leur prochaine étape vers le nouveau monde. Vous devez vous préparer à tous les niveaux, tant sur le plan physique que sur les plans émotionnel et mental, et plus important encore au niveau spirituel, pour finalement être en mesure d'accueillir ce grand changement et ainsi vous ouvrir à la conscience d'une société vivant dans la Lumière.

Certains bouleversements prévus se concrétiseront et d'autres seront adoucis par l'amour et la diligence des travailleurs de la lumière. Nous souhaitons que vous preniez pleinement conscience que la vie telle que vous la connaissez sur la planète est plus que jamais en transformation et qu'à la suite de ces changements, le paradis sera rétabli sur la Terre... désirez-les au plus profond de votre Être. Nous vous disons également que vous devez, comme jamais auparavant, aspirer à entreprendre votre ascension personnelle afin d'avoir la motivation nécessaire pour faire place à cette merveilleuse expérience dans votre vie.

Bien-aimés, votre « retour à la maison », est à votre portée si vous en faites le choix ; soyez convaincus que les prochaines années vous réservent l'aventure la plus merveilleuse et la plus excitante de tous les temps. C'est avec une grande joie que nous vous accompagnons pas à pas.

Je suis Adama, votre mentor lémurien.

La Convergence harmonique

– *Le 17 août 2007 marquera le 20ᵉ anniversaire de la Convergence harmonique, un moment historique pour l'humanité dans son ensemble. Pouvez-vous nous expliquer le véritable sens énergétique de cette date et ses répercussions vingt ans plus tard ?*

Quelques mois avant le 17 août 1987, il y eut consensus au royaume de la lumière. Chaque homme, chaque femme et chaque enfant vivant sur cette planète dut rencontrer sur le plan intérieur, celui de l'âme, un groupe de maîtres composé de ses guides intérieurs et d'au moins un représentant de la Commission karmique du Conseil de la lumière, afin d'établir librement ses choix personnels et son engagement quant aux buts de son incarnation présente et à son avenir en tant qu'âme en évolution ici. Par un vote, chacun dut aussi choisir ce qu'il désirait voir survenir à la surface de cette planète pour le bien de la Terre et l'évolution de l'humanité.

Plusieurs scénarios potentiels furent présentés à ces âmes, qui eurent tout le temps voulu et reçurent toutes les informations nécessaires en vue d'effectuer un choix judicieux relativement à l'avenir souhaité pour leur propre évolution, mais aussi pour l'humanité et la planète. Comme, dans le royaume de la lumière, le voile de l'oubli est beaucoup plus mince pour les âmes visiteuses non encore ascensionnées qu'il ne l'est quand celles-ci fonctionnent dans la pleine conscience de la troisième dimension, chacune put choisir en toute connaissance de cause et avec une grande pureté d'intention.

Ce fut là une énorme entreprise, où un très grand nombre de maîtres et d'êtres de cette planète et de plusieurs autres lieux sont venus interviewer et conseiller presque sept milliards d'âmes incarnées dans la troisième dimension. Ces entrevues ont eu lieu sur le plan éthérique, alors que chacun de vous était dans l'état de rêve. Quand cette évaluation fut terminée et que les réponses sur l'avenir de l'humanité furent examinées, on découvrit qu'un très grand pourcentage d'humains avaient choisi de faire évoluer leur conscience jusqu'à l'ascension et aspiraient à vivre sur une planète éclairée portant une humanité éveillée.

Ce choix porté sur l'éveil et l'ascension de l'humanité fut clair et net. Les âmes qui ont fait un choix différent ont quant à elles choisi de poursuivre leur évolution sur une autre planète où la séparation continuerait d'exister. Leur option sera respectée jusqu'à ce qu'elles en retiennent une autre.

Les rapports furent présentés au Conseil galactique de la Lumière puis au Créateur, qui donna aussitôt le feu vert à l'ascension planétaire. Un plus grand influx de lumière fut alors infusé à la planète et dans le cœur de chaque être humain. Cette infusion de lumière, qui augmente quotidiennement depuis, a maintenant atteint une plus grande intensité, ce qui rend possibles les changements liés à la « grande purification » nécessaire à l'achèvement du processus.

Le 17 août 1987 fut choisi pour célébrer le nouvel engagement de l'humanité envers l'éveil et l'ascension, pour sa propre évolution. Au royaume de la lumière, ce jour représenta le début d'une grande célébration de l'Amour et de la Lumière ; il inaugura un cycle de vingt-cinq ans conduisant à 2012, année où la Terre elle-même, mère cosmique de l'humanité, doit effectuer sa propre ascension, élevant les vibrations de son corps jusqu'à celles de la cinquième dimension. D'ailleurs, tous ceux qui s'y seront préparés s'élèveront aussi avec elle.

La Convergence harmonique nous a permis d'offrir une assistance beaucoup plus directe et plus rapide à l'humanité sur la voie de l'illumination. Depuis ce temps, des millions d'âmes ont répondu à l'appel du JE SUIS pour leur « retour au bercail » et se sont présentées comme candidates à l'ascension. La Convergence harmonique a donc été une étape majeure du « grand éveil ».

Son vingtième anniversaire, soit le 17 août 2007, fournira à l'humanité l'occasion d'effectuer un autre grand pas dans l'évolution de sa conscience. Vous serez alors très certainement en pleine période de changements terrestres intenses. L'humanité aura aussi aminci les voiles séparant les troisième et quatrième dimensions. Ceux qui auront fait en sorte de se préparer verront alors se lever plusieurs voiles, ce qui leur permettra de devenir beaucoup plus conscients de leur divinité intérieure. Ce sera un temps de difficultés planétaires pour bien des gens, mais aussi une période de grands miracles pour ceux qui auront opté pour l'amour et l'ascension. Il sera possible pour vous de réaliser vos désirs et vos rêves beaucoup plus facilement et plus rapidement qu'avant.

L'année 2007 marquera le début d'une plus grande accélération de l'énergie et de la conscience, pour le stade final des préparatifs de l'ascension planétaire de 2012. En août 2007, la lumière aura une telle intensité qu'il sera très difficile pour les humains de demeurer dans l'état d'inconscience spirituelle où baignent maintenant les masses. Ces dernières commenceront à s'éveiller et à joindre les rangs des travailleurs de la lumière. Tous ensemble, vous recréerez le ciel sur la Terre, où vous vivez. Vous recréerez vos sociétés avec des valeurs reflétant davantage la divinité que vous êtes déjà. Vous recréerez ainsi un Nouveau Monde ; à cette fin, vous consentirez à abandonner le vieux, à laisser tomber tout ce qui s'avérera désormais inutile là où vous entrerez. Sachez que vous ne serez jamais seuls dans cette grande aventure du changement planétaire, car tous les êtres du royaume de la lumière seront à vos côtés en vue de vous assister durant votre « voyage ».

– *Quel est le plus grand défi des cités intraterrestres concernant les événements qui vont survenir dans l'humanité ?*

Comme vous le savez tous, cette planète est sur le point de subir d'énormes changements. Plusieurs d'entre vous s'impatientent un peu, car ils trouvent que les changements annoncés depuis longtemps tardent à venir. Soyez donc vigilants et préparez-vous à les accueillir, car ils se produiront enfin en 2006, 2007 et 2008. Toutefois, ils seront sans doute différents de ce à quoi vous vous attendez.

Il est vrai, mes bien-aimés, que ces changements ont tardé. Certains, cependant, se sont déjà déroulés, mais plus doucement qu'ils ne l'auraient fait il y a à peine deux ou trois ans. Et d'autres n'ont eu lieu que partiellement. Vous en êtes-vous aperçus ?

Pourquoi en est-il ainsi ? Parce que vous êtes aujourd'hui de plus en plus nombreux sur cette planète à prendre conscience de votre véritable potentiel d'êtres divins. Vous avez déclaré intérieurement que ce qui se passe présentement sur terre, et qui semble faire partie du programme des forces de l'Ombre visant à asservir totalement l'humanité d'ici vingt ans, n'est pas votre vérité. Vous avez réclamé une intervention, vous avez adopté une attitude plus harmonieuse et vous vous êtes engagés sur la voie de l'amour et de l'innocence. Mes amis bien-aimés, c'est là la cause de l'adoucissement de certains événements et certains changements terrestres qui, autrement, auraient été très douloureux pour l'humanité.

La Terre, doit maintenant poursuivre son évolution vers l'ascension. Elle ne peut plus attendre davantage que ses enfants soient prêts, car la plupart refusent encore de s'éveiller à la vérité de leur destinée spirituelle. Elle doit donc nettoyer son corps, ainsi que l'humanité, afin de se préparer à sa glorieuse ascension, prévue pour 2012. Au cours des vingt dernières années, votre Mère a constamment demandé au Conseil galactique de la Lumière de retarder les changements terrestres afin de laisser à ses enfants davantage de temps pour s'aligner sur leur destinée divine.

Nous pouvons dire maintenant qu'elle a attendu jusqu'à la toute dernière minute avant de permettre que ces changements s'opèrent dans son corps. Elle désirait en définitive qu'un plus grand nombre de ses enfants s'éveillent et créent pour eux-mêmes une transition beaucoup plus douce que celle prévue il y a une dizaine ou une vingtaine d'années.

Comprenez aussi qu'il se fait tard et qu'elle ne peut plus attendre. Elle doit progresser vers son ascension, autrement elle restera en arrière et périra avec l'humanité. Cet univers se déplace très vite vers un autre lieu du cosmos et la Terre a le choix de le suivre ou non. Vous serez sûrement d'accord pour reconnaître qu'elle a hébergé sur son corps, et pendant trop longtemps, des civilisations ingrates et inconscientes, et qu'il lui faut dorénavant recevoir sa récompense et passer à un nouveau cycle. Sa récompense sera aussi la vôtre.

Le temps est écoulé. Il vous faut choisir de suivre ou de rester derrière. Nous en avons déjà parlé dans nos ouvrages précédents. La Terre doit maintenant procéder à son nettoyage, à sa résurrection et à son rajeunissement, avec le concours des humains qui sont prêts à faire ce qu'il faut pour suivre le processus. Ceux qui n'auront pas fait ce choix en auront de nouveau l'occasion dans un autre cycle cosmique ou une autre incarnation. Les initiations de votre planète sont aussi les vôtres, car vous agissez de concert avec elle.

En somme, pour répondre à votre question concernant les plus grands défis posés par les événements qui surviendront sur terre, je dirai ceci : *même si plusieurs d'entre vous ont fait évoluer suffisamment leur conscience pour qu'elle embrasse la cinquième dimension, trop peu s'y sont sérieusement préparés.* L'obscurité qui règne sur votre planète est encore très dense, et sans l'intervention de votre Créateur, assisté avec constance et diligence par la Fraternité de l'espace, le royaume angélique et les intraterrestres, il n'y aurait plus aucune possibilité, dans l'état actuel des choses, de maintenir la vie dans votre monde. Très peu d'entre vous, s'il en est, sont le moindrement conscients de l'immense grâce qui a été accordée à chacun, ainsi qu'à votre planète, pour en empêcher la destruction totale.

La Terre est dirigée par des humains déterminés à en freiner à tout prix l'évolution. Ceux-là ne renonceront pas facilement à leur projet de contrôler, de manipuler et d'asservir totalement l'humanité. Les êtres formant le gouvernement secret de votre planète, ainsi que ceux qui sont en résonance avec eux, sont bien conscients que leur temps est écoulé. Ils devront bientôt rendre compte, sur les plans cosmique et karmique, de toutes les injustices et de tous les crimes qu'ils ont commis contre l'humanité, votre Mère la Terre et les autres règnes qui partagent cette planète avec vous.

Ils savent que Dieu leur a repris sa planète, laquelle sera dirigée de nouveau, à sa surface, par ceux qui ont atteint le plus grand amour et la plus grande sagesse. Mes chers amis, voilà ce qu'ils veulent empêcher à tout prix, souhaitant plutôt vous entraîner dans leur propre destruction. Sachez que désormais, grâce à ceux qui « montent la garde » en votre nom, aucune bombe atomique ne pourra être larguée dans votre monde. Même si quelqu'un tente de le faire, on ne le permettra tout simplement pas.

Disons seulement que nous exerçons une étroite surveillance sur ceux qui possèdent des armes nucléaires susceptibles d'être lâchées d'un moment à l'autre. C'est l'un de nos défis. Plusieurs Frères de l'espace les ont également à l'œil ; à quelques occasions, ils ont empêché au dernier moment le déclenchement d'une attaque nucléaire dans plusieurs régions de votre planète.

Réjouissez-vous, car cela ne se produira pas. Votre Créateur a décrété l'ascension de la Terre et de ses enfants. De merveilleux événements auront lieu bientôt pour ceux qui s'y seront préparés, mais auparavant votre planète doit se purifier.

Au cours des âges de l'évolution cosmique, des centaines de planètes tridimensionnelles ont atteint la fréquence de la cinquième dimension. Le cas de la Terre est un peu différent, car celle-ci a sacrifié l'intégrité de son corps, qui est pollué et empoisonné par ses enfants depuis si longtemps qu'elle ne peut plus le supporter. C'est précisément l'une des raisons pour lesquelles elle doit impérativement effectuer son ascension vers une plus haute vibration, et ce, le plus tôt possible.

Sachez que c'est vous, travailleurs de la lumière, qui, en joignant vos efforts à l'échelle planétaire, rendez la chose possible. C'est vous qui permettrez à cet événement merveilleux d'être enfin. Nous pouvons honnêtement affirmer que si la Terre est en mesure de faire ascensionner une partie de l'humanité en 2012 et au-delà, ce ne sera nullement grâce à la majorité qui se trouve encore en sommeil spirituel, mais bien plutôt grâce à une minorité qui s'éveille et qui agit.

Les humains qui devront affronter les plus grands défis sont ceux qui seront forcés de se réveiller dans une réalité différente et de réévaluer leurs valeurs ainsi que le but de leur incarnation tout au long des événements qui se manifesteront comme des changements terrestres. Sachez en outre que vous devrez percevoir ceux-ci sans porter de jugement, en ayant la plus grande compassion pour le Soi et pour tout ce dont vous serez témoins. Accueillez ces changements comme une forme de purification nécessaire à votre planète pour se préparer à recevoir du Créateur de l'humanité le plus glorieux des cadeaux.

Notre plus grand défi est aussi de composer avec ceux qui, du côté de l'ombre, refusent toujours d'abandonner leur sinistre programme, bien qu'ils aient reçu de multiples avertissements et de nombreuses demandes de coopération. Diverses recommandations ont été faites aux dirigeants de tous les pays, par certains d'entre nous ou des membres de l'équipe diplomatique galactique, à de nombreuses occasions, et sur différents plans, mais en vain jusqu'ici.

Nous souhaitons que votre transition s'effectue le plus doucement possible. À ce stade-ci, les travailleurs de la lumière sont encore minoritaires, mais il n'en sera pas toujours ainsi. Je vous prédis qu'en 2008, après les changements terrestres de 2006 et, surtout, 2007, cette situation changera de manière spectaculaire. La grande majorité des humains sera prête alors à entendre la sagesse et la connaissance que vous, travailleurs de la lumière, voudrez bien lui transmettre. Elle sera en état d'adhérer à de nouvelles vérités.

Les événements et changements futurs

Sachez que les événements et les changements doivent aussi prendre les humains par surprise afin d'avoir un certain effet sur leur conscience.

Si vous en connaissiez d'avance tous les détails, votre esprit analytique parviendrait à tout comprendre sur le plan mental et vous risqueriez de sombrer dans la peur et le désespoir, alors que ce n'est pas du tout le but de ces événements. Quand les changements terrestres vous prennent par surprise, votre cœur s'ouvre à la compassion, vous modifiez vos valeurs de vie et parvenez à une plus grande compréhension de l'amour, de la fraternité et de la coopération au bénéfice de l'ensemble.

De notre côté, nous n'évoquerons pas séparément, année par année, les changements qui se dérouleront en 2006, 2007 et 2008 ; nous les traiterons plutôt comme un seul cycle intense d'événements.

Le déroulement exact des divers scénarios possibles est encore indéterminé. Les décisions finales ne viendront pas de nous, mais d'un niveau beaucoup plus élevé. Bien des détails sont encore sujets à modification quant à la qualité et à l'intensité. De plus, ces événements demeurent potentiels tant qu'ils ne se sont pas produits concrètement.

Voyez-le ainsi : il pourrait bien arriver, par exemple, que vous soyez si nombreux à embrasser votre état christique que les événements prédits par nous s'en trouvent rapidement mitigés de moitié. Cela serait-il dû à la fausseté de nos prédictions ? Comme nous vous parlons toujours dans l'instant présent, nous ne vous disons que ce qui est perçu comme potentiel à ce moment-là, alors que tout cela peut différer la semaine suivante.

Voilà pourquoi nous ne vous fournissons aucun détail précis. Même si nous connaissons très bien tous les scénarios potentiels, nous ne savons jamais bien longtemps d'avance lequel se manifestera à coup sûr. Très souvent, nous ne le savons que quelques jours ou quelques heures avant. Et ceci est particulièrement vrai dans votre cas, puisque votre humanité est extrêmement imprévisible ! Trop de facteurs variables entrent en jeu ici.

Cela dit, nous vous fournirons de l'information sur les domaines qui s'avèrent importants pour votre évolution et nous vous brosserons un tableau général de ce qui arrivera.

Les changements de gouvernements

- *En 2006, vous verrez le début de l'ébranlement de plusieurs gouvernements, y compris celui de Washington, D.C. Bien sûr, cela s'intensifiera considérablement en 2007 et 2008. Je suis sûr que vous avez déjà remarqué des indices de cet ébranlement.*
- *Attendez-vous à ce que plusieurs dirigeants, à divers niveaux, voient révélé leur obscur programme à cause de leur traîtrise envers d'autres et du mauvais usage de leur position de pouvoir. Plusieurs de ceux qui appartiennent à l'Ombre et qui occupent des postes de pouvoir seront donc démasqués en 2006 et davantage encore en 2007. Quelques-uns comprendront l'illusion de leur mode de vie et consentiront à le modifier radicalement.*
- *Il est temps pour vous tous de remettre en question l'intégrité et la compétence des dirigeants de votre pays élus pour vous représenter. Il est important aussi de réaliser qu'un changement de gouvernement aura lieu dans plusieurs pays, et ce, au cours des trois prochaines années et même*

au-delà. Ayez le courage d'appuyer ceux qui amorcent ces changements. Dans la plupart des cas, ils ne pourront agir sans votre amour et votre soutien. Nous vous exhortons à prier pour eux. Dans votre cœur, continuez à déclarer votre vérité à Dieu, jusqu'à ce que les bons résultats se manifestent.

Si la majorité d'entre vous qui vivez à la surface de la planète demandait à son Créateur et à son univers de la laisser choisir dans son cœur un Être christique pour diriger le pays, cela ne tarderait pas à arriver. Si cela n'arrive pas, c'est tout simplement parce que vous ne croyez pas au pouvoir de votre Dieu intérieur. Si vous vous retrouvez dans une situation aussi limitée comme citoyens de cette merveilleuse planète, c'est que vous vous complaisez dans l'acceptation des lois manipulatrices émises par vos dirigeants. La Liberté dans tous les aspects de la vie est un droit de naissance, enfants bien-aimés de mon cœur ! Il est temps de la revendiquer et de l'assumer.

Les changements spirituels

- *Vous êtes prêts cette fois pour des changements et pour l'amour inconditionnel.*
- *Vous devrez affronter vos peurs et apprendre à faire confiance à votre pouvoir intérieur.*
- *Vous devrez abandonner vos peurs tribales, car elles ne vous servent plus à rien.*
- *Pensez Amour et Liberté.*
- *Votre priorité dans la vie consistera à reconnaître votre Soi divin et à vivre selon votre cœur, de l'intérieur vers l'extérieur et non inversement.*
- *Ce qui doit changer en premier dans votre attitude mentale correspond à ce que vous désirez faire et devenir. Si vous vous dites constamment que vous êtes béni, la vie vous bénira de plus en plus.*
- *Il est important que vous viviez votre vérité et respectiez tous les aspects de la Vie.*

- *Visualisez vos désirs, et ils se réaliseront.*
- *Chaque fois que la Terre subira un changement important, vous recevrez un influx d'émotions. Ne les jugez pas et ne vous jugez pas à partir de celles-ci. Consentez plutôt à les ressentir pleinement et à embrasser la sagesse qu'elles doivent vous enseigner.*

Les changements planétaires

Comme mentionné plus haut, nous ne savons pas toujours précisément quand surviendra un changement planétaire, car de tels événements se manifestent toujours au moment choisi par Dieu et non selon une quelconque logique permettant de les prévoir. Nous nous en tiendrons donc à des prévisions, ou perceptions du futur, plutôt générales que spécifiques. Nous pouvons toutefois affirmer qu'au cours des prochaines années certains pays seront plus touchés que d'autres, à surveiller : les États-Unis, la Chine et la Turquie. Il y aura également beaucoup d'agitation en Amérique du Sud, sauf au Brésil et au Pérou.

Nous répétons également, votre planète bleue, ne tolérera plus aucune dévastation de son corps. Cette terre que vous nommez Gaïa est un être vivant et conscient qui, en 2006, 2007 et 2008, se libérera des nombreuses poches de pression créées en son noyau. Ces expulsions d'énergie, qui ont pour fonction de la détendre et de la purifier, se traduiront dans votre monde par des tsunamis, des séismes, des éruptions volcaniques, des ouragans, des tornades, des vents violents et des perturbations climatiques majeures. Ce sera sa manière à elle de se libérer de la négativité, de la pollution et de la toxicité, qui lui ont été infligées par ceux qui vivent à sa surface, et qu'elle a absorbées. Ces expulsions intermittentes l'aideront à traverser les grands changements qui lui sont nécessaires pour accueillir sur son corps une civilisation éclairée. Votre planète se prépare aussi à accueillir des êtres d'un niveau supérieur en provenance de divers systèmes planétaires et de l'intérieur de la Terre. Ces êtres viendront vivre ici et vous aider à créer cet âge d'or que vous attendez tous depuis si longtemps.

En 2006, la dissolution du « rêve américain » sera de plus en plus évidente, non seulement aux États-Unis, mais dans le monde entier. Ce rêve a été construit sur la plus grande des illusions et sur la plus erronée des conceptions de ce que devrait être la « vraie vie ». Il ne peut tout simplement pas durer, car vous tentez de le réaliser dans un contexte d'ignorance spirituelle, de tromperie et d'arrogance. Certains événements qui se manifesteront bientôt dans votre monde en troubleront plusieurs profondément. Pourquoi ? Parce qu'un trop grand nombre d'humains n'ont pas répondu au doux appel de leur âme les incitant à embrasser leur état christique et la valeur de la « vraie vie » en se livrant à la gloire de leur Dieu intérieur. Étant donné que vous avez ignoré trop longtemps les petits signaux qui vous furent envoyés dans le but de susciter des changements dans votre conscience, vous recevrez un message plus direct.

Nous ajoutons, qu'un jour, mais non en 2007 ni en 2008, le soleil se lèvera en un point différent de l'horizon. Vous aurez alors deux lunes et deux soleils, de sorte que votre planète ne connaîtra plus jamais l'obscurité. À partir de maintenant, la Terre subira des changements constants et toute votre vie en sera affectée. Il faudra vous y habituer. Préparez-vous donc à plonger dans l'« inconnu ». Il n'y a rien d'autre à craindre que la crainte elle-même.

Tsunamis, éruptions volcaniques et séismes

Particulièrement en 2007, vous devez vous attendre à un nombre encore plus grand d'activités terrestres telles que des tsunamis, des éruptions volcaniques, des séismes d'une grande amplitude, des ouragans, des tornades et des bouleversements climatiques. Les pluies seront abondantes, ainsi que les tempêtes de neige et les sécheresses en d'autres endroits.

Efforcez-vous de développer la connaissance intérieure des animaux, qui pressentent ce qui s'en vient. En les observant, vous apprendrez d'eux. Quand vous sentez que quelque chose d'inhabituel est sur le point de se produire, observez attentivement vos animaux familiers ; leur comportement vous le confirmera. Soyez toujours à l'écoute et ayez confiance en votre intuition. Quand vous sentirez une forte incitation à aller ailleurs, n'hésitez pas. Suivez votre intuition ; elle vous guidera.

Le parc de Yellowstone

De fortes éruptions volcaniques jailliront dans le parc de Yellowstone, situé dans le Wyoming. Quand le supervolcan de Yellowstone se réveillera, voyez-y le signe que d'autres changements majeurs apparaîtront bientôt sur la planète. Cela aura lieu vraisemblablement en 2007, mais peut-être aussi un peu plus tôt ou un peu plus tard. Sous tout le parc de Yellowstone se trouve une caldera (amas de lave active) massive reliée directement au mont St. Helens.

Le mont St. Helens crache de la fumée et peut faire éruption d'un jour à l'autre. Toutefois, le problème ne se situe pas à cet endroit, mais dans le supervolcan de Yellowstone. En réalité, tous deux sont intimement liés. Ce qui se passe au mont St. Helens est causé par un surcroît de pression dans le parc de Yellowstone.

La Floride est également très vulnérable. Pourquoi ? Parce que son littoral repose sur de la vase et des marécages. Par conséquent, toute la région côtière de la Floride est instable.

Notez aussi que votre négligence à l'endroit des océans et des êtres qui y vivent ainsi que votre insouciance à l'égard de la beauté naturelle de vos paysages côtiers vous causeront de graves problèmes. Voilà tout ce que je peux vous spécifier pour l'instant !

Toutes les grandes villes très polluées du monde subiront un nettoyage. Si vous décidez de déménager, choisissez un endroit sans pollution.

Les Grands Lacs seront également touchés, tant du côté canadien que du côté américain. Leur principal problème sera les inondations.

Voici quelques brèves informations sur ce qui se produira en d'autres points du globe. Au Canada, plusieurs régions seront inondées. Ceux qui vivent près du fleuve Saint-Laurent ou des Grands Lacs verront les eaux se gonfler jusqu'à un certain point. Ces dernières se retireront cependant plus rapidement qu'en d'autres endroits. Montréal peut s'attendre à certaines inondations sur ses rives. Comme les bouleversements seront néanmoins plus importants aux États-Unis qu'au Canada, les Canadiens s'en remettront plus rapidement.

En France, plusieurs secrets enfouis dans ce pays seront mis au jour, suscitant l'émerveillement de tous.

Le Moyen-Orient demeurera un point chaud, particulièrement l'Iran, l'Irak, la Syrie et la Turquie. Ces pays subiront un intense nettoyage.

En Israël et en Palestine, le conflit se poursuivra. Les combats ne cesseront que lorsqu'une plus grande menace se manifestera. Ces deux peuples sont unis par le sang, car ils ont un ancêtre commun.

Dans la région de la mer Morte, un monolithe enterré depuis longtemps par vos alliés et amis des étoiles, en vue des changements terrestres, sera découvert à votre profit.

En Égypte, les artefacts enfouis sous le grand sphinx de Gizeh, près de la grande pyramide de Khéops, seront mis au jour. Vous saurez alors pourquoi cette pyramide fut construite et vous établirez le lien entre la race syrienne et l'Égypte. Tous les secrets de l'Égypte seront divulgués au grand jour. Finalement, cette région deviendra éventuellement tropicale et le Nil doublera de volume.

Les pôles se déplaceront aussi, en 2006 ou 2007. Le moment exact n'est pas encore connu, car trop de facteurs entrent ici en ligne de compte. Quoi qu'il en soit, cela entraînera alors un déplacement des terres dans de nombreuses régions. Plusieurs côtes océaniques se modifieront.

La vie quotidienne et la vie économique

- *Sous plusieurs aspects, vous reviendrez à l'essentiel ! Vous apprendrez à utiliser davantage vos propres ressources au lieu de dépendre de vos gouvernements.*
- *À l'échelle mondiale, les gens se révolteront contre leur esclavage économique et l'abus de pouvoir des gouvernements.*
- *Dans le domaine de la santé, diverses maladies endémiques disparues depuis deux mille ans dans certaines régions réapparaîtront. La*

communauté médicale sera prise au dépourvu. Les seules solutions efficaces contre ces maladies seront les remèdes naturels, tels les médicaments homéopathiques, les herbes médicinales et certains suppléments naturels spécialisés. Ces maladies joueront un rôle d'épuration et renforceront le système immunitaire.

Ce dernier deviendra éventuellement si vigoureux qu'il vaincra spontanément toute pathologie. Un jour, les maladies disparaîtront.

En attendant, ceux d'entre vous qui se verront affectés par ces maladies y survivront facilement. Le meilleur remède pour chacun sera sa foi en lui-même et en son Dieu intérieur.

1. Selon votre croyance,
2. cherchez et vous trouverez ;
3. frappez et l'on vous ouvrira ;
4. demandez et vous recevrez.

- *Appliquez ces principes dans votre vie terrestre et vous en recueillerez les fruits.*
- *Votre corps se renforcera si vous restez focalisé sur votre transformation et si vous le respectez.*

En définitive, vous et votre planète êtes destinés à devenir un bijou au firmament de la galaxie, un lieu de suprême lumière, d'amour et de dons, car vous avez été choisis pour en faire l'expérience. Vos yeux verront une telle gloire que nous, du royaume de la lumière, en sommes déjà émerveillés.

Le pétrole

L'événement qui aura le plus d'incidences sur l'humanité au cours des prochaines années est celui-ci : la Terre, qui est la Mère incarnant la sensibilité de cette planète, mettra fin au pompage de son sang qui accommode vos somptueux et extravagants moyens de transport technologiques. Malgré les multiples avertissements que nous avons servis à vos dirigeants et nos demandes répétées pour qu'ils permettent l'établissement d'une technologie énergétique libre sur cette planète, ils ont constamment refusé de recourir à cette technologie évoluée et efficace pour créer des moyens de transport économiques, propres et harmonieux. Sous peu, mes chers amis, la planète va fermer les puits de pétrole et vous devrez, assez rapidement, vous passer de cette substance qui alimente vos divers véhicules et moyens de transport. Très bientôt, vous devrez affronter ce dilemme. Votre monde connaîtra alors de grandes difficultés et une confusion temporaire, mais il en résultera une grande libération. Présentement, votre vie est totalement dépendante d'une ressource qu'il n'est plus approprié d'utiliser chaque jour en si grande quantité.

Si vous lisez de bons journaux ou magazines, vous savez que la Terre a déjà commencé à limiter la quantité de pétrole extraite quotidiennement de son corps. De cela, vos dirigeants ne vous ont pas informés. Pourquoi ? Parce qu'ils ont intérêt à augmenter le prix de l'essence afin de gonfler leur portefeuille. C'est devenu plus évident en 2004 et 2005. En 2006 et 2007, le prix de l'essence continuera d'augmenter, car les réserves pétrolières seront encore plus limitées.

Vous devez tous prendre conscience que vous consommez abusivement le sang de celle qui fournit une plate-forme à votre évolution, et ce, sans vous soucier des conséquences. Vous utilisez chaque jour d'énormes quantités d'une ressource qui appartient à « l'intérieur de la Terre ». Cela ne peut continuer ainsi, et vous le savez.

Vos dirigeants finiront par permettre l'établissement d'une « énergie libre et propre » à la surface de cette planète. Une grande partie de cette technologie est d'ailleurs déjà disponible et connue de plusieurs.

À Telos, nous avons aussi une merveilleuse technologie que nous avons hâte de partager avec vous, car elle facilitera votre vie quotidienne.

– *Quel sera le rôle le plus important de Telos en 2007 ?*

Comprenez bien que nous travaillons tous ensemble pour faciliter l'accession de cette planète et de l'humanité, par le processus d'ascension, à une dimension d'amour et de lumière où l'existence ne sera plus jamais la même pour aucun des êtres qui vivent ici, et encore moins après 2007. Personne n'a un rôle plus important que d'autres. Tout le travail que nous effectuons ensemble à l'intérieur de la Terre pour préparer l'ascension de cette planète dans la lumière fait partie d'un immense plan conçu par le Créateur lui-même. Chacun de nous a un rôle spécifique dans ce gigantesque travail sacré. Nous nous aidons tous mutuellement dans cette tâche volontaire qui vise à élever cette planète et son humanité. Nous travaillons en étroite collaboration avec la Fédération galactique, dont nous recevons des directives.

Entre autres, nous sommes très occupés à préparer les cités de lumière de la cinquième dimension, afin de descendre sur les grandes cités de cette planète et de nous mêler à la population ; ceux qui vivent « au-dessous », soit nous-mêmes, à l'intérieur de la Terre, uniront alors leur conscience et leur fréquence à ceux qui vivent « au-dessus », soit les humains sur terre. Ces cités existent déjà et des millions d'êtres de lumière y vivent en permanence, mais certains de leurs secteurs doivent être adaptés pour votre venue. Nous étions considérés comme « les petits nouveaux du coin » à l'intérieur de notre montagne quand nous y avons emménagé, il y a des millions d'années, et il en sera de même pour vous quand vous passerez du temps dans ces merveilleuses cités de lumière afin d'apprendre et de progresser. Cela ne se produira toutefois que dans quelques années, car vous devrez d'abord tous acquérir une maturité spirituelle avant d'être invités à y pénétrer. Telos n'est que l'une de ces nombreuses cités de lumière qui s'y trouvent. Nous travaillons tous ensemble comme une seule grande famille dans l'Unité de la Vie.

Au moment de l'ascension de la planète, ou peu de temps après, quelques-unes de ces cités rapprocheront de la surface leur magnificence et leur splendeur afin que ceux d'entre vous qui seront prêts commencent à en profiter. La première cité de lumière qui doit se manifester plus tangiblement aux habitants de la surface est la merveilleuse cité de cristal des Sept Rayons, située au-dessus du mont Shasta.

Quand elle apparaîtra dans votre monde, ce sera un moment magique de grande réjouissance pour ceux qui y seront admis. Seuls ceux qui auront atteint le niveau de conscience requis auront le privilège de pouvoir y entrer et en sortir à volonté. Les autres sauront qu'elle est là, mais ils ne la verront pas et ne pourront pas y entrer avant d'avoir atteint le même niveau spirituel.

Nous sommes également occupés à assister étroitement chacun d'entre vous qui a postulé afin de recevoir avant 2012 les initiations liées à l'ascension. Sur le plan intérieur, chaque candidat à l'ascension s'est vu attribuer une équipe de guides qui l'assisteront dans sa préparation à ce grand moment. Nous, habitants de l'intérieur de la Terre, sommes très impliqués dans cette assistance, car nous nous sentons très proches de vous et nous vous aimons beaucoup pour votre courage et votre dévouement. Tandis que vous élevez votre niveau d'amour et de lumière, et le maintenez, nous activons davantage votre ADN afin de préparer votre corps à l'« immortalité ».

Il y a quelques milliers d'années, alors que nous nous étions enfin pleinement établis dans notre nouvelle cité de Telos, nous nous sommes engagés à maintenir la flamme de l'ascension au nom de l'humanité tandis que les populations de la surface étaient occupées à se faire la guerre, oubliant qu'elles étaient issues de l'Unique Cœur d'amour du même Créateur.

Nous avons tenu cette flamme et l'avons alimentée de notre amour en votre nom pendant plus de huit mille ans, en collaboration avec la Fraternité de lumière de l'ascension dans la grande pyramide d'Égypte, et nous continuerons à le faire jusqu'à ce que les populations de la surface aient suffisamment évolué sur le plan de la conscience pour le faire elles-mêmes. Tel est le service que nous vous avons rendu depuis notre « sous-sol ». Si personne ne l'avait fait, le Saint Père de Tout n'aurait pas permis que votre civilisation perdure et reçoive la grâce et la compassion qui sont présentement conférées à cette planète.

Chaque jour, humblement et avec une profonde gratitude, nous retournons au Créateur universel l'Amour accordé à cette planète par son Cœur. Mes bien-aimés, il est nécessaire qu'une planète et ses habitants retournent quotidiennement, en signe de gratitude, une partie de l'Amour et de l'Énergie reçus du Créateur. Nous avons hérité pour ce service le surnom humoristique de « francs-tireurs cosmiques ».

C'est également pour cette raison que nous avons maintenant, à Telos, l'énorme responsabilité d'aider l'humanité à se préparer à ce merveilleux moment d'élévation. Chez nous, ainsi que dans plusieurs autres cités intraterrestres, presque tout le monde assiste l'humanité dans ce travail, de diverses façons. Évidemment, nous avons plusieurs autres rôles à jouer en plus de vous seconder dans votre transformation, mais notre plus noble tâche demeure cette aide et ce soutien apportés à chaque candidat qui se qualifiera pour l'ascension en 2012.

Nous avons été impliqués activement dans ce travail pendant les vingt à trente dernières années et nous le sommes actuellement plus que jamais, car vous venez de plus en plus nombreux pour recevoir notre aide. Il en sera d'ailleurs ainsi pendant les cent à deux cents prochaines années. Chaque jour, nous voyons de nouveaux visages qui cherchent assistance. Chaque fois qu'apparaît une nouvelle âme, nous nous réjouissons tous. Nous disposons d'ailleurs de tout le personnel volontaire requis pour cette tâche. Souvenez-vous que nous sommes beaucoup plus nombreux que vous. Nous prévoyons qu'en 2008 se produira parmi vous une explosion de conscience, pour ainsi dire. Cependant, nous disposerons alors d'un plus grand nombre de volontaires prêts à vous assister. Ils arrivent de presque tous les coins de cet univers et aussi des autres. Quelle joie pour nous que de présider à de tels rassemblements sacrés !

– *Avec quelles civilisations travaillez-vous le plus étroitement ? Surtout celles d'autres cités intraterrestres ou également celles de nos frères stellaires ?*

Nous travaillons étroitement avec plusieurs civilisations intraterrestres, sinon toutes. La cité d'Agartha peut être considérée comme un grand quartier général pour ce qui est des communications galactiques et intergalactiques. Elle voit particulièrement à la supervision de son réseau intraterrestre, qui comprend plus de 144 cités de lumière. Toutes ces cités sont sous la juridiction d'Agartha, dont le champ d'action est dirigé davantage vers les civilisations ascensionnées. Telos fait également partie de ce grand réseau. Il y a longtemps, nous avons dépassé rapidement et largement toutes les attentes qu'elles entretenaient quant à notre venue sous terre avant la destruction de notre continent.

Nous travaillons aussi très étroitement avec Shamballa, la cité des grands maîtres et des sages, qui est quant à elle un quartier général et un lieu de rencontre concernant les questions et décisions planétaires. C'est là que le grand Logos planétaire de la Terre, Sanat Kumara, de Vénus, a établi son quartier général il y a plusieurs millions d'années. Cette cité a constitué le centre de direction, de décision et de réunion de toute cette hiérarchie planétaire pendant des millions d'années. Les grandes assemblées ayant trait aux affaires planétaires importantes ont habituellement lieu à cet endroit. La Déesse planétaire, est généralement présente à ces rencontres, en particulier pour les questions relatives à sa sécurité et à la supervision de l'évolution des populations de la surface.

Bien sûr, nous travaillons aussi étroitement avec les frères stellaires des Pléiades, d'Arcturus, d'Andromède, d'Alfa du Centaure, de Sirius, de Vénus et de Cassiopée, entre autres.

– *En connaissant vos plus grands défis, comment pouvons-nous vous assister plus directement ?*

C'est une immense tâche que d'assister la planète et l'humanité dans la prochaine étape de leur processus d'évolution. C'est pour nous une grande joie et un grand honneur que d'être au service de l'Amour et d'aider le Créateur universel à ramener au bercail de son Cœur ses enfants ayant oublié qu'ils provenaient de l'Amour du Père. Notre tâche en est une d'amour et de compassion. Nous ne la voyons pas comme un défi.

Les populations de la surface sont celles qui devront affronter les plus grands défis afin de s'éveiller de leur sommeil spirituel et d'embrasser la plénitude de leur état christique.

La plupart des décisions concernant l'ascension de la planète ont été prises par les Conseils de lumière galactiques et universels et par le Créateur lui-même. Notre travail consiste à appliquer le plan qui nous a été confié pour élever cette planète jusqu'à une dimension supérieure. Notre plus grand défi est de vous faire accepter une nouvelle vérité et une nouvelle identité. C'est l'un de nos rôles de favoriser l'éducation spirituelle de cette humanité selon les lois et les principes universels, ainsi que la pleine acceptation et l'entière compréhension de la véritable signification de la conscience christique, à laquelle vous devez vous ouvrir afin que nous puissions vous aider à instaurer une nouvelle ère, un âge d'or de l'amour, de la fraternité, de la paix, de la grâce et de l'abondance pour tous.

Dans ce but, nous avons besoin que tous ceux et celles qui lisent ces lignes s'engagent totalement dans leur propre processus d'évolution, sur leur propre sentier initiatique menant à l'ascension, et en aident ensuite d'autres à faire de même. Nous avons besoin que vous ameniez nos paroles dans votre cœur, que vous les étudiiez sérieusement et que vous les partagiez ensuite avec toutes les personnes rencontrées qui seront prêtes à les entendre. Nous ne pouvons tout simplement pas accomplir notre tâche sans la collaboration active, la persévérance et le dévouement de millions de travailleurs de la lumière.

Vous êtes encore trop nombreux à vous percevoir comme « éveillés » et engagés sur le sentier de l'initiation sans être pour autant « activement au service » du travail planétaire. Sachez que pour compléter leurs initiations liées à l'ascension, tous les candidats devront participer avec ardeur au service planétaire quand ils auront atteint un certain niveau.

Si vous ressentez l'appel de votre âme, mais ne savez pas comment servir, offrez votre assistance à ceux qui sont déjà engagés dans le service planétaire. Le « travail d'équipe » est ce qu'il y a de plus précieux. Dans notre royaume, nous travaillons tous ensemble. Bien sûr, il y a un dirigeant, mais nous travaillons tous en collaboration pour que nos efforts portent leurs fruits. Parmi les humains de votre génération, plusieurs, parce qu'ils ont été profondément blessés, ont choisi la solitude et éprouvent des difficultés à faire équipe avec d'autres. Nous leur disons de s'habituer à ce type de travail, car c'est ainsi que tout s'accomplira à l'avenir. Dans notre royaume, il n'y a pas de démocraties. Nous fonctionnons plutôt en une « hiérarchie », formant une chaîne d'amour et d'harmonie, nous soutenant tous mutuellement au bénéfice de la collectivité, non de l'individu.

Nous avons remarqué que beaucoup, parmi ceux qui sont déjà engagés dans le service planétaire, sont épuisés par le surcroît de travail et le manque de soutien. Votre assistance leur serait précieuse pour remplir la mission qui leur a été confiée. Personne n'a pour destin de remplir seul une grande mission. Il faut qu'un grand nombre d'entre vous s'unissent pour aider ceux qui ont déjà jeté les fondations d'une grande assistance à l'humanité. Je le répète : le service planétaire est nécessaire à quiconque désire se qualifier pour l'ascension.

– *Après la date butoir de 2012, les cités intraterrestres vont-elles continuer d'évoluer à l'intérieur de la Terre ou s'installeront-elles à la surface ?*

Après l'ascension de la Terre, en 2012, nous continuerons de vivre à l'intérieur de la planète pendant assez longtemps encore. Certains, parmi nous, en sortiront fréquemment pour vous assister, puisqu'il leur sera possible de le faire facilement et rapidement. Ils pourront même s'établir temporairement à la surface, tout en conservant leur demeure sous terre. Plusieurs d'entre nous que vous connaissez déjà se rendront visibles et accessibles à tous ceux d'entre vous qui seront prêts, afin de leur donner un enseignement direct et de les faire bénéficier du rayonnement de notre amour et de notre harmonie.

Sachez qu'il y a déjà quelques centaines de Telosiens et d'autres êtres intraterrestres qui sont montés à la surface et qui vivent présentement parmi vous. Nous l'avons d'ailleurs déjà mentionné. Ils effectuent un magnifique travail dans tous les secteurs de vos sociétés et se préparent à vous aider encore davantage quand vous serez prêts. Ils ont modifié leur apparence afin de ressembler à tous ceux qui vivent à la surface. Ils se sont faits moins grands et ils s'habillent comme vous. En réalité, rien ne les distingue de vous.

La plupart occupent des postes à responsabilités en plusieurs endroits, mais tous travaillent incognito. Autrement dit, aucun n'a le droit de révéler sa véritable identité, pour des raisons évidentes. Nos gens obéissent aux ordres de la hiérarchie et c'est pourquoi aucun d'entre eux n'a divulgué son identité à aucun d'entre vous. Même si vous les rencontriez, vous ne sauriez pas qui ils sont. Notre émergence parmi vous a donc déjà commencé, mais non de la façon dont vous vous y attendiez. Une partie de l'information reçue au sujet de notre émergence a été mal comprise ; une autre n'a pas été divulguée adéquatement.

Bien sûr, les intraterrestres qui viendront parmi vous en 2012 et même avant auront la permission de révéler leur identité à certaines personnes ou à de petits groupes, mais uniquement aux individus dont la conscience aura atteint un certain niveau d'amour et d'harmonie.

Nous n'avons pas l'intention de déménager à la surface pour y vivre en permanence. Au mieux, nous y ferons de fréquentes visites, y établissant peut-être des logements temporaires, au besoin. Nous entendons maintenir notre style de vie et conserver nos demeures intraterrestres pour au moins les cinquante prochaines années, sinon plus. Tout dépendra du progrès que l'humanité aura accompli. Nous continuerons à habiter nos cités de lumière, quoiqu'il se puisse fort bien que nous envisagions éventuellement d'avoir des résidences permanentes aux deux endroits.

Plus vraisemblablement, ceux d'entre vous qui se seront élevés à partir de votre plan entreront, avec notre assistance, dans la montagne ou dans d'autres cités et en ressortiront pour aider le reste de l'humanité. Pour leur commodité, ils conserveront un logement à la surface tout en possédant un foyer au royaume de lumière. Ce sera là le privilège de ceux qui se seront élevés en premier puis engagés auprès de la hiérarchie spirituelle de cette planète à demeurer à la surface pour assister le reste de l'humanité jusqu'à ce que tous se soient élevés dans la lumière et soient libres. L'ascension de la planète jusqu'à sa destinée ultime est un processus d'une durée totale de mille ans. L'année 2012 n'est que le début de la plus merveilleuse et excitante aventure qui ait jamais eu lieu sur une planète ayant connu autant d'obscurité, de douleur et de violence. Les prochaines décennies seront donc bien remplies. Consentez à abandonner la vieille énergie et à accueillir la nouvelle.

Quand nous viendrons, nous ne prendrons pas en charge vos responsabilités. Nous agirons à titre de guides et d'enseignants, comme des mentors vous assistant tous dans la recréation du monde dont vous avez rêvé.

– *Si vous restez à l'intérieur, j'imagine que nous aurons alors plus facilement accès à vos cités.*

Éventuellement, oui, et ce sera assurément le cas de ceux qui se seront pleinement qualifiés pour l'ascension. Au cours des années 2007 et 2008, et jusqu'à 2012, un certain nombre de personnes vivant à la surface seront invitées à Telos en vue d'y recevoir des enseignements et des instructions. Telos sera l'un des premiers lieux intraterrestres à accueillir des gens de la surface.

Personne ne sera toutefois invité ici ni ailleurs sans, au préalable, avoir reçu l'initiation du septième degré sur le sentier des disciples de l'ascension. Vous devrez donc avoir atteint ce niveau d'avancement pour recevoir une invitation personnelle à venir dans une cité de lumière et pour que votre conscience puisse soutenir la fréquence qui règne ici. Tout cela est expliqué très clairement dans *Telos / Protocoles pour la cinquième dimension*, le troisième tome de la série. Aurelia Jones, notre canal de transmission, a dû atteindre ce niveau de conscience pour pouvoir écrire à ce sujet et ce ne fut d'ailleurs pas une tâche facile pour elle.

Nous vous suggérons d'étudier cet enseignement en profondeur jusqu'à une parfaite compréhension et de l'appliquer ensuite à votre propre vie avec diligence et cohérence, jusqu'au moment où vous serez chacun « devenu » cette vibration d'amour inconditionnel, d'harmonie et d'acceptation.

Vous n'aurez facilement accès aux cités intraterrestres et aux autres cités de lumière qu'après avoir effectué totalement votre ascension et avoir atteint, comme nous, votre statut d'« Être de lumière » et d'« Immortel ». Vous recevrez alors votre passeport cosmique, lequel vous donnera un accès gratuit et inconditionnel à toutes les majestueuses cités de lumière. Vous n'aurez même pas à en faire la demande.

L'Océanie et la Chine

(L'Océanie comprend l'Australie et la Nouvelle-Zélande ainsi que plusieurs îles de la région, telles que la Nouvelle-Calédonie et les 180 îles de la Polynésie française.)

Comme nous l'avons mentionné plus haut, vous devez vous attendre à une grande turbulence dans tous les océans du monde. Dans la région de l'Océanie se trouvent plusieurs îles dont le sol n'est pas très élevé au-dessus du niveau de la mer. Certaines ne possèdent pas la protection nécessaire pour survivre à ces changements ; elles seront donc grandement touchées par les inondations. En outre, étant donné que plusieurs de ces îles sont le résultat d'une activité volcanique, les populations ne seront pas en sécurité partout. Voilà tout ce que je suis autorisé à vous divulguer pour l'instant. L'ensemble des océans subira des changements majeurs au cours des cinq prochaines années, et plusieurs littoraux se déplaceront.

Vers la fin de 2005 et le début de 2006, soit au moment où ces lignes sont écrites, l'Australie et la Nouvelle-Zélande ont déjà subi plusieurs importantes perturbations climatiques, ainsi que des séismes d'une amplitude moyenne et quelques éruptions volcaniques. Ces phénomènes vont se poursuivre, mais, loin d'empirer, ils cesseront assez rapidement. En Nouvelle-Zélande, les changements seront moins spectaculaires.

En Australie, Ayers Rock sera considérablement inondé et une portion de cette montagne, qui constitue un énorme « registre » pour cette portion du globe, se retrouvera sous l'eau.

– *La Chine semble vouloir étendre son pouvoir économique et militaire bien au-delà de ses frontières. Quel est donc l'avenir de ce vaste pays ?*

La Chine désire contrôler et asservir le plus grand nombre possible de pays et d'habitants de cette planète. Bientôt, elle subira une grande « halte » dans ses projets de domination économique et militaire ; cela étant, il deviendra impossible pour elle de les réaliser.

Pendant très longtemps, les dirigeants chinois ont traité leur propre peuple et celui des pays qu'ils ont dominés, dont le Tibet, avec une brutalité impitoyable. Les peuples chinois et tibétain ont été soumis par la peur et tenus sous étroite surveillance. La véritable liberté a été supprimée, de sorte qu'un grand nombre de Chinois n'en connaissent même plus la nature.

Les dirigeants chinois font souffrir leur peuple mentalement, physiquement et spirituellement, dans le but d'étendre leur suprématie économique et de fabriquer davantage d'armes nucléaires afin d'avoir une mainmise sur une plus grande partie du monde. La majeure partie des adultes de ce pays vivent dans une peur paralysante depuis leur tendre enfance ; ils n'ont donc jamais connu d'autre régime. Leur estime de soi est si faible et leur âme est si traumatisée qu'ils ne pourraient comprendre en cette vie l'idée même de l'éveil de la conscience. La population chinoise a vécu si longtemps sous la dictature qu'elle a oublié la gentillesse et l'amour de ses ancêtres. Elle n'est préoccupée que par sa survie quotidienne.

Puisque les dirigeants chinois n'ont pas l'intention de se vouer à la paix, à l'amour et à la fraternité universelle, le karma qu'ils se sont créé leur pend maintenant au bout du nez. Le Créateur, la Terre et la hiérarchie spirituelle de cette planète ont décrété qu'ils ne pourront réaliser leur plan. Dormez donc en paix, car pas une seule bombe nucléaire ne sera jamais larguée par la Chine. Une équipe de la Fraternité arcturienne surveille étroitement la situation, prête à intervenir à tout moment.

Chers amis, bientôt la Chine ne représentera plus une menace pour le reste du monde. En effet, les problèmes qui surgiront en ce pays seront d'une telle ampleur qu'une grande partie de la population n'y survivra pas. Et ce sera en vertu de la grâce divine, mes bien-aimés, car commencera alors la libération des millions d'individus qui y vivent.

Ne portez pas de jugement sur cette révélation. Réjouissez-vous au lieu d'avoir peur, car tous ceux qui verront ainsi leur incarnation présente prendre fin ressentiront une immense libération ; en définitive, cela représentera la fin d'une grande souffrance. Par groupes, ils seront conduits en un lieu particulier préparé pour eux, où ils connaîtront de nouveau l'amour et le bien-être. Ils se retrouveront ensemble dans une autre dimension, où ils seront l'objet d'une grande compassion et d'une grande tendresse, où ils guériront de leur traumatisme. À leur propre rythme, ils se prépareront à leur prochaine incarnation, laquelle aura lieu dans la joie et la paix du « nouveau monde » d'amour et de lumière que cette planète est destinée à devenir.

Percevez-vous la grande pitié de Dieu qui permettra ainsi à un grand nombre de Chinois de se libérer rapidement et totalement de la souffrance et de la domination ? À partir du moment où ces humains quitteront leur corps, ils ne connaîtront que l'amour. Leur prochaine incarnation sera heureuse, comme celle de toutes les âmes qui ont accepté de s'incarner dans de telles conditions afin de liquider en quelques années un immense karma pour elles-mêmes et l'humanité. Elles connaissaient d'avance leurs conditions de vie et savaient qu'elles en seraient rapidement libérées.

Comprenez qu'il n'y a jamais réellement de victimes dans votre monde. Il n'y a que des volontaires qui acceptent de s'incarner dans des situations temporaires où ils feront l'expérience des multiples facettes du non-amour afin de progresser dans leur propre évolution. En général, le peuple chinois est doux et pacifique, mais ses dirigeants ne le sont pas et ils devront en rendre compte !

Bien-aimée Quan Yin, déesse de la compassion

Pour le peuple chinois, cet aspect bien-aimé de la Mère divine, incarnant le « principe féminin », est le patron national. Bien des Chinois ont cependant oublié la « Mère » qui parraine leur pays par la compassion et l'amour infinis de son cœur. La Chine entière est parsemée de temples et de statues honorant cette déité, mais son culte n'est plus vraiment vivant dans le cœur de son peuple. La véritable signification des miracles de l'amour qu'elle pourrait créer dans ce pays, si les gens tournaient leur cœur vers elle, a été négligée. Elle n'a pas été entièrement oubliée, mais on l'a tellement délaissée que la dévotion qu'on lui voue n'est plus aussi efficace qu'auparavant.

Les cérémonies de dévotion à Quan Yin qui ont lieu dans ce pays sont généralement devenues des rituels dictés par des habitudes culturelles, des traditions à observer. Ce ne sont plus des cérémonials visant à allumer le feu de l'amour et de la compassion dans le cœur des âmes évoluant dans ce pays. Les feux du Cœur de l'amour et de la compassion de la bien-aimée Quan Yin sont si puissants que celle-ci pourrait littéralement aider à la libération pacifique et harmonieuse du peuple chinois s'il se tournait vers elle et s'y abandonnait en toute confiance. L'observation formelle des vieilles traditions sans que soit allumé le feu des cœurs ne peut produire de résultats bien spectaculaires. Ce que nous vous disons ici de la Chine et de Quan Yin s'applique également à vous tous dans vos divers pays. L'amour de cette déesse est infini ; il n'est pas limité à un seul pays ni à une seule civilisation.

Quan Yin n'est pas le principe féminin divin du seul peuple chinois ; elle l'est aussi pour tous ceux qui, dans le monde, se tournent vers elle. La Mère Marie et Quan Yin travaillent en étroite collaboration, chacune symbolisant à sa façon unique l'archétype du véritable féminin divin sur cette planète et au-delà. Toutes deux « reines de plusieurs mondes », elles sont ici pour vous aider tous à atteindre ce qu'elles ont atteint elles-mêmes.

Le Tibet

– *Qu'en est-il de la situation entre la Chine et le Tibet ? De toute évidence, la Chine connaît très bien le pouvoir spirituel du Tibet. À quel moment ce pays connaîtra-t-il sa libération ?*

Le Tibet sera libéré vers 2010-2011 ou peut-être même plus tôt. Les dirigeants chinois n'ont absolument aucune compréhension consciente du trésor spirituel que représente ce petit pays. Sur le plan humain conscient, ils perçoivent toutes ces « histoires » spirituelles comme une perte de temps et un détournement de l'esprit, n'en voyant aucunement la valeur. Sur le plan de l'âme, ils cherchent à faire obstacle à la Lumière à tout prix, quelles que soient la quantité de souffrance qu'ils devront infliger et la destruction qu'ils devront causer. Vos pensées et vos sentiments leur sont étrangers. Ceux dont le cœur et l'aura sont imprégnés de lumière et de sagesse constituent pour eux une menace. Leur persécution et leur élimination sont donc perçues comme une solution facile et efficace.

Il y aura bientôt en Chine une si grande dévastation et les dirigeants y seront en si grande difficulté qu'ils n'auront plus aucun intérêt à dominer le Tibet. Enfin libre, ce pays pourra partager avec le monde entier ses trésors de connaissance et de sagesse.

– *Selon mes constatations, la connexion de l'humanité à la Lémurie semble se faire au niveau du cœur, c'est-à-dire à l'intérieur de soi, tandis que la connexion vibratoire à l'Atlantide semble s'établir par les découvertes de vestiges à partir desquels une grande quantité de connaissances seront divulguées. Est-ce effectivement le cas ? Dans l'affirmative, pouvez-vous développer ce point ?*

Sous plusieurs aspects, cela paraît exact. C'est aussi l'image projetée par ceux qui, à la surface, cherchent à découvrir des mystères cachés et qui, à ce stade-ci, ne peuvent se souvenir que de l'Atlantide et ne sont pas encore conscients de tout ce que l'avenir réserve à cette planète. Ils ne sont pas non plus conscients que les êtres de la civilisation atlante ascensionnée ont maintenant atteint le même degré d'ouverture du cœur que nous.

Les Atlantes ascensionnés ne vivent pas uniquement sous le plateau du Mato Grosso, au Brésil. Plusieurs se sont également disséminés dans d'autres villes souterraines, facilitant la transformation de la planète et l'évolution de l'humanité, avec tout le feu de leur cœur, main dans la main avec nous, les Lémuriens.

Comprenez que la plus grande partie de l'humanité actuelle a connu de longues périodes d'incarnation en Lémurie et en Atlantide, successivement ou simultanément. Personne ne peut prétendre n'avoir qu'une seule identité. Vous êtes tous formés de multiples couches de toutes sortes d'expériences à diverses facettes accumulées au cours des quelques derniers millions d'années, bien au-delà de l'Atlantide et de la Lémurie. En tant qu'êtres divins, vous avez choisi ces expériences dans vos aventures d'exploration des univers.

L'Atlantide fut reconnue pour ses réalisations technologiques, la beauté de son architecture et tous les trésors que des « esprits humains » étaient capables de créer. Toutes ces créations de l'esprit ont beaucoup de valeur ; elles ont constitué une phase importante du développement de l'âme. Ce qu'offre à ce jour l'Atlantide ancienne en fascine plusieurs, mais ce qu'offre l'Atlantide d'aujourd'hui ne diffère pas beaucoup de ce que nous vous offrons nous-mêmes. Nous tous, Lémuriens et Atlantes, avons fait évoluer notre conscience bien au-delà de ce que ces deux continents pouvaient offrir il y a des milliers d'années. Toute la technologie et tous les trésors de l'Atlantide remonteront à la surface, mais dans un contexte différent. Cela se déroulera dans l'énergie du nouveau monde, tellement meilleure et plus avancée que celle d'il y a dix mille à onze mille ans !

Ceux qui espèrent découvrir les trésors et la technologie de l'Atlantide cherchent encore quelque chose à l'extérieur d'eux-mêmes, non conscients que cela représente pour nous une énergie du passé démodée en comparaison de ce qui sera ramené à la surface dans l'avenir. En général, la conscience atlante était trop souvent dominée par l'esprit, au détriment du cœur ; c'était principalement une conscience du « faire ».

Ceux qui tentent de vivre selon leur cœur se sentent plus proches de la Lémurie. Ils savent que tout ce qui se trouve à l'extérieur d'eux-mêmes n'est que création de l'esprit, et leur cœur n'est pas focalisé là-dessus. Les besoins du cœur sont très différents et très simples. La vie en fonction du cœur renvoie à une conscience de l'« être ».

L'idéal consiste à équilibrer le cœur et l'esprit. Ayant tous deux leur fonction propre, ils sont des aspects nécessaires du Soi divin. Quand l'esprit est au service du cœur, la sagesse et la connaissance se trouvent au premier plan. Quand l'action résulte de l'être, il y a magnificence dans les deux mondes. En tant que maîtres, nous utilisons certainement notre esprit, mais nous avons transformé nos anciens esprits humains limités, régentés par l'ego falsifié, en la manifestation de l'Esprit infini de Dieu, toujours au service du Cœur pour créer l'illimité dans toute sa splendeur, à chaque instant du maintenant.

La Lémurie semble avoir été oubliée davantage parce qu'elle a disparu de la surface un peu plus de 1 500 ans avant l'engloutissement de l'Atlantide et qu'elle n'a laissé que peu de traces, que vous ne pouvez d'ailleurs percevoir qu'avec les yeux du cœur. Mais le temps est maintenant venu pour chacun de se rappeler la « mère patrie », pas tellement en raison de ce qu'elle fut il y a longtemps, mais plutôt de ce qu'elle offre encore à l'humanité.

En tant que Lémuriens, nous avons vécu sur cette planète selon le cœur, et ce, pendant des millions d'années, avant qu'un déclin de la conscience s'installe progressivement chez notre peuple. Peu à peu, la vie merveilleuse que nous avions connue durant tous ces millénaires se détériora jusqu'à devenir difficile et très tridimensionnelle.

Jusqu'à la chute, nous avions créé dans notre monde, pendant des millions d'années, l'illimité, la magnificence et la beauté majestueuse, bien au-delà de ce qu'avait créé l'Atlantide. Mais, bien que nous fûmes ici physiquement, nous vivions dans une autre fréquence vibratoire alors invisible à la plupart des Atlantes ou des autres gens qui venaient nous rendre visite. Quand des gens qui ne vibraient pas à notre fréquence venaient chez nous, ils ne voyaient pas grand-chose de la vraie Lémurie.

Ils ne percevaient pas autant de beauté et de perfection qu'ils en voyaient en Atlantide, car celles-ci n'étaient visibles qu'à ceux dont la vision spirituelle était développée.

Tout comme vous ne voyez pas encore les merveilles des cités de lumière cristallines suspendues au-dessus de vos villes polluées, personne ne nous voyait non plus. Ce que nous avons créé dans la troisième dimension n'était qu'une version limitée de la véritable Lémurie, dans le seul but de jouir des beautés de la nature, de la « terre de Pan », avec un aspect différent de notre physique. Pendant très longtemps, nous n'avons créé dans la troisième dimension que des logements et des structures, en utilisant des matériaux empruntés à la nature et que nous pouvions partager. Pour nous, c'était l'équivalent de vos cabanes en forêt. Nous nous y rendions de temps à autre, tout en vivant dans nos cités d'une plus haute fréquence vibratoire. Nos gens apparaissaient dans la troisième dimension quand ils avaient temporairement envie d'une expérience différente de la vie, ou d'une activité tridimensionnelle. À une certaine époque, tous les Lémuriens étaient capables de traverser les dimensions à volonté avec leur conscience, tout comme vous traversez les étages d'un grand building dans un ascenseur. C'était aussi simple, et vous revivrez cette expérience dans l'avenir.

Avions-nous une technologie ? Bien sûr, mais ce n'était pas exactement celle des Atlantes. Pendant très longtemps, nous n'avons pas eu besoin du genre de technologie dont ils disposaient, car notre niveau d'évolution spirituelle nous permettait de nous en passer. Les Atlantes étaient pleinement ancrés dans la troisième dimension depuis le début, tandis que nous n'y étions pas limités. Un jour, vous n'aurez plus besoin de la technologie dont vous dépendez maintenant. Notre technologie, nos habitations, nos temples et nos cités étaient d'une fréquence vibratoire supérieure à celle des Atlantes. Ce que nous possédions était réel et tangible pour nous, mais presque invisible à eux et aux autres qui ne vivaient pas selon leur cœur. Quand notre continent fut détruit, nous avons donc laissé dans la densité de votre dimension moins de preuves tangibles de notre civilisation que les Atlantes.

– *Que reste-t-il de la Lémurie à la surface ? Y a-t-il des vestiges à quelques endroits ? On n'entend jamais parler de cet aspect de la Lémurie, tandis qu'il est souvent question à l'heure actuelle des vestiges de l'Atlantide que l'on va découvrir un peu partout à la suite des changements géophysiques prévus.*

Ceux d'entre vous qui vivent sur la côte est du continent nord-américain entendent parler davantage de l'Atlantide, car plusieurs êtres qui se sont incarnés là sont d'anciens Atlantes. Les dirigeants des États-Unis, particulièrement ceux qui se trouvent à Washington, D.C., sont d'anciens Atlantes purs ; plusieurs d'entre eux furent responsables de la destruction de leur continent. Voilà pourquoi, en ce pays et parmi ceux qui vivent près des anciens rivages atlantes, l'intérêt porte surtout sur les découvertes liées à cette civilisation. Une grande partie de la population américaine actuelle, particulièrement sur la côte est, est composée de gens qui ont péri en Atlantide. De plus, la conscience de la grande majorité des Américains est très semblable à celle des anciens Atlantes. L'Atlantide était située dans l'océan Atlantique, dont elle occupait une grande partie. Elle avait à peu près la superficie du Canada et des États-Unis mis ensemble.

La Lémurie était située dans l'océan Pacifique ; elle occupait également une immense superficie. La civilisation lémurienne a existé pendant plus de quatre millions et demi d'années avant de disparaître. L'Atlantide était considérée comme une jeune civilisation composée d'êtres provenant à l'origine de cinq systèmes solaires et dont l'évolution de l'âme différait grandement de celle des Lémuriens. Ces civilisations ont duré environ 200 000 ans avant leur engloutissement.

Votre mode de vie actuel se rapproche davantage de celui des Atlantes. Votre civilisation est encore très influencée par l'ancienne conscience atlante, car un grand nombre de vos dirigeants politiques, économiques et religieux, ainsi que vos médias, portent en eux la souillure de l'ancienne corruption atlante. Les derniers jours de l'Atlantide sont encore inscrits profondément dans la mémoire cellulaire des masses et de vos dirigeants.

Le temps est venu pour vous tous d'éliminer l'empreinte de cette ancienne conscience et d'embrasser un monde d'« Unité » où il n'y a plus ni Atlantes ni Lémuriens, mais uniquement une humanité vivant de la magie de l'Amour et dont les membres sont unis en une fraternité planétaire, comme des enfants tous créés par l'amour et la tendresse du même « Père céleste ».

L'époque de la Lémurie se situe approximativement entre 4 500 000 ans. Avant l'engloutissement de la Lémurie et de l'Atlantide, il y avait sept grands continents sur cette planète. Les terres formant l'immense continent de la Lémurie comprenaient celles qui reposent maintenant au fond de l'océan Pacifique, ainsi qu'Hawaii, l'île de Pâques, les îles Fidji, les nombreuses îles de la Polynésie française, sans compter Madagascar et des terres localisées dans l'océan Indien. Toutes les îles du Pacifique, habitées ou non, sont d'anciens sommets montagneux du continent perdu de la Lémurie, dont la côte est s'étendait jusqu'à la Californie et au-delà.

La principale région du continent, celle où se trouvait le palais que le roi et la reine utilisaient comme résidence, portait le nom de Telos. C'est là qu'étaient les édifices administratifs essentiels, au pied du mont Shasta. Voilà pourquoi les Lémuriens ont choisi d'appeler leur cité « Telos » quand ils sont passés à la « clandestinité ».

La Lémurie était si vaste qu'elle avait été divisée en cinq secteurs dont chacun avait ses dirigeants et ses propres édifices administratifs. Tous étaient cependant reliés et sous la direction de la plus haute hiérarchie lémurienne, celle du roi et de la reine, qui vivaient dans la région principale de Telos, près du mont Shasta.

Le mot Telos signifie « communication avec l'Esprit ». La province de Telos était assez vaste. Elle comprenait toute la Californie dans sa superficie originelle, dont une grande portion a coulé dans l'océan Pacifique ; elle incluait aussi l'Oregon, l'État de Washington et une partie de la Colombie-Britannique, dont l'île de Vancouver, et une partie du Nevada.

Les séquoias

Il est un autre héritage de la Lémurie qui n'a pas été reconnu par cette génération. Ce legs précieux et magnifique est maintenant décimé, presque réduit à néant, par la cupidité et l'arrogance de l'industrie forestière. Dans plusieurs régions de la côte ouest des États-Unis, des millions d'acres étaient recouverts par ces « arbres géants » incarnant l'intelligence des dévas, vestiges physiques tangibles de l'époque lémurienne.

Pendant les douze mille ans d'évolution qu'a connus cette planète depuis l'engloutissement de la Lémurie, personne n'avait osé les détruire avant aujourd'hui. L'industrie forestière en élimine des acres et des acres quotidiennement depuis vingt-cinq ou trente ans. À l'heure actuelle, il n'en reste plus que quelques acres, « pour le spectacle ». Tout le reste a disparu sous les dents des scies mécaniques des bûcherons, en vue d'un profit.

L'appel des séquoias géants

Nous sommes des géants, les vestiges d'une très ancienne civilisation que la plupart d'entre vous ont oubliée depuis longtemps. Les millénaires se sont écoulés et nous sommes toujours là, de moins en moins nombreux, à la merci des sociétés forestières rapaces qui ne prennent en considération que le profit financier qu'elles peuvent tirer de la vente de notre population.

Notre espèce, en tant qu'intelligence collective des dévas, a honoré cette planète de sa présence pendant des millions d'années, soit depuis les temps immémoriaux de la terre magique de Pan. Les habitants de cette planète ont toujours eu le plus grand respect et la plus grande admiration pour la beauté et la sagesse que nous représentons ainsi que pour le profond sentiment de paix et d'harmonie que nous répandons autour de nous. Ceux qui ont la capacité de communiquer et d'interagir consciemment avec nous reçoivent la connaissance que nous possédons et qui est inconnue de la plupart d'entre vous. Un jour, vous vous éveillerez à cette réalité et souhaiterez avoir été conscients bien plus tôt de ce que nous sommes et des contributions importantes que nous avons apportées et continuons d'apporter à votre planète.

Nous avons vécu et grandi sur l'ancien continent lémurien, situé au-delà de la côte ouest des États-Unis.

Il fut un temps où notre esprit et notre forme physique s'étendaient pratiquement à l'ensemble du globe. Nous sommes actuellement les seuls survivants de la gloire et de la beauté qui ont déjà existé sur votre planète, surtout sur l'ancien continent de la Lémurie. Nous sommes les historiens, le chaînon qui vous lie à vos ancêtres, à vos racines, à vos vies antérieures dans la civilisation lémurienne et au-delà. D'après les hommes, la Lémurie a disparu sans laisser de traces ; pourtant, nous sommes là, « non reconnus ». Nous avons survécu aux cataclysmes qui ont eu lieu il y a douze mille ans et nous sommes restés sur la côte pacifique pour vous accompagner et vous assister.

Pourquoi n'appréciez-vous pas les immenses services que nous avons offerts à votre planète pendant si longtemps et que nous continuons toujours de vous prodiguer malgré la destruction graduelle et constante de notre espèce par votre civilisation inconsciente ?

Pendant les millions d'années où nous avons servi cette planète, jamais aucune civilisation n'a essayé de nous détruire aussi aveuglément que le fait le peuple américain du XXe siècle. Nous sommes systématiquement arrachés du sol par les géants de l'industrie, avec le plein appui de vos gouvernements, dont la fonction est pourtant d'assurer le bien à long terme de toute la population et de l'environnement et non les intérêts à court terme de quelques groupes de pression. Pour quelques dollars dans le compte bancaire d'un cercle restreint d'individus, vous laissez se dilapider votre héritage et détruire ces grands Êtres qui sont là pour vous protéger. Votre attitude est comparable à celle de ce personnage biblique qui a vendu son droit d'aînesse pour un plat de lentilles. Elle s'apparente aussi à celle d'un chien qui mord la main qui le nourrit.

Très peu de civilisations auraient eu l'audace de nous détruire ainsi. Auparavant, cela aurait été considéré comme un sacrilège, un outrage, le viol d'un des plus précieux trésors de la Terre.

En tous lieux et à toute époque, nous avons été honorés et aimés pour tous les cadeaux qu'à travers nous la Terre a distribués librement à chacun. La côte ouest des États-Unis est tout ce qui reste à ce jour des trésors de l'ancienne Lémurie. Il y a une soixantaine d'années, des milliers d'acres étaient encore recouverts de séquoias géants. Il n'en subsiste désormais que quelques minces bandes ici et là pour faire pittoresque. Vous êtes très loin de reconnaître la beauté réelle et les vraies valeurs existant sur cette planète. Très peu d'entre vous sont conscients de leur véritable identité, de leur héritage et de leur environnement. Quelles sont donc vos valeurs ?

Toute la beauté du passé a presque disparu au nom de votre prétendu progrès ; elle a été remplacée par beaucoup de laideur.

Bien que la plupart d'entre nous aient été détruits par votre technologie moderne, et malgré votre manque de conscience et de considération pour les trésors de cette terre, notre esprit continue de vivre. Chaque fois que l'un de nous périt sous les scies mécaniques des bûcherons, l'esprit de l'arbre qui se meurt ainsi passe dans une autre dimension en vue d'une nouvelle incarnation où il sera aimé, vénéré et apprécié de nouveau. Notre espèce, en tant qu'intelligence collective des dévas, vit aussi dans des dimensions plus élevées, sur cette planète et ailleurs, où les habitants chérissent notre présence et nos dons. Nous sommes très nombreux à vivre à l'intérieur de la planète, dans les cités souterraines où nous honorons de notre présence la vie des êtres sages et aimants qui résident en ces lieux féeriques.

Vous avez encore tellement à apprendre, chers amis, sur les « vraies valeurs » de la vie ! Si nos paroles vous semblent pénibles, interprétez-les comme une sonnette d'alarme, un appel à la compassion envers les autres formes de vie qui font l'objet du même traitement cruel que l'humanité nous inflige. Quand vous aurez finalement atteint un niveau d'évolution suffisamment élevé pour comprendre les lois éternelles d'Unité avec toute vie, vous saurez que l'amour et la compassion que vous accordez à l'autre, sous quelque forme que ce soit, vous sont également bénéfiques. L'énergie de votre saccage de la Terre et de ses nombreux royaumes vous reviendra dans vos incarnations futures, et vous devrez alors en subir les conséquences. Telle est la loi cosmique ; il ne peut en être autrement. Les lois immuables gouvernant cet univers et toute Création s'appliquent toujours infailliblement.

Dans toutes les sociétés évoluées, jamais personne ne coupe nos corps physiques pour son usage ou son profit personnel avant que notre incarnation sous cette forme ne soit complète et que l'Esprit ne l'ait quittée. C'est seulement à partir de ce moment-là que le bois est coupé, avec beaucoup de respect et d'adresse, et utilisé pour divers projets. Le merveilleux bois que nous fournissons fait partie des nombreux dons que notre Esprit offre à cette planète. Nous n'existons pas pour être monopolisés par quelques exploiteurs qui nous vendent à des multinationales n'ayant aucun amour pour la nature ni aucune connexion à l'évolution des dévas. Nous appartenons à tous. Aucun groupe, ni aucun individu, n'a le droit de nous « posséder » et de « disposer » de nous comme bon lui semble.

Assumer la responsabilité de la terre, de l'environnement et des animaux constitue une étape initiatique majeure dans l'évolution sur le sentier de la Vie.

Sachez qu'aucun de vous n'est jamais propriétaire d'un terrain. Toute la terre appartient, par droit divin, au corps de votre mère la Terre, qui est souveraine. Si vous croyez posséder une parcelle de terrain ou des droits vous y autorisant, sachez que vous n'en êtes que le « dépositaire » temporaire, en plus d'être entièrement responsable, devant les Hauts Conseils planétaires et galactiques, des mauvais traitements que vous lui aurez infligés. Dans toute société éveillée, il y a suffisamment de bois pour tout le monde quand on en use sagement et judicieusement ; les besoins sont comblés sans rationnement ni manque.

Avez-vous déjà remarqué qu'il y a beaucoup plus de cyclones et de tornades sur la côte est des États-Unis que sur la côte ouest ? Pourquoi cette dernière est-elle moins sujette aux cataclysmes annuels si courants sur la côte est ? Eh bien, sachez-le, ces calamités potentielles lui sont épargnées grâce à « notre présence ». En effet, nous sommes bien plus que de simples arbres, même si votre ignorance vous le laisse croire. Notre identité va bien au-delà de cette forme que vous voyez. Notre forme d'arbre n'est qu'une enveloppe physique hébergeant notre Grand Esprit. Nous sommes habités par un vaste Esprit collectif, puissant, omniprésent et plein de sagesse qui dépasse votre compréhension actuelle et votre conscience limitée.

Nous, les séquoias géants, sommes les puissants gardiens et les dévas de la côte ouest.

C'est parce que nous sommes là, à diffuser notre amour et nos grands pouvoirs protecteurs, que cette région des États-Unis a jusqu'ici évité de nombreuses calamités naturelles. Sachez que les désastres naturels sont toujours dus à des déséquilibres dans les grilles énergétiques de la Terre, lesquels déséquilibres sont causés par des vortex d'énergie discordante que l'humanité crée et accumule par son mauvais usage de l'énergie créatrice, par ses pensées négatives, et par le manque de qualité de son amour envers le prochain et toute forme de vie.

Là où nous vivons, nous harmonisons la nature, et notre influence s'étend très loin. Depuis des siècles, nous avons été capables d'absorber l'énergie discordante dans nos corps géants et d'épargner ainsi à la côte ouest les conséquences de nombreux désastres naturels.

Quand nous étions plus nombreux sur le littoral et sur la côte, notre efficacité à détourner les cataclysmes survenant sur votre littoral depuis l'océan Pacifique ou ailleurs était beaucoup plus grande. Aujourd'hui, ce pouvoir de protection est grandement réduit. C'est là notre message ; voyez-le comme un avertissement. Il va sans dire qu'en nous éliminant de plus en plus, comme cela se fait actuellement, les habitants de la côte ouest des États-Unis s'exposent à un potentiel de cataclysmes beaucoup plus important qu'il n'est possible de l'imaginer en ce moment.

En terminant, nous vous disons ceci : la souveraineté reçue par l'homme lui fut donnée pour qu'il apprenne à dominer sa propre « nature inférieure », afin de retrouver son innocence et sa divinité originelles. Nous vous envoyons aujourd'hui un S.O.S. par l'intermédiaire de ce *channel*, vous demandant de faire tout votre possible pour sauvegarder ce qui demeure de nous. Très bientôt, vous aurez plus que jamais besoin de notre intervention et de notre protection.

Nous sommes l'Esprit des séquoias géants, les amis loyaux qui vous ont aimés et chéris depuis si longtemps. Nous avons bercé et nourri toutes les civilisations de votre planète depuis le début. Nous sommes les dévas, gardiens de grands pouvoirs et de sagesse, et nous faisons partie de l'Équipe de protection de cette planète. Nous sommes les fidèles serviteurs de votre Mère bénie la Terre.

L'intelligence du cœur

– *Sachant que l'amour est la force la plus puissante et la plus intelligente non seulement sur cette planète, mais aussi dans l'Univers entier, le cœur étant même le premier organe à se développer chez le fœtus, avant même le cerveau, préparant ainsi la voie à l'âme consciente à venir, comment se fait-il que ce qui est le plus puissant se perde aussi facilement au moment de la réincarnation ?*

Tellement de facteurs semblent diminuer sa fréquence, comme de vivre dans la tridimensionnalité, le temps, nos conflits intérieurs et extérieurs. Mais, en même temps, chaque incarnation offre une nouvelle possibilité de retrouver cette fréquence sacrée…

Selon votre perspective, est-il vraiment possible de vivre dans un état non conflictuel et de conserver une stabilité émotionnelle tout en sachant que les ondes obscures travaillent à diminuer notre fréquence du cœur et tentent par tous les moyens de nous maintenir dans cette instabilité ?

L'état de paix et d'harmonie totales, dépourvu de tout conflit et de toute instabilité émotionnelle, est l'état de conscience que tous ceux d'entre vous qui ont choisi de demeurer ici sont en train d'acquérir et d'apprendre à maintenir parfaitement. Quel que soit l'état de conscience dans lequel vous êtes, il résulte d'un choix personnel. Personne n'a le pouvoir d'effectuer ce choix pour vous. Vos réactions émotionnelles dépendent toujours de ce à quoi vous avez choisi de croire et des pensées que vous entretenez à chaque instant.

L'expérience de la séparation illusoire par le voile fut choisie par chacune des âmes évoluant ici. Elle a un commencement et une fin. Voici donc arrivé le terme de cette longue nuit de l'illusion créée par cette expérience. Le Créateur a cette fois décrété, tel qu'il l'avait promis, la fin de la séparation et de l'obscurité sur cette planète.

Il importe désormais de vous concentrer sur ce que vous désirez atteindre, et non sur ce que quelqu'un d'autre essaie de créer pour vous ou d'implanter dans votre conscience. Vous possédez tous la même divinité intérieure et vous avez toujours la liberté de choisir la fréquence de l'amour ou celle de la peur, la conscience de la dualité ou le monde de l'Unité. Habituez-vous à vous concentrer sur votre vérité personnelle, à ne pas vous laisser distraire par ce que les autres font ou ne font pas. Sortez de la conscience de la dualité. Sachez que personne n'a le pouvoir de diminuer votre fréquence du cœur à moins que vous n'y consentiez.

– *Pourquoi le mental, qui n'est pas empreint de l'énergie sacrée du cœur, semble-t-il avoir plus de pouvoir que ce dernier ? Si le but de l'humanité a toujours été d'activer et de faire rayonner le cœur énergétique, comment se fait-il que nous en soyons continuellement détournés ?*

  Y arriverons-nous lorsque nous aurons vraiment compris et intégré la mission première du cœur ?

À l'origine, le corps mental était empreint de l'énergie sacrée du cœur. Pendant les longues ères de l'âge d'or lémurien, qui ont duré plus de 4 300 000 ans, les gens vivaient et effectuaient l'ascension physique sans connaître un seul instant d'obscurité, de peur ou de restriction. Il n'y avait ni voile ni ego falsifié ; ce genre de distorsion était totalement étranger à leur conscience.

Puis, quelques âmes se séparèrent graduellement de leur état initial d'Unité et contaminèrent les autres avec leur nouvelle conscience distordue. Personne n'était obligé d'intégrer cette distorsion, mais, à l'évidence, plusieurs le firent, et c'est pourquoi vous êtes toujours ici, à essayer de comprendre la situation afin de la changer. Ce fut un processus très graduel, au point que la population en général n'en remarqua rien. Ceux qui n'ont pas effectué le même choix ont ascensionné il y a très longtemps.

C'est ainsi que l'ego falsifié prit peu à peu naissance à l'intérieur du corps mental, y remplaçant l'« Esprit divin ». Il finit par s'emparer des masses, de sorte que la dégénérescence spirituelle s'accentua. Avec le temps, les gens continuèrent d'accorder la priorité à leur ego falsifié, lequel acquit alors tellement d'importance que la plupart devinrent totalement inconscients de ne plus être empreints de l'énergie sacrée du cœur. Maintenant, puisque vous avez pris conscience du phénomène, il vous est possible de remédier à la situation en retrouvant votre état antérieur de perfection divine.

Dieu n'a jamais créé ces imperfections et n'a jamais donné naissance à l'ego falsifié. Seuls les humains incarnés ont décidé de créer ce nouvel état modifié de conscience pour faire l'expérience de la séparation illusoire. Dieu leur a simplement permis de faire l'expérience de ces choix afin qu'ils apprennent leurs leçons. Chacune des âmes évoluant ici doit désormais assumer l'entière responsabilité de ses anciens choix, être reconnaissante des leçons ainsi apprises, embrasser de nouveau l'Unité et être « libre » spirituellement.

– *Selon votre perspective, l'humanité parvient-elle à vraiment mettre de l'avant son « potentiel du cœur » ? Sommes-nous sur la bonne voie au niveau du cœur ?*

Absolument ! Et l'humanité réussira dans une large mesure d'ici dix ou quinze ans, et même plus tôt quant à la majorité. Ceux qui ne feront pas ce choix ne pourront demeurer sur cette planète ni même s'y réincarner avant de l'avoir fait.

Troisième partie

La Fraternité de lumière

L'intensité de la vie va accentuer le drame, chers enfants. Nous vous disons qu'il est nécessaire de vous purifier maintenant, d'être patient maintenant, de pardonner maintenant.

Message d'Edna Frankel

C'est un véritable honneur pour moi de participer à cette nouvelle série d'ouvrages des Éditions Ariane. Pour devenir un *channel* de la Fraternité de Lumière, j'ai dû méditer activement durant une trentaine d'années, en quête de réponses de l'invisible. *Comment le corps se guérit-il lui-même ? Que voyez-vous et que faites-vous lors d'une séance de guérison ? Me l'enseignerez-vous ? Comment puis-je vous entendre mieux ?* Tandis que les Frères m'enseignaient patiemment le Cercle de Grâce, la réponse qui me venait invariablement, peu importe ma requête du moment, était celle-ci : « *Purifie-toi.* »

Non seulement ai-je dû me purifier de l'intérieur, mais également effectuer des changements dans tous les aspects de ma vie extérieure, autant dans mes relations personnelles que professionnelles. Afin de vivre pleinement mon existence de canal de lumière, il m'a fallu abolir, quoi qu'en pensât mon entourage, toutes les limites qui avaient jusque-là marqué ma vie d'adulte. Ce processus s'avéra difficile, mais je suis heureuse de l'avoir mené à terme. Grâce à lui, je peux aujourd'hui partager avec vous la leçon la plus importante que j'ai apprise : « *Crois en toi.* »

Les Frères m'ont enseigné que ce qui se trouve à l'intérieur est infiniment plus précieux que tout le confort extérieur que j'ai pu acquérir. Le seul moyen de vaincre la peur consiste à la remplacer par l'amour. La peur peut rendre malade, car elle affecte tous les aspects du corps, qu'ils soient d'ordre physique, émotionnel, mental ou spirituel (PÉMS). C'est en m'aimant vraiment, dont tous mes défauts, et en considérant à leur juste valeur mes dons et mes talents même si personne ne les comprenait, que j'ai trouvé le courage de combattre mes peurs. Le fait d'être née sous le signe du Bélier, ce qui fait de moi une personne entêtée, m'a sûrement aidée aussi ! (*Petit rire.*)

J'éprouve toujours des peurs et des doutes, des maux et des douleurs, mais puisque je pratique quotidiennement la cocréation avec l'Esprit, je suis de plus en plus forte et de plus en plus convaincue d'être exactement où je dois être et de faire précisément ce que je dois faire. Je parle constamment aux Frères, surtout mentalement, mais parfois aussi à voix haute dans ma voiture. Dernièrement, en me rendant au bureau de poste, je leur demandai, comme je le fais souvent, à recevoir un signe que tout était comme ce devait être. En marchant dans l'entrée, j'entendis alors la chanson *Forever Young* (« Toujours jeune »). Arborant un large sourire, j'ajoutai aussitôt ma frustration émotionnelle à la longue liste des bénédictions que j'avais reçues dans ma vie, reconnaissante de tous les signes d'appui spirituel que je décelais autour de moi. La reconnaissance est le meilleur antidote à la peur. Le changement est le meilleur antidote à l'immobilisme. Avoir foi en l'Esprit, c'est avoir foi en soi-même. Merci, chers Frères, d'avoir foi en moi. Vous m'avez enseigné le courage de m'aimer.

Je suis, dans l'Amour total, Edna G. Frankel.
SARA

Introduction

Salutations, chers enfants, de la part de la Fraternité de Lumière. Nous voici maintenant rassemblés en grand nombre, ce qui rend notre présence de plus en plus évidente pour vous soutenir dans votre progrès durant l'« étape finale » de la Mutation du millénaire. Nous vous félicitons, car cette brève période de vingt-cinq ans est déjà aux trois quarts écoulée ! Bien que ce texte ait été canalisé au début de 2006, nous vous demandons, comme toujours, d'établir votre propre échéancier du processus de mutation. Ne vous laissez pas décourager par toute comparaison avec d'autres. Votre ascension est un processus personnel intérieur affecté par des facteurs extérieurs, et non l'inverse !

Pour établir votre propre progrès spirituel, posez-vous les questions suivantes : « Suis-je heureux ? Est-ce que j'aime ma vie ? Suis-je à l'aise où je vis ? Mes relations m'apportent-elles l'amour et le soutien dont j'ai besoin ? Ai-je toujours hâte au lendemain ? » Si vous répondez négativement à l'une ou l'autre de ces questions, efforcez-vous d'examiner ce qui vous rend malheureux, car c'est cela qu'il vous faut changer.

Comment régler vos problèmes ? En vous purifiant ! Vous commencez chaque vie en ayant tous les dons et talents nécessaires pour réussir, si vous êtes suffisamment pur pour accéder aux informations. Comment créer le futur que vous désirez et dont vous avez besoin ? En vous purifiant ! Vous ne pouvez exercer votre volonté et créer vos outils spirituels si votre véhicule, qui constitue votre outil principal, est encrassé et sans énergie. Comment réussir à maintenir l'allure sur la vague du processus d'ascension ? Nous répétons, en vous purifiant ! Afin d'attirer en lui les énergies supérieures, et de les assimiler, votre véhicule doit vibrer à une fréquence assez haute pour atteindre le nouvel harmonique céleste. C'est ce qui fait que certains réaliseront la mutation et d'autres, non.

Il vous faut donc purifier votre instrument et l'accorder, chers enfants. C'est là la réponse à tous vos problèmes. *Dans cette zone de libre arbitre, vous devez chacun assumer la responsabilité de votre mouvement vers le haut !* Autrement dit, sans une pratique quotidienne consciente consistant à boire, à manger, à dormir et à faire de l'exercice d'une façon qui bénéficie à votre corps, vous demeurerez enlisé. Il ne vous arrivera rien de positif intérieurement ni extérieurement si vous n'êtes pas ouvert et déterminé à effectuer des changements positifs dans votre vie.

Vous nous suivez ?

Nous l'espérons, car c'est bien là votre principal outil : *la volonté !*

Si vous cherchez encore quelqu'un pour prendre soin de vous ou vous secourir, quelqu'un à blâmer, vous allez attendre très longtemps. Si vous entreprenez des changements positifs, sur quelque plan que ce soit, vous verrez que l'Esprit vous apportera son glorieux soutien ! Oui, le rythme s'accélère en toutes choses et le dernier quart de la mutation se déroulera très vite. Votre tâche est de ralentir, de simplifier, d'apprendre à vous détendre, à ne pas réagir ! Vous devez établir votre propre rythme intérieur et mesurer adéquatement vos dépenses d'énergie afin de ne pas vous « brûler ».

Dans le cadre de notre participation à cet ouvrage, nous vous parlerons, entres autres, d'une saine gestion de l'énergie. Au cours de ce message, nous vous offrirons une nouvelle règle de vie ; elle se résumera aux « 3 R » : **repos, relâchement, rechargement** ! Si vous ne prêtez pas attention aux signaux émis par votre corps et n'intégrez pas ces 3 R dans votre quotidien, vous aurez de plus en plus de difficulté à supporter votre densité éthérique. Au cours des cinq prochaines années, votre énergie sera grandement affectée par l'intensification des énergies cosmiques pénétrant votre planète. *Plus ces énergies seront élevées et raffinées, plus votre vieille énergie sera lourde et dense.* Si, au cours des dix dernières années, nous vous avons offert la méditation purifiante du Cercle de Grâce*, c'est justement

* *Cercle de Grâce, fréquence et physicalité,* paru aux Éditions Ariane en 2005.

afin de vous apprendre à purifier votre corps de manière à pouvoir ascensionner gracieusement, sans douleur.

Pour ceux qui n'ont pas encore eu l'occasion de lire cet ouvrage, nous vous en donnons ici un bref aperçu. Tout d'abord, il faut réciter à voix haute la Prière de guérison qui suit, en quatre étapes, afin de vous connecter à l'Esprit depuis votre zone de libre arbitre, car il est vital que vous donniez à tous la permission de se joindre à vous.

Dieu le Père ou la Mère, Créateur de tout ce qui est et sera jamais, je t'invite à te joindre à moi pour cette séance de guérison.

Maîtres ascensionnés, guides, anges, mes personnages religieux préférés et tous ceux qui me sont chers, je vous invite à vous joindre à moi pour cette séance de guérison.

Fraternité de Lumière, je vous invite à vous joindre à moi pour cette séance de guérison.

Mon âme, ou Soi supérieur, je t'invite à te joindre à moi et à me guider pendant cette séance de guérison.

Puis, étendez-vous sur le dos, si possible, avec un oreiller sous la tête et un autre sous les genoux (pour éviter toute tension dans le bas du dos). Laissez vos jambes droites et vos bras le long du corps. **Gardez toujours la mâchoire ouverte** et détendez les muscles du visage, de la langue, du cou et du reste du corps. Tout en maintenant une respiration lente et régulière, donnez-nous un compte rendu verbal si vous êtes éveillé. Dites-nous dans quelle région du corps vous sentez augmenter la pression, et nous vous aiderons à faire descendre les blocages et à les évacuer. Sentez les ondes de tension descendre des deux côtés de votre corps à partir du sommet de votre tête et sortir par vos mains et vos pieds. Votre aura expulse la pression interne de la même façon que votre système digestif déplace intérieurement la nourriture, en des ondes péristaltiques que vous apprendrez à sentir sur votre peau.

Souvenez-vous que toute perte est toujours compensée par un gain. Plus vous évacuerez de stress et de douleur, plus il entrera une nouvelle énergie lumineuse par le chakra couronne pour nourrir les couches physique, émotionnelle, mentale et spirituelle de votre corps. Si vous vous donnez la peine de vous étendre ainsi une fois par jour ou tous les deux jours (pendant au moins une demi-heure, sinon une heure), vous en retirerez d'énormes avantages.

Vos priorités doivent changer, chers enfants. Alors qu'augmente l'intensité du drame qui se joue autour de vous, le flux du chaos externe s'accroît. Si vous vous laissez dépasser par lui, vous vous briserez. Si vous décidez plutôt de la distance qu'il vous est possible de parcourir quotidiennement et de la vitesse à laquelle vous le ferez, vous garderez le contrôle de votre vie. Apprenez à dire non, à déléguer, à jongler avec vos devoirs et vos échéances. Apprenez à vous taire et à vous contenter d'observer le drame plutôt que de vous impliquer énergétiquement ! Apprenez à vérifier régulièrement les besoins de votre corps. A-t-il soif ? A-t-il faim ? A-t-il besoin de repos ou d'exercice ? Votre corps possède une conscience séparée de votre esprit. Mieux vous le traiterez, mieux il vous soutiendra !

Note : Ceux d'entre vous qui sont déjà familiarisés avec l'exercice de purification du Cercle de Grâce reconnaissent ici le mode de blocage intégral, celui où le dégagement de la douleur et du stress s'effectue de haut en bas, par les deux côtés du corps, comme une douche de l'intérieur vers l'extérieur. Vous pouvez déclencher cette purification et cette régénération chaque fois que vous en ressentez le besoin. Lorsque le corps a évacué suffisamment de tension de son système nerveux, votre système de méridiens aurique passe automatiquement au mode de dégagement de blocage en alternance, au mode normal et aux blocages inversés, en fonction des besoins de l'organisme. Plus chacun se livrera souvent à cette opération de purification et de régénération, plus il sera léger pour s'élever !

L'intensité croissante de la vie

Avant d'élaborer sur les années 2006 et 2007, nous aimerions aborder un phénomène que plusieurs ressentent déjà mais que bientôt, toute l'humanité vivra. Nous parlons de l'intensité qui augmente dans tous les domaines de votre vie.

Voyez-vous, alors que s'accroît l'énergie globale, certains *channels* disent que la Terre est en mutation et qu'elle entraîne sa population avec elle. D'autres affirment au contraire que les humains sont en mutation et qu'ils entraînent la Terre avec eux. Nous disons plutôt qu'il s'agit d'un effort commun. Tout cela fut planifié, non seulement par cette jolie planète du nom de Gaïa, mais aussi par les âmes qui ont choisi de s'incarner à cette époque. Il n'y a pas de hasard, chers enfants ! Il a fallu un consensus entre cette planète et ses habitants (la conscience humaine globale) pour que cette mutation survienne. Vous lui avez donné le nom de *Convergence harmonique* du 17 août 1987.

Dans la zone du libre arbitre, c'est *cela* le miracle ! Du point de vue de l'Esprit, vous avez déjà accompli énormément ! Nous nous attendions à des bouleversements plus radicaux au cours des six dernières années de la mutation (2007 à 2012). Cependant, grâce à votre conscience accrue, ces bouleversements ont pris une tournure plus douce depuis une dizaine d'années. Malgré cela, nous pouvons donc vous préciser que les sept prochaines années, y compris 2006, verront un net accroissement de l'*intensité* de la Mutation du millénaire.

Alors que l'énergie s'élève, vous sentirez un besoin accru de libérer votre corps de ses tensions internes. Vous sentirez réellement vos méridiens s'obstruer, vos bras et vos jambes s'alourdir, et vous aurez besoin de vous étendre pour évacuer cette tension et rééquilibrer votre système par de l'énergie neuve et pure. Nous vous avons appris le Cercle de Grâce précisément en vue de ce moment où le monde extérieur deviendra si chaotique que la récupération de votre droit naturel énergétique vous procurera un soulagement et un rééquilibrage bénéfiques. Vous devez comprendre ceci : puisque l'intensité de toute vie s'accroît, la quantité et le rythme de tout le drame augmenteront également.

Puisque vous êtes tous en apprentissage, vous devez donc apprendre vos leçons en jouant le drame que vous entretenez entre vous. À ce stade-ci de votre cheminement, vous n'êtes pas surpris de constater que la vie entière est une pièce de théâtre dont la scène est le monde et dont vous êtes les acteurs. Il est très impressionnant pour nous de voir jouer sur une scène, dans votre réalité, des acteurs qui sont de vrais acteurs et qui ont choisi cette scène ! (*Rire.*) Il y a de la joie et de l'humour à chaque tournant de votre parcours. Plus vous en voyez, plus vous élèverez vos vibrations.

Nous le disons donc, le drame va s'accentuer, chers enfants. Vous assisterez à une escalade de colère, de contrastes et même de chaos dans votre monde tridimensionnel (3D). Vous verrez également une escalade de détachement chez les gens, qui regarderont le drame de loin sans se laisser atteindre. Très bientôt, vous ne serez plus seuls, car vous serez très nombreux à observer ce qui se passe ! Vous serez devenus votre propre auditoire.

Nous aimons chaque moment et nous vous invitons à faire de même. Tant d'âmes désiraient venir vivre à cette époque, mais plusieurs n'ont pas pu, car, comme vous le savez, la Terre ne peut en porter qu'un certain nombre ! Du point de vue de l'Esprit, votre Soi supérieur a choisi de participer étroitement à la mutation. Tandis que vous êtes donc très occupés ici à muter à votre propre niveau, il se passe beaucoup de choses au niveau de l'Esprit, puisque, lorsqu'un niveau s'élève, tous les autres doivent suivre.

Nous vous rappelons donc qu'il est nécessaire de vous purifier maintenant, d'être patient maintenant, de pardonner maintenant. Pardonnez tout ce qui vous est arrivé, tout ce que vous avez laissé arriver, tout ce qui est survenu sans même que vous le sachiez. Tout bagage émotionnel lié à votre passé ne tient qu'à un fil d'énergie émotionnelle négative. Ce fil est la colle énergétique qui fait que vous le traînez toujours derrière vous. Vous ne pourrez vous en débarrasser que par le pardon, qui dissout cette colle et coupe les liens. Cela n'aura alors plus d'importance et vous n'en serez plus affecté ; ayant appris, vous pourrez poursuivre votre route. Le simple fait de pardonner donnera une belle leçon aux autres. Il importe peu que la personne impliquée le sache ou non ; ce qui compte, c'est que votre cœur soit libéré de la douleur créée par ce qui s'est produit. Comment ? Par la méditation, entrez dans l'espace intérieur de votre cœur et dites simplement ceci : « *Cela a existé, mais cela n'existe plus. J'accepte la leçon, je l'assimile et je parcours mon chemin.* » Ainsi, vous avancez en étant plus léger.

C'est là le plus facile. *Le pardon est d'abord un exercice mental que vous intégrez chacun dans votre cœur pour le transformer en une émotion physique. Vous devez transmuter cette idée du pardon en amour inconditionnel !* Mêlez ce pardon à votre propre Flamme divine et créez l'amour qu'il vous faut déployer devant cette situation, cette personne ou cet événement, afin de dissoudre la colle de colère et de négativité qui vous y relie. Transmutez-la en amour, changez-en la vibration et détachez-vous ainsi des vieux fardeaux que vous portez. Vous serez ensuite si léger ! Il est vital de vous pardonner. Autrement, vous ne pourrez réaliser l'amour total de soi, dont est issu le véritable sentiment de la valeur personnelle. Nous l'affirmons, vous possédez tous votre propre valeur ! Vous êtes tous divins. Vous avez tous la capacité et l'information nécessaires pour effectuer votre voyage ici bellement et gracieusement.

Quel est le meilleur moyen d'y parvenir ? En avançant un pas à la fois ! Et en marchant au lieu de courir, car vous risqueriez alors de tomber. Dans ce travail commun, nous ne vous en demandons pas plus que nécessaire. Nous n'exigeons pas que vous croyiez à tous nos propos ni que vous en payiez le prix, car la foi n'a lieu qu'entre vous-même et votre propre cœur. Afin de vous aider à mieux traverser l'accroissement d'énergie en cours sur votre planète, nous vous offrons cette clé permettant de mieux le gérer ; elle se résume à **SIMPLIFIER**.

De l'intense complexité naît l'intense simplicité. Simplifiez donc votre vie ! Coupez court à tout ce qui gaspille votre temps, votre énergie et votre argent. Débarrassez-vous de vos biens inutiles, pardonnez et dépassez les relations conditionnelles. Tous ces « débris » de votre vie épuisent votre vibration énergétique et s'alourdissent rapidement. L'avez-vous remarqué ? Libérez-vous de tout ce qui vous cause de la douleur. Conservez tout ce qui est source de joie ! Votre énergie personnelle est votre plus précieux atout, mais elle diminue avec l'accroissement des fréquences. Comment l'utilisez-vous ?

Sur cette planète, plusieurs éléments linéaires œuvrent contre l'illumination. Nous devrions dire que l'argent est problématique, n'est-ce pas ? C'est en effet un repère physique de l'énergie que vous dépensez, mais il ne constitue en aucune façon une mesure de votre valeur. Trop de gens identifient la richesse à la valeur, et c'est une honte. La richesse signifie que vous êtes habile financièrement et que vous avez réussi dans le monde matériel. C'est toujours nécessaire pour survivre dans suffisamment d'existences et pouvoir en venir au travail spirituel.

En tant que jeune âme nouvellement arrivée sur terre, vous apprenez à survivre. Vous apprenez à vivre au sein d'une tribu, à vous maintenir en vie de jour en jour grâce aux ressources de la nature, et à être confiant que celles-ci seront toujours à votre disposition. Le mode de survie est très difficile à vivre, car il exige une concentration constante. Nous respectons cela, absolument. Nous le respectons même encore plus chez ceux qui ont dépassé ce stade et qui y retombent. C'est souvent là aussi une leçon pour leur entourage, qui doit y voir l'occasion d'exercer la bonté.

Il y a tant de bonnes choses sur cette planète ! Il y en a d'ailleurs plus de bonnes que de mauvaises. Pour nous qui vivons dans l'Esprit, il n'y a ni bien ni mal, ni positif ni négatif. Il n'y a que des niveaux d'énergie. Tout dépend donc de la fréquence que vous avez atteinte. Plus vous êtes rendu haut dans l'échelle des fréquences, plus vous êtes près de voyager dans les dimensions qui mènent à Dieu. Et cette énergie se trouve partout autour de vous, même si elle est plus grandement concentrée et plus intense en certains points qu'en d'autres. Tout ce qui vit est en état de mouvement. Même le treillis cosmique change constamment de lieu, selon la science sacrée et les besoins de chaque endroit.

Nous nous arrêterons quelques instants. Un autre groupe désire s'adresser à vous. Nous lui cédons la place.

La Triade prend la parole.

Bonjour à tous. Il y a sur cette planète un niveau d'énergie inédit. Plus précisément, il s'agit d'une nouvelle combinaison de maîtres. Il est question ici d'un changement que *vous* tous avez suscité, car vous en êtes maintenant à un point où il vous est possible d'accéder à ces nouvelles fréquences supérieures sur votre planète. Il y a cinq ans, nous n'aurions pu nous mêler ainsi à vous, mais c'est désormais chose possible aujourd'hui. Nous venons donc en tant que Triade composée de Sananda/Jeshua, Maitreya/Bouddha et Michaël/Métatron.

Nous vous invitons à gravir les échelons et à chercher Dieu. Rien ne sert d'établir 350 divisions entre vous et lui, ou onze dimensions, ou bien treize étapes, et quoi encore ! Pourquoi diviser ? Quelle que soit la forme d'Essence divine à laquelle vous croyez, elle est appropriée pour vous. Quelle que soit votre méthode de connexion, allez-y ! Si, plus haut, nous avons cité nos noms, c'est uniquement dans le but de vous fournir un cadre de référence. Et en voici un autre pour englober tout le processus de mutation. Votre planète pénètre maintenant dans un nouveau quadrant spatial (la Ceinture photonique) qui est riche en énergie cosmique raffinée. Ce phénomène est directement lié à votre ascension énergétique. Par exemple, nous aurions très bien pu venir ici plus tôt, mais vous auriez été incapables de nous entendre. Plus le globe s'enfoncera dans la Ceinture photonique, plus de gens se livreront au *channeling*.

Nous sommes du niveau du Logos planétaire et galactique et nous entrons en interaction avec vous, les humains, pour la première fois en tant que triade, car vous n'étiez pas prêts auparavant. À vos yeux, nous n'avions pas plus de sens qu'un avion qui traverse le ciel n'en a pour une plante. Nous n'étions qu'une ombre qui passe, qu'un mouvement dans l'air.

Par ailleurs, et c'est très logique bien que ce soit malheureux, plus de gens désormais deviendront malades ou mourront à cause de leurs blocages. C'est que ceux-ci ne pourront soutenir la vie dans une énergie supérieure. Quelle que soit la forme de guérison que vous choisirez, elle vous conviendra. Faites ce qui vous semble bon, suivez ce qui éveille en vous une résonance. Notre message : Allez-y ! N'attendez plus ; *purifiez votre corps et dégagez votre vie de ce qui l'encombre.* Nous demandons aux praticiens qui lisent ces lignes de ne pas appliquer une nouvelle technique curative sans être sûrs de ce qu'ils font, mais, en même temps, de ne pas craindre de l'essayer ! Alors que les énergies s'élèvent, leurs effets s'accroîtront également, tout comme le pouvoir et la portée de vos outils énergétiques !

Nous admirons tout le savoir scientifique que vous avez accumulé ; il vous est absolument essentiel. Toutefois, il y a un domaine où la science ne vous apporte pas de réponse. La Triade vous dit alors ceci : « *Cette époque est particulière. L'occasion qui se présente à vous ici et maintenant est exceptionnelle. Voici venu le moment de manifester une réalité nouvelle, que vous choisissez dans le cœur de l'homme.* » Votre âge, votre condition et la durée de votre séjour ici importent peu. Tout s'intensifie tellement à l'heure actuelle qu'il est vital que chaque individu sur cette planète joue le rôle qui lui est propre, quel qu'il soit. Chacun doit contribuer au rééquilibrage global.

Si certains jours sont moins bons que d'autres, tant pis. Le soleil se lèvera quand même chaque matin. Chaque fois que vous revenez, d'une vie à l'autre, vous vous dites : « Je suis bien content que celle-là soit terminée ! » Et alors nous rions un peu de ce qui s'est passé ou non, de ce qui aurait dû, ou pu, se passer. C'est *votre* être spirituel qui détermine si vous avez bien appris *vos* leçons. Nous ne le mentionnons que pour vous rappeler que l'Esprit ne porte aucun jugement. Il n'existe pas de Dieu vengeur. Dieu Est, tout simplement, à des degrés divers de vibration joyeuse.

Heureusement pour lui, il n'a pas de religion !

Il vous faut aussi comprendre parfaitement ce que signifie vraiment la Volonté divine. Il est toujours avantageux de connaître à l'avance les règles du jeu. La Volonté divine est tout bonnement l'échange d'Amour. Aller à l'encontre de celle-ci, c'est échanger autre chose que de l'amour. Bien aimer et bien recevoir l'amour, voilà le devoir de chaque âme. Donner et recevoir de l'amour est vraiment le seul commandement que Dieu nous donne à tous. Vous pouvez empiler vos dix commandements et en placer une centaine d'autres par-dessus, il n'en restera toujours qu'un seul : ***Donnez et recevez uniquement de l'amour.***

Plus vous guérirez, plus vous vous purifierez, plus vous apprendrez, plus vous serez alors capable chacun d'accomplir quelque chose et plus vous obtiendrez de résultats. Nous avons hâte de travailler avec vous, car nous avons beaucoup à vous apprendre. *Quand l'élève est prêt, le maître apparaît !* Cette phrase se trouve déjà dans votre cadre de référence. De nouveaux enseignants arrivent maintenant sur cette planète, plus précisément dans ses grilles magnétiques. Si un maître choisit de venir sur la Terre, vous ne le saurez sans doute pas pour la simple et bonne raison qu'il ne désirera pas se faire connaître. Il ne voudra donner et recevoir que de l'amour.

L'orgueil et l'ego, la cupidité et la colère doivent donc disparaître. Si seulement vous saviez tout ce que vous aurez accompli dans cinq ou six générations ! Les changements qui ont lieu présentement sur cette planète sont tout simplement incroyables à nos yeux ! Cette époque est un creuset. Le temps s'abrège et la mutation en cours est majeure. Alignez-vous donc sur la Volonté divine. Que se passerait-il si chacune de vos pensées, de vos respirations y était alignée ? Vous est-il possible d'imaginer ce que serait alors votre vie ? Si vous ne le pouvez pas, c'est que vous ne sentez pas encore en vous la vibration de Dieu. Voilà pourquoi votre planète en est une de libre arbitre. Ceux qui sentent dans leur corps la vibration de Dieu répugnent à tuer tout être vivant. Chacune de ces entités préférerait donner sa vie plutôt que d'accomplir une telle profanation allant à l'encontre de la Volonté divine. Nous vous le prédisons donc, vous ne reconnaîtrez plus l'humanité dans cinq ou six générations.

Évidemment, vous choisirez d'observer cette humanité à partir de l'Esprit ou d'y participer dans le monde physique. Nous nous adressons à vous dans l'ici-maintenant de ce cadre temporel, non à votre soi éternel qui observe le monde avec nous ni à votre futur soi qui y participera. Vous êtes les mères et les pères de cette évolution humaine. C'est vous qui donnez naissance à cette nouvelle conscience, et nous en sommes très émus. Quel miracle que ce Grand Dévoilement ! Et, bien sûr, puisque nous pouvons voir très loin autour de nous, dans le temps circulaire, nous savons que vos arrière-petits-enfants seront *magnifiques* ! Ils auront en eux une partie de vous, ces âmes éternelles qui ne cessent de revenir sur cette planète aux leçons si difficiles.

Et pourtant, du point de vue spirituel, la Terre est une planète où l'on avance rapidement. Vous avez peut-être l'impression que la route est difficile, mais vous la parcourez en un rien de temps ! Malgré qu'il y ait ici tant de contrastes, un si grand éventail de possibilités et de potentiels, vous avez dépassé l'attente de l'Esprit. La Triade vous en remercie. Vous nous avez amenés ici et nous vous aiderons à atteindre le niveau suivant. Nous vous demandons de prier, de penser, de parler et de sentir l'amour directement de la Source divine. Il vous faudra mille réincarnations pour arriver à Dieu si c'est ce que vous croyez.

Nous vous offrons un merveilleux raccourci en vous invitant à aller tout droit à la Source divine, soit en vous, où Dieu est déjà. Vous êtes le microcosme du macrocosme. Votre corps a été superbement conçu pour fonctionner dans cet espace et aussi, s'il y a lieu, certaines parties pouvant *s'isoler* assez subtilement, pourrions-nous dire afin de se réparer et de se guérir facilement lui-même. Donnez-lui de la nourriture saine, de l'eau pure, du repos et du soleil, tout comme à vos plantes. Vous savez, vingt minutes de soleil par jour stimuleront votre métabolisme, vous aideront à mieux assimiler votre nourriture et à mieux évacuer la douleur et le stress. En petite quantité, le soleil est bénéfique ; il n'est aucunement nocif. Vous en avez besoin. Vous avez besoin de marcher ou de vous asseoir en plein air, de vous connecter à la nature. Cela apaisera la pression croissante de la Mutation du millénaire.

Sur ces derniers mots, nous vous disons au revoir.

La Fraternité reprend la parole.

En terminant cette section, précisons que tout se produit maintenant avec une intensité accrue. Tout est plus intense, qu'il s'agisse de la vie, du climat, des changements terrestres, du drame qui se joue, et même de vos maladies. Tout s'accélérera comme s'accélère le temps, chers enfants. N'est-il pas logique que tout s'accélère autour de vous et que les gens soient à bout de nerfs, dans un drame plus intense ? Vous devez désormais vous efforcer de simplifier votre vie. De réduire le drame et d'augmenter votre apport de joie !

Il est aussi vital de vous créer un espace confortable de paix et de méditation, autant dans votre cœur que dans votre foyer, pour échapper provisoirement au lourd drame, à la lourde énergie, à la grande frénésie des activités quotidiennes. Nous vous suggérons de retrouver cet espace au moins trois ou quatre fois par semaine, afin de supporter la mutation avec grâce. C'est si vital ! Quel que soit le procédé, ou la méthode, que vous utiliserez, peu importe le type de travail énergétique que vous effectuerez – guérison ou travail spirituel ou philosophique –, portez-le dans votre cœur, dans vos mains, dans votre lobe frontal. Vous verrez qu'il se répandra rapidement. Loin d'être un fardeau, il deviendra léger. Répandez votre énergie d'amour autour de vous, devenez chacun le phare de la plus haute vibration que vous cherchez à atteindre.

L'ascension, c'est la modification de votre perspective. Jusqu'ici, votre conception de Dieu était celle d'une entité lointaine. Si lointaine que seuls certains humains choisis pouvaient vous servir d'intermédiaires. Mais c'est faux ! Chacun, chacune d'entre vous est un prêtre, une prêtresse. Chacun, chacune incarne la divinité. Vous êtes déjà le but que vous cherchez à atteindre. Que vous trouviez cela drôle ou extrêmement déprimant, tout est exactement comme ce doit être.

Quand l'esprit est en paix, plus rien au monde n'a d'importance. Trouver la joie n'est qu'un exercice de maîtrise de la matière par l'esprit. Cette paix de l'esprit est aussi le fragment de Dieu que chacun de vous est. Vous êtes déjà Dieu, et nous saluons toutes vos réalisations. Par ailleurs, nous vous sommes redevables de nous avoir permis d'approfondir notre travail dans le Plan divin pour favoriser l'évolution de l'humanité.

Maintenant, entamons ensemble les années 2006 et 2007.

2006 : l'année de la nouvelle intention

Avant d'aborder l'année 2007, parlons un peu de l'énergie de 2006, puisque vous l'utiliserez encore pendant plusieurs mois. Nous sommes rassemblés en grand nombre aujourd'hui pour vous guider et vous soutenir dans la seconde moitié d'une autre « année de mutation ». Le temps passe bien plus vite maintenant, n'est-ce pas ? Il est de plus en plus difficile de suivre le rythme, n'est-il pas vrai ? Pourquoi donc ? Il ne s'agit pas uniquement d'un passage à des énergies supérieures ni de l'accélération du temps. Comme nous l'avons mentionné plus haut, ces facteurs contribuent à l'intensification du *drame* qui vous apporte les leçons de chacune de vos vies. Le rythme des leçons de l'humanité s'accroît, comme le reflètent l'aggravation des phénomènes climatiques et les complexités plus grandes de la politique globale.

Qu'est-ce que le climat et la politique ont en commun ? C'est précisément sur le plan symbolique des leçons de vie en action que vous pouvez avoir une vue d'ensemble de la situation. Vos cultures sont si avancées dans le domaine des communications que chaque nouvelle crise qui survient dans le monde fait aussitôt partie de votre vie, quelle que soit la région où elle a lieu.

Qu'il s'agisse du tsunami de 2004 dans l'océan Indien, des ouragans Katrina, Rita et Wilma aux États-Unis ou des séismes en Indonésie, en Amérique du Sud, au Japon, en Inde et au Pakistan en 2005, toutes les catastrophes récentes sont une preuve de l'intensité croissante des phénomènes climatiques. Ces phénomènes sont si nouveaux que l'on accumule de plus en plus de preuves scientifiques tridimensionnelles permettant de prédire des changements terrestres majeurs. Qu'il s'agisse du déplacement des pôles magnétiques, de la fonte des calottes glaciaires ou du nouveau parcours d'El Niño, vous assistez à la fin d'un long cycle climatique d'environ 25 000 ans et au début d'un nouveau. Le réchauffement global fait partie du processus et il a en fait une influence pernicieuse sur tous les autres changements. La pollution humaine est venue exacerber cette situation, mais elle n'est pas la cause directe de l'élévation générale de la température.

Chaque crise qui survient comporte tellement de potentiel pour le bien ! Vos efforts humanitaires, entre nations comme entre voisins, aident aussi à liquider une grande partie du karma négatif résiduel qui afflige cette planète depuis si longtemps. Plus vous vous entraidez, plus vous vous unissez dans l'égalité, plus vous assimilerez rapidement les leçons qu'il vous reste à apprendre. Même si les temps vous semblent difficiles, le meilleur de l'humanité est toujours éprouvé dans l'adversité ! Faites donc tout ce que vous pouvez les uns pour les autres, contribuez à la résolution des grands problèmes globaux dans la mesure de vos moyens, et trouvez-y la paix.

Tout au long des tragédies traumatisantes et des triomphes dont vous faites l'expérience, sachez conserver une vision objective de l'ensemble du tableau. Tant de sombres aspects de la vie sont maintenant révélés ! Plusieurs d'entre vous ont commencé à prendre conscience de ce qui importe vraiment et à réaliser que les besoins de la masse l'emportent sur ceux de quelques individus. L'excès et le gaspillage, naguère perçus comme le droit inaliénable des riches, sont aujourd'hui jugés dans une perspective globale. Autrement dit, ce sont les « démunis » qui souffrent le plus de ces crises et il revient aux « nantis » de les sauver. Les pauvres sont le plus durement frappés et les voici qui aboutissent chez vous. Leurs problèmes deviennent les vôtres ou ont tout au moins des répercussions dans votre vie, même à distance, comme le montre l'augmentation du coût de l'énergie.

Toute l'exploitation minière de cette planète a déséquilibré de grandes parties de la croûte terrestre, ce qui a rendu plus difficile sa transition. Même si vous êtes très nombreux à savoir que vous allez bientôt manquer de ressources combustibles, vous accordez très peu d'attention aux sources d'énergie de substitution ! Nous vous suggérons d'arrêter de creuser et de regarder plutôt à la surface de votre planète. Elle regorge d'énergie libre susceptible d'être exploitée sans dommage ! Le vent, l'eau et le soleil sont des sources d'énergie inoffensives. Utilisez la puissance des marées ! Le « corps aqueux » de la Terre respire et expire régulièrement, créant un flux d'énergie incessant dans lequel vous pourriez facilement puiser. Vous possédez déjà la technologie nécessaire, de sorte qu'il serait assez simple de passer à la production de masse, sauf que vous n'avez pas investi suffisamment d'énergie (pardonnez le jeu de mots) dans ces solutions nouvelles et grandement nécessaires !

Pourquoi ? Voyez ce qui anime vos gouvernements. Sur quoi sont-ils focalisés ? Non sur le bien de la population. Vous ne vivez pas dans une démocratie saine, fonctionnant adéquatement. C'est là l'une de vos plus dures leçons : amener vos dirigeants à investir de l'argent pour le bien commun, non pour leur profit ou la guerre. Mondialement, l'argent et le pouvoir vont de pair. L'argent est l'énergie créative qui permet la réalisation des changements. C'est ainsi que tout fonctionne actuellement sur votre planète, où tout est basé sur l'argent. Tous les futurs progrès à l'échelle planétaire doivent être précédés d'un grand changement dans la distribution des richesses et dans l'*intention* présidant à leur utilisation.

Au cours des quelques prochaines années, bien des mensonges seront dévoilés en matière gouvernementale. De nouvelles sources d'énergie inoffensive et inépuisable sont déjà à votre portée, mais elles ont été négligées ou réprimées par les grands conglomérats commerciaux exerçant leur pouvoir par le biais d'un contrôle gouvernemental. Persévérez dans vos enquêtes et dans vos inventions, chers travailleurs de la lumière, car les unes comme les autres sont essentielles pour apporter de la lumière dans les lieux obscurs. La Terre elle-même vous donnera cette leçon, alors que vos ressources serviront de plus en plus à porter secours aux victimes de désastres.

L'augmentation d'intensité des phénomènes climatiques a déjà causé tellement de destruction que les pertes de vie subséquentes sont difficiles à conceptualiser. Un millier à tel endroit, cinq milliers à tel autre, quelques centaines de milliers ailleurs… Il deviendra de plus en plus difficile pour chacun de demeurer centré et compatissant au cours des cinq prochaines années, alors que les changements climatiques affecteront la densité de toutes les populations du globe. Même les premières prédictions concernant les changements climatiques de la Mutation du millénaire mentionnaient l'érosion des littoraux sur la planète entière. Vous y assistez déjà. Laissez-nous vous poser ici une grande question : puisque vous savez que les phénomènes climatiques vont s'aggraver, pourquoi donc reconstruisez-vous dans les régions que les éléments ont conquises ? En fait, pourquoi dépenser de l'énergie, du temps et d'énormes sommes d'argent pour reconstruire des régions qui risquent d'être détruites de nouveau l'année suivante et l'autre encore ? Vos gouvernements seront plus lents que vous à s'en rendre compte. En tentant d'apporter un peu de rationalité dans le décor, vous réaliserez qu'il faut beaucoup de gens pour amener vos gouvernements à écouter suffisamment pour changer de direction.

Nous n'essayons pas ici de brosser un trop sombre tableau afin de vous effrayer. De tels cataclysmes se sont déjà produits au cours de votre histoire, mais aujourd'hui deux facteurs très différents interviennent : l'intensification des changements climatiques et vos communications instantanées à l'échelle mondiale. Alors qu'auparavant vous ne saviez presque rien de ce qui se passait en dehors de votre petit village, vous n'avez maintenant qu'à appuyer sur un bouton pour connaître ce qui se déroule dans le monde entier. Plusieurs *channels* ont prédit que l'humanité subirait toutes sortes de catastrophes avant que ne s'équilibrent les fréquences finales en 2012. Votre technologie peut vous aider à les prévoir ; dès lors, mieux vous y serez préparés, plus de vies seront épargnées !

Voici les bonnes nouvelles : les pires changements climatiques commencent à survenir, et chaque fois vous vous en sortez de mieux en mieux. Tant individuellement que socialement, vous apprendrez à gérer vos ressources matérielles et humaines avec plus d'efficacité. En bref, chers enfants, votre Terre Mère vous enseigne maintenant la futilité de la guerre et tout le gaspillage qu'elle entraîne, alors que de plus en plus de ressources sont vitales pour sauver des gens plutôt que pour en tuer. Telle est la leçon universelle à laquelle vous devez faire face maintenant. La prochaine année verra le début du véritable éveil de l'humanité, alors que de plus en plus de gens mettront cela en lumière et rendront leur gouvernement responsable du gâchis sur les plans physique, émotionnel, mental et spirituel. Eh oui, il faudra bien quelques années pour régler tout cela, puisque ce doit être résolu linéairement. (*rire.*) Toutefois, des changements bénéfiques s'installeront déjà en 2006. Les « bons » s'uniront pour réclamer des changements qui bénéficieront à tous, et la volonté de la population s'alignera peu à peu sur celle de Dieu.

Voilà pourquoi nous avons nommé 2006 *l'année de la Nouvelle Intention.* Elle constitue donc votre plate-forme pour vous focaliser, par votre conscience accrue, sur votre nouvelle intention de cocréer un avenir meilleur. C'est une année d'intensification à tous les niveaux. Bien sûr, nous aurions pu nommer 2006 l'année de l'Intensification, mais selon nous ce mot a une connotation négative. Même si tout paraît empirer, nous vous affirmons catégoriquement que ce n'est pas le cas. Pendant que vous créez un avenir meilleur par votre nouvelle intention, vous devez focaliser votre attention plus intensément. Les Lois universelles vous aideront à comprendre véritablement ce qui se passe. Focalisez votre intention sur le but final (la Loi de la création divine), créez les outils nécessaires pour dépasser ce but (la Loi de l'autorisation) et aménagez un grand espace pour que votre nouvelle création puisse atterrir (la Loi de la matérialisation).

Aussi, nous vous faisons remarquer gentiment que c'est ce que fait actuellement la Terre. Votre planète est une entité vivante dont la conscience est fermement connectée à la Source divine. Plus vous réaliserez cette même connexion, plus vous aimerez, respecterez et apprécierez tout ce qui vous entoure, plus aussi vous comprendrez, resterez souples et suivrez les changements. Préparez-vous donc, à fournir le meilleur de vous-mêmes au cœur du pire, et apprenez à partager. N'oubliez jamais la Volonté divine, qui consiste à ne donner et recevoir que de l'amour. En faisant simplement cela à tout moment, vous créerez votre propre petit coin de Paradis ici sur terre.

Un bref message sur la compétition et la fatigue spirituelles

L'idée de « compétition spirituelle » fait déjà partie de votre cadre de référence, soit que vous ayez lu cela quelque part, soit que vous en ayez fait l'expérience, ou les deux. Alors que les travailleurs de la lumière gagnent de la force dans leurs talents et dans leur travail en réseau, des « leçons d'ego » surgissent constamment entre vous. Sans compter des leçons de discernement, de non-jugement, de tolérance, et d'équilibration de toutes ces expériences.

Nous vous disons, ceux qui se sentent supérieurs aux autres sont en pleine leçon. Et ceux qui font preuve d'une ouverture de cœur et d'esprit et qui tendent la main aux autres leur donnent le bon exemple. Certains vont réussir ! Le « désherbage » continue donc, tout comme les leçons, quelle que soit votre activité. Il n'y a pas de leçon d'évasion tant que vous êtes dans un corps humain ! Voici un conseil pour supporter ces changements avec équilibre et grâce : demandez que chaque leçon soit positive ! Nous vous avons toujours exhortés à focaliser votre intention sur des mots bien choisis et à les prononcer à haute voix. L'Esprit ne peut interférer avec le libre arbitre. Quoique nous exaucions vos prières de bien des façons, nous ne pouvons contrecarrer votre chemin de vie ni vos choix. Comme lors de nos séances de guérison durant le travail du Cercle de Grâce, nous ne pouvons faire que ce qui nous est demandé.

La leçon la plus difficile de toutes est probablement d'apprendre à ne pas juger ! Puisque ceux qui sont le plus près de vous – votre propre famille et vos amis intimes – sont là pour refléter vos leçons, vous devez conserver à tout moment cette conscience supérieure pour vous-mêmes et votre entourage. La métaphysique enseigne que chaque personne marche sur son propre sentier et que le libre arbitre doit être respecté. Est-ce là un paradoxe ? Eh bien, oui et non ! Quand vous avez à l'esprit le plus grand potentiel d'une personne, vous reconnaissez ainsi la Flamme divine que celle-ci porte en elle. Cette source divine, vous pouvez l'aimer sans porter de jugement. Ce que la personne décide de faire de son temps et de son énergie, cela la regarde.

Chers travailleurs de la lumière, votre défi constant consiste à ne pas laisser votre propre vibration s'abaisser au niveau de votre entourage.

Cela peut d'ailleurs s'avérer assez épuisant, ce qui nous amène à la seconde moitié de ce message conceptuel : *l'épuisement spirituel*. Il peut se produire sur les plans physique, émotionnel, mental et spirituel. Vous devez travailler sur vous-mêmes et aussi les uns sur les autres. Il faut vous purifier des dommages éthériques de haute densité et vous équilibrer à un plus haut niveau de fonction énergétique. C'est le temps de vous guérir afin de mieux aider les autres quand les masses commenceront à s'éveiller. Préparez-vous dès aujourd'hui, car il ne vous reste que quelques années. Dès 2008, les masses commenceront à s'éveiller et vous ne fournirez pas !

Sur le plan mental/émotionnel, les quelques prochaines années verront une intensification du drame dans le reste du monde et dans la vie des travailleurs de la lumière qui ne se seront pas préparés. Purifiez votre corps maintenant ! Faites le ménage dans votre vie, dans votre maison, déménagez s'il le faut, mais faites-le tout de suite ! Il vous est dorénavant plus facile de distinguer la « vieille énergie » de la « nouvelle », particulièrement si vous avez déjà apporté des changements majeurs dans votre vie. Vous prendrez du recul par rapport à votre existence et chacun de vous sera connecté plus clairement à son présent et à son avenir. Tout ce que vous avez accumulé dans votre passé – vos biens, vos vieux vêtements, vos vieux livres, etc. – doit être largué ! Chaque fois que vous éliminerez un tas d'objets et libérerez un peu plus d'espace, vous respirerez mieux, vous penserez mieux, vous vous sentirez mieux ! Vous aurez besoin de vous débarrasser de vos vieilleries, à défaut de quoi vous serez toujours attiré vers le bas par votre ancien bagage, et ce, physiquement, émotionnellement, mentalement et spirituellement.

En réalité, vous savez déjà tout cela, mais plusieurs d'entre vous se sentent « brûlés » ; ils ont l'impression que, quoi qu'ils fassent, le monde est rendu trop loin dans l'erreur pour qu'ils puissent y remédier. Le premier point de vue est celui d'une perspective interne déprimée et le second est externe. Nous le répétons : toutes les dimensions de la vie refléteront vos leçons ; à vous de savoir comment regarder et où. Plus vous vous efforcerez d'élever vos vibrations, plus vous aurez l'impression d'y arriver puis de retomber. Comment franchir le pas final qui vous assurera d'y ÊTRE vraiment ? Comment incarner pleinement ces énergies supérieures et conserver cette nouvelle réalité ? Chers enfants, le dernier niveau à guérir, et le plus difficile, a trait à votre système de croyances. Place ici à l'humour cosmique : c'est ce niveau qui dirige votre fonctionnement biologique !

Afin de guérir parfaitement et d'évoluer au sein même de l'ADN, votre système de croyances doit opérer à un plan supérieur. Si vous éprouvez des craintes ou des doutes, vous n'y êtes pas ! Cependant, une fois que vous aurez atteint ce niveau et que vous pourrez retenir l'énergie divine dans votre corps, tout deviendra facile, car vous baignerez alors dans le flux d'amour universel, lequel satisfera tous vos besoins. Mais vous devez y croire ! Chacun doit croire, au tréfonds de lui-même, que c'est réalisable !

2007 : l'année du discernement spirituel

Dans cette section, on nous a posé les questions suivantes : « *Quel est l'attribut dominant pour 2007 ?* » Le discernement spirituel. « *Quel aspect du développement spirituel est-il important de maîtriser durant cette année-là afin de se préparer à l'éveil des masses en 2008 ?* » Le discernement intuitif.

Nous vous le disons, vous ne contrôlez que le moment présent, car le passé et le futur du temps linéaire sont hors de votre atteinte. Vous saisissez bien ce message ? Chaque minute de chaque vie, vous vous êtes exercés à exister dans le « maintenant » ! Nous vous demandons cette fois de mettre de côté les horloges et les montres qui laissent entendre leur tic-tac dans un cadre temporel désormais disparu. Imaginez que vous êtes plutôt guidés par le soleil et la lune ou que vous accomplirez une tâche qui vous occupera du petit-déjeuner au repas du midi, après quoi vous ferez une sieste. Citons Edgar Cayce, l'un de nos incarnés christiques bien-aimés du XXe siècle : « Après le petit-déjeuner, travaillez un peu. Après le repas du midi, reposez-vous un peu. Après le repas du soir, marchez un kilomètre. » Pouvez-vous imaginer une vie sans horaires chargés, sans échéances stressantes et sans manque de sommeil ?

Nous répétons également : *il vous est possible de créer tout ce que vous imaginez !* Une fois que vous aurez commencé à utiliser vos dons innés, seule votre imagination vous limitera. L'imagination, ou la création de concepts holographiques dans votre esprit, est la première étape du processus de matérialisation. Puisque tout s'accélère, le temps nécessaire à la manifestation s'accélère aussi. Soyez donc prudents par rapport à vos pensées et à vos désirs, car tout ce sur quoi vous vous focaliserez arrivera de plus en plus vite au cours des prochaines années.

En 2007, vous sentirez le besoin d'affiner votre discernement spirituel et de vous laisser guider par votre intuition dans tous vos actes. Ceux qui sont encore inconscients, qui suivent aveuglément la direction sociale ou tribale, deviendront plus polarisés, plus distants, plus fanatiques dans leurs tentatives pour s'accrocher à leurs vues et à leurs valeurs négatives. Ils continueront de vivre « au-dessous de la ceinture », fonctionnant énergétiquement à partir des trois chakras inférieurs. Puisque les nouvelles énergies invitent les chakras supérieurs à s'ouvrir et à s'épanouir, ceux d'entre vous qui le comprennent cherchent une voie d'expression centrée davantage sur le cœur, ce qui les conduira à établir plus de moralité, d'éthique et de vertu dans vos cultures actuelles. De quelle manière ? En plaçant la barre plus haute dans leur propre vie, c'est-à-dire en vivant selon des normes morales plus élevées, ce qui forcera leur entourage à faire de même. Plutôt que d'y voir un effet « réducteur », voyez-y une vague de changement « élévatrice » ! Autrement dit, l'année 2007 verra une nette rupture avec la vieille façon de penser conditionnelle fondée sur la peur et mettra en lumière encore plus d'obscurité qu'en 2006. La « pensée supérieure » commencera à ébranler la politique globale pour la conduire à un plus haut degré d'intégrité en 2007 et 2008. Il était temps !

Plusieurs *channels* et autorités religieuses font différentes prédictions, ce qui peut s'avérer déroutant. Usez donc de discernement afin de déterminer ce qui éveille en vous des résonances. Nous aimerions vous expliquer pourquoi nous avons assigné un attribut particulier à chaque année. Revoyons-les brièvement. Nous avons nommé 2003 *l'année du Changement*, 2004 *l'année de l'Action* et 2005 *l'année de l'Intégration*. Nous avons ainsi respecté votre besoin de changements, puis les actions requises pour les réaliser, et enfin le temps voulu pour les assimiler pleinement. L'année 2006 fut (et l'est encore pour ceux qui lisent ces lignes en 2006) un tremplin pour vous focaliser, par votre conscience accrue, sur votre nouvelle intention afin de cocréer un avenir meilleur. Une fois que vous avez assumé la responsabilité d'un changement nécessaire, que vous avez réalisé puis assimilé correctement celui-ci, et que vous avez établi clairement l'intention de laisser désormais votre âme diriger votre vie, que devez-vous faire ?

Vous devez alors apprendre à naviguer dans ces eaux nouvelles en suivant votre intuition, chacun étant guidé par l'Esprit !

Il est vital pour vous, à ce stade-ci, de développer votre discernement spirituel afin de savoir où placer chaque pied à mesure que vous avancez, à chaque instant, dans chaque action et chaque décision que vous prenez. Lorsque vous aurez intégré vos sept chakras physiques, vous ferez plus que « tout faire passer par votre cœur ». Vous étendrez ces sept chakras jusque dans le huitième, créant un grand champ unifié qui vous connectera à votre être cosmique, au Soi supérieur. Chers amis, vous avancerez alors sans dommage, car vous sentirez enfin pleinement la vibration de Dieu dans votre corps expansé.

Nous vous disons qu'il est de la plus haute importance d'affiner votre radar intérieur, d'avancer en tenant compte de ce que vous ressentez et non uniquement de ce que vous pensez. Écoutez votre intuition et fiez-vous-y. Faites ce qui vous semble approprié, non ce que les autres croient bon. Il y a une énorme différence entre se laisser guider par soi-même selon ses propres motivations et se laisser ballotter au gré des événements et des circonstances. Que choisirez-vous entre les deux ? Dans le premier cas, on avance en ayant du pouvoir ; dans l'autre, on est paralysé par la peur. En effet, vos peurs paralysent votre magnificence et votre pouvoir intérieurs, votre valeur personnelle et votre confiance en vous. Lorsque vous doutez, vous vous limitez, et ce, en tout !

Nous vous rappelons aussi que chaque individu a son propre programme de leçons personnelles et son propre échéancier. Ne vous laissez pas décourager par la liste des attributs que nous avons assignés aux années, en pensant que vous avez raté le coche, car ce n'est pas le cas ! Nous vous fournissons cette liste uniquement comme une carte routière, afin de vous indiquer les étapes fondamentales à franchir pour améliorer efficacement votre vie. Quel que soit le moment où vous vous éveillerez et commencerez votre quête, celui-ci sera approprié pour vous. C'est l'incroyable diversité de votre espèce qui fait le miracle de l'humain ! Vous possédez tous la même structure énergétique et physique de base, mais chaque vie est semblable à une ardoise vierge où vous pouvez inscrire ce que vous désirez. Chaque vie est une occasion d'avancer et de vous élever en utilisant votre plein potentiel. Quelles divines créatures vous êtes !

À ceux qui font déjà ce qu'ils sont censés faire, l'année 2006 apporte une plus grande abondance. Les travailleurs de la lumière qui ont jeté des fondations solides et se sont bien préparés atteignent enfin le but rêvé. Une merveilleuse vague de gratitude se manifestera à ceux qui accomplissent leur travail holistique avec la plus grande intégrité. Étant donné que les énergies s'élèvent, on aura de plus en plus besoin de vous. Vos talents et vos outils énergétiques seront plus largement acceptés quand les gens se mettront à apprécier votre travail.

Ce dernier pourra enfin avancer sans que vous ayez à craindre d'être battus, exilés ou condamnés au bûcher ! Maintenant que disparaît la peur tribale due à l'ignorance, aux préjugés et à la superstition, la science et la spiritualité vont peu à peu s'unir. *C'est seulement lorsque la science et la spiritualité s'uniront que l'invisible sera connu et changera ce que l'on connaît du visible.*

Au cours des cinq prochaines années, une grande partie de votre savoir scientifique sera remise en question, car ses lacunes seront devenues évidentes. Les effets du réchauffement global seront plus aigus aux pôles qu'à l'équateur. La structure électromagnétique de la Terre se réajustera constamment et vous continuerez d'observer des fluctuations à l'emplacement du nord magnétique. Vos boussoles s'avéreront moins fiables que votre système de navigation par satellites (GPS).

La Mutation du millénaire s'accomplit dans le monde entier, non dans une seule région. La nature va s'ajuster, et vous aussi, mais vous éprouverez bientôt le besoin de nettoyer ailleurs que dans vos tiroirs et vos garde-robes. Ne vous contentez pas d'établir la paix avec les pays voisins ; faites-vous-en aussi des amis. Guérissez les frontières au lieu de construire d'autres murs ! Vous devrez assouplir ces frontières alors que la Terre continuera à se transformer, car les amis que vous vous faites à ce jour seront peut-être vos prochains voisins ! Vous vous adapterez, chers enfants, car nous l'avons déjà mentionné, la transition s'effectue bien plus doucement que nous ne l'avions prévu. Ne vous découragez pas. Sont impliqués beaucoup plus de niveaux que vous ne le soupçonnez. N'oubliez pas de laisser le Calendrier divin jouer son rôle, car tout arrive toujours pour votre plus grand bien.

Le climat et la politique

– *Quels sont les plus grands défis de l'Amérique du Nord, c'est-à-dire le Canada, les États-Unis et le Mexique, sur le plan politique et celui des changements climatiques ?*

Le discernement moral.

Nous avons mentionné plus tôt que le climat et la politique seraient les deux principales forces agissantes des six prochaines années. Comme tout ce qui existe sur terre, la politique devra se soumettre au climat ! À l'heure actuelle, vous assistez à un phénomène remarquable inédit dans l'histoire connue de votre planète : *la fonte des calottes glaciaires.* En outre, de l'eau en provenance des glaciers s'ajoutera à celle des océans, augmentant leur volume, leur niveau et leur température, et affectant inévitablement leurs courants profonds ainsi que leur salinité.

Le Mexique est un petit pays dont la masse terrestre est vulnérable, mais il est bien établi sur ses anciens sites spirituels, qui seront révélés et activés par d'intenses phénomènes climatiques (eh oui, à quelque chose malheur est bon !) dans le but d'harmoniser les parties supérieure et inférieure du continent. Sa culture indigène, profondément connectée à la terre, supportera de bonne grâce les changements climatiques.

Au Canada, le permafrost a déjà commencé à fondre. Diverses espèces animales et végétales s'éteignent rapidement, car leur habitat se détériore. Observez les signes du changement et faites preuve de souplesse, chers Canadiens, car le mot qui vous convient est « rapidement ». Non seulement démontrerez-vous la grande valeur de la bienveillance et du partage, mais vous aiderez à prévenir le monde entier que le réchauffement global n'est qu'une phase transitoire entre des ères glaciaires naturellement récurrentes.

L'Amérique voit ses espèces animales et végétales tomber malades alors que l'élévation des températures augmente les effets nocifs des substances toxiques déversées dans vos cours d'eau, endommageant ainsi vos écosystèmes. Tâchez de trouver des solutions à ces problèmes. Le monde entier en bénéficiera. (Un conseil : observez vos jeunes adultes et respectez leur approche originale, car ils trouveront ce que vous ne trouvez pas. La prochaine génération découvrira des moyens de nettoyer la planète qui vous paraîtront ahurissants !)

Sur le plan énergétique, le Mexique est le plus ancien pays de la triade nord-américaine. Le Canada vient en deuxième, en tant que jeune adulte à l'attitude plus décontractée du « vivre et laisser vivre ». Pour leur part, les États-Unis s'étendent entre les deux autres. Ce pays, le plus jeune des trois, n'est pas encore sorti des tourments de l'adolescence. Sa création comme État démocratique indépendant offrant la liberté à tous ses ressortissants fut un point tournant de l'histoire moderne. Ses racines puritaines, d'un profond idéalisme, établies sur la côte est, ont repoussé les progressistes vers l'ouest. Ce joli *melting-pot* est devenu rapidement une puissance mondiale et, récemment, l'enfant à problèmes de la planète.

Le monde assiste aujourd'hui à l'érosion de cette démocratie en se demandant quand le peuple américain s'éveillera à la vérité. Son gouvernement sera sans doute en émoi en 2007 à cause de ce qui aura été découvert en 2006. Les futurs potentiels majeurs indiquent que le règne du présent gouvernement peut se terminer par une destitution présidentielle. Ou bien ce dernier continuera à boiter en inspirant délibérément la peur afin de continuer à justifier la guerre. Cette situation débilitante se compliquera par quelques crises climatiques, ce qui affectera négativement l'économie américaine.

La saison des ouragans s'intensifiera davantage de septembre à novembre, frappant la région du *Gulf Coast*, le Mexique, Cuba, les Caraïbes, l'Amérique centrale et la côte sud-est de l'Amérique du Sud. L'activité sismique augmentera le long de la côte supérieure de la Californie, en Oregon et en Alaska, probablement dans la seconde moitié de 2007. Les régions côtières seront le plus durement touchées. Chers êtres de lumière, vous possédez un grand savoir géologique et d'excellents mécanismes avertisseurs. Vous avez compris le besoin de coordonner vos groupes scientifiques dans le monde entier, car l'activité climatique a lieu à l'échelle planétaire. Une préparation adéquate vous évitera le chaos et bien des pertes de vies dans tous les pays.

Établissez d'avance vos routes d'évacuation et assurez-vous que tous pourront se retrouver en sécurité. Informez le public des signes précurseurs d'un bouleversement climatique soudain. L'essentiel est d'être préparé. Une excellente relation avec vos voisins pourra aussi s'avérer très utile sur tous les plans ! Lorsque vos gouvernements se consacreront vraiment au bien de la population, chaque crise climatique deviendra un effort commun de sauvetage, de relocalisation et de reconstruction. Plus tout cela se produira souvent, plus les priorités globales changeront et plus il deviendra évident que vos ressources matérielles et humaines devront servir à secourir les gens plutôt qu'à faire la guerre. En regardant le fil des événements futurs potentiels, nous espérons que vous choisirez en cette vie d'abandonner les armes et de refuser toute guerre. Si suffisamment de gens atteignent ce degré de discernement moral, la guerre devra disparaître, car, collectivement, vous ne permettrez plus qu'elle ait lieu.

Vous vous dites sans doute que c'est là un très noble but, mais qu'il est impossible à atteindre. Eh bien, détrompez-vous. Ce n'est qu'une question de masse critique. Par exemple, le terrorisme est un problème global qui disparaîtra entièrement de la réalité humaine lorsqu'un nombre suffisant de gens auront abandonné leur haine inébranlable des autres. Comment atteindre cette harmonie spirituelle dans le monde ? Quel que soit le problème, qu'il s'agisse de questions religieuses ou de conflits territoriaux, trouvez un terrain d'entente et cherchez ensemble des solutions pacifistes. Aucun problème ne sera entièrement résolu tant qu'il n'y aura pas assez de pays œuvrant de concert à l'élimination des tensions. Lorsqu'un nombre adéquat de nations, par l'entremise d'un canal commun comme les Nations unies, auront élevé la barre de la moralité, des valeurs et du comportement acceptable, alors oui, *le discernement moral deviendra la force dominante* !

Vous devez considérer les actions terroristes d'un point de vue global, c'est-à-dire comme des actes criminels commis contre tous les peuples. Vos forces policières et vos services secrets doivent travailler ensemble, par consensus. Cela aidera à éliminer la peur liée à « la guerre contre la terreur ». Nous vous demandons, avez-vous réellement besoin de vous quereller à ce sujet alors que votre seul regroupement rendrait le terrorisme inacceptable à tous ? Cette mentalité qui vous amène à parler de guerre contre le terrorisme, contre le cancer, contre la drogue, d'une guerre contre ceci ou cela doit à tout prix disparaître de la planète. Tous les problèmes que nous venons d'énumérer sont le lot de chaque pays, qui a de la difficulté à les régler par lui-même. Vous pourriez progresser tellement plus vite en vous unissant !

Nous aimerions vous signaler ici que tout est néanmoins comme il se doit. Les simagrées politiques globales vous amènent à prendre conscience que toute vie est précieuse et sacrée. La vie d'un Irakien est aussi indispensable à Dieu que celle d'un Iranien, d'un Israélien, d'un Palestinien, d'un Américain, d'un Français ou d'un Canadien, et ainsi de suite. Combien de centaines de milliers de morts faudra-t-il encore pour que vous parveniez à un consensus mondial sur l'inutilité de toute cette violence ?

Votre vie sur tous les plans et la guerre n'est pas votre principal problème. Vous rendez-vous compte qu'environ 8 000 personnes meurent du sida quotidiennement ? Ce sont ainsi trois millions d'individus qui disparaissent annuellement, emportés par une seule maladie, et ce nombre augmente. Actuellement, les problèmes cruciaux de la Terre sont les bouleversements climatiques, la guerre, la famine et la maladie. Lequel de ces problèmes l'homme a-t-il créé lui-même et qui peut donc être éliminé ? La guerre, bien sûr ! Par conséquent, posez-vous la question suivante : Si vous renonciez à la guerre, combien d'argent et de ressources humaines pourriez-vous alors consacrer au règlement des autres problèmes ? Eh oui… *Si vous comparez la guerre à toutes les autres priorités émergentes, vous réaliserez qu'elle n'est plus faisable économiquement.*

Dans leur ensemble, tous ces facteurs forment un joli tissu de drames qui vous force à choisir entre le chaos et une morale spirituelle. De plus, notez que l'acquisition globale du discernement moral requiert la résolution du présent chaos. Surtout, ne vous découragez pas. Commencez à une petite échelle, dans votre foyer. Souvenez-vous que la mutation globale se produit dans un cœur à la fois. Consentez à vous aider mutuellement dans le besoin, qui que vous soyez et quelle que soit la situation. Proscrivez la guerre aux tables de négociations et vous verrez se dessiner de nouvelles avenues vers la paix. Vous devrez y consacrer du temps et des efforts, mais un grand nombre de vies seront ainsi épargnées.

Rappelez-vous, chers lecteurs : être guidé par la volonté de Dieu signifie simplement **donner et recevoir uniquement de l'amour.** Voilà le seul et unique commandement qui régit les grands cieux divins. Si seulement vous pouviez l'observer, adopter ce point de vue, être bons et aimants, vous constateriez à quel point cette énergie est contagieuse ! À quel point elle vous reviendrait automatiquement ! Et elle se répandra, chers enfants, à l'infini, et beaucoup plus rapidement que vous ne pouvez l'imaginer. Commencez donc tous à l'imaginer rapidement MAINTENANT ! (*Petit rire et gros câlin.*)

Les énergies de guérison

On nous a demandé de commenter dans cette section la nature des nouvelles énergies de guérison qui affectent votre planète et des nouveaux outils susceptibles de vous aider à traverser avec grâce cette époque de changements. Tout d'abord, sachez qu'il n'y a rien de « nouveau » quant aux remèdes naturels déjà disponibles. Ce qui l'est, c'est que vous les cherchez maintenant ailleurs, que vous mettez en œuvre de nouvelles applications et que vous les utilisez d'une autre façon, avec votre énergie et votre conscience supérieures.

Vous le savez, tous les peuples aborigènes trouvent des remèdes dans leur environnement. Qu'ils vivent sur un littoral, dans une prairie, en montagne, dans l'Arctique ou le désert, ils repèrent tous dans leur environnement des substances naturelles dont ils ont découvert les vertus médicinales. Ce qui a changé au cours des vingt-cinq dernières années, c'est la fréquence énergétique de toutes les formes de vie. Tous vos remèdes naturels, ainsi que vos talents holistiques, voient leur pouvoir accru par l'élévation des énergies. Pour vous aider à comprendre ce phénomène, nous vous expliquerons pourquoi les énergies de guérison supérieures agissent sur votre planète, votre corps et toutes les autres formes de vie.

La maxime selon laquelle « ce qui est en bas est comme ce qui est en haut » n'est pas qu'un concept métaphysique ; c'est l'expression littérale d'un fait énergétique. À l'instar du cosmos, vous êtes conçus sous une forme holographique. Cette forme possède intérieurement un corps éthérique dense composé d'une couche physique, d'une couche émotionnelle, d'une couche mentale et d'une couche spirituelle. Les couches les plus subtiles au-delà de votre noyau PÉMS vous connectent aux grilles planétaires, à la conscience humaine globale et même au grand Noyau galactique. C'est là la Conception divine fondamentale de toute vie, des cristaux aux plantes, et de votre corps aux planètes et aux étoiles les plus lointaines. Oui, Tout est Un ! Nous avons déjà mentionné que la Mutation dépasse largement votre capacité de vision mentale. Veuillez donc voir la chose ainsi : *quand un niveau s'élève, tous les niveaux doivent s'élever.*

Dans la réalité supérieure de l'Esprit, les couches extérieures se différencient par les fréquences des multiples dimensions qui vous entourent. Oui, la Mutation se produit dans votre ADN, au tréfonds de vos cellules, comme on vous l'a déjà répété plusieurs fois. Elle agit sur votre Soleil, qui réharmonise présentement votre système planétaire. Au-delà de ce dernier réside votre « coin de galaxie », à l'intérieur d'un bras en spirale de la Voie lactée, qui tourne sur son propre centre, le Noyau galactique. Là aussi, il y a des saisons correspondant à la rotation de la Voie lactée dans divers quadrants d'espace. Ces saisons galactiques sont tellement plus longues que vos saisons terrestres que vous n'avez aucun cadre de référence (aucune donnée historique) pour en établir le diagramme.

Chaque saison galactique dure environ vingt-six mille ans, au bout desquels votre coin de galaxie revient à sa position d'alignement sur le Noyau galactique. Le nouveau quadrant spatial dans lequel vous entrez maintenant contient une version supérieure, beaucoup plus raffinée, de l'Énergie cosmique universelle que celle à laquelle vous êtes habitués. Cette énergie supérieure pénètre toute votre galaxie, jusqu'à la structure moléculaire des formes de vie. Alors que vous entrez dans la Ceinture photonique, une nouvelle saison galactique commence pour l'humanité.

Au-delà de votre galaxie se trouve l'univers, n'est-ce pas ? Et qu'y a-t-il au-delà de cet univers ? Le multivers ! (*Petit rire... car nous devons faire ici un effort pour demeurer linéaires à votre intention.*) Toute vie s'écoule dans une mer infinie, un réseau d'énergies interconnectées qui croissent et décroissent, bougent et circulent à l'exemple de vos océans. Votre expérience de l'Énergie universelle est fonction de l'endroit que vous occupez dans la galaxie. C'est pourquoi, pour nous, le temps n'est pas constant et représente un simple facteur de la science sacrée pouvant se plier à notre volonté énergétique. Vous (le collectif humain) sortez donc à présent des eaux que vous avez connues pendant des milliers d'années et entrez désormais dans un tout nouvel océan dont la substance elle-même se comporte différemment, car elle réagit à vos pensées, elle épouse vos volontés. Voilà pourquoi nous espérons que vous ferez d'abord passer par le cœur tout ce que vous créerez !

Dans le travail que nous effectuons ensemble, nous nous efforçons de vous montrer que tous vos systèmes physiques et toutes vos couches énergétiques sont entrelacés et interconnectés. Dans l'ouvrage *Le Cercle de Grâce*, nous vous avons enseigné à purifier en même temps vos méridiens énergétiques et votre système nerveux. Pour activer à tous les niveaux votre système de méridiens, vous penchez la tête d'un côté et de l'autre en desserrant les mâchoires. Nous vous l'avons appris déjà, plus vous purifierez et rechargerez votre système énergétique, plus toutes les couches de votre corps dense (PÉMS) seront en santé.

Vous vous demandez sans doute comment tout ce processus se déroule dans la structure moléculaire même. En retour, nous vous demandons quelle est la contrepartie énergétique de votre système nerveux. C'est votre système de méridiens énergétiques, qui transporte les impulsions électromagnétiques partout dans votre structure aurique. De quelle manière le nouveau carburant (l'énergie universelle) est-il absorbé par vos couches PÉMS ? Chers enfants, votre système nerveux absorbe physiquement ces nouvelles énergies cosmiques ! L'énergie universelle entre dans les couches éthériques subtiles et se rend jusqu'à votre système nerveux, qui est la couche de plus basse fréquence de votre hologramme. Si vous gardez vos méridiens dégagés afin que l'énergie y circule librement, il vous sera possible d'assimiler les changements cosmiques avec facilité et grâce. Le but du Cercle de Grâce est de vous amener à cet état d'équilibre énergétique où tous vos blocages ont été évacués, où vos méridiens sont dégagés, où vos chakras tournent à l'unisson. Saisissez-vous maintenant le but pratique de cet enseignement ?

Il s'ensuit également que les eaux et les plantes de cette planète reflètent cette élévation d'énergie. Recherchez l'eau la plus pure, celle qui sort directement du sol et qui a subi le moins de traitements possible. Elle est porteuse de fréquences supérieures. Recherchez aussi les remèdes parmi les plantes et les herbes terrestres ou marines provenant de régions non polluées. C'est le bon sens même ! Sachez que plusieurs des meilleurs remèdes résident dans des plantes dont plusieurs pays qualifient la culture d'« illégale ». Ces gouvernements limitent votre exploration des remèdes naturels en favorisant plutôt des substituts synthétiques qui constituent des toxines que le corps ne peut ni reconnaître, ni traiter, ni éliminer. Mettez moins l'accent sur la recherche chimique ; insistez davantage sur la recherche des remèdes que la nature vous offre.

Certaines personnes gagneront beaucoup à éliminer les toxines de leur système. D'autres trouveront un meilleur équilibre énergétique grâce aux suppléments vitaminiques. D'autres encore réagiront aux thérapies minérales, ou à l'équilibration du pH. Plusieurs d'entre vous auront besoin de toutes ces thérapies au cours de leur existence. Les essences florales augmentent l'harmonie des corps émotionnel et mental. Les essences marines équilibrent chimiquement vos eaux intérieures, et les essences végétales aident le métabolisme et la digestion. Ce ne sont là que des catégories générales dans lesquelles s'inscrivent différents types de thérapies spécifiques ou complémentaires.

Puisque tous vos systèmes sont interconnectés, les effets de chaque remède ou thérapie dépasseront la région ciblée. Il est vrai que l'élimination d'un problème peut en faire apparaître un autre, mais vous découvrirez aussi que la purification d'un système peut améliorer le sain fonctionnement de plusieurs autres. Au-delà des remèdes physiques, recherchez les modes de guérison utilisant la couleur, le son et l'énergie. Plusieurs types d'instruments de guérison visent l'équilibre énergétique du corps, et ce, à des niveaux de fonction électromagnétique que votre science n'a pas encore découverts.

Les chemins de la santé sont multiples et toutes les avenues doivent être considérées. Quels sont les besoins du corps physique pour maintenir un équilibre adéquat ? La nourriture, l'eau, l'exercice et le sommeil. Il a aussi besoin d'être dégagé de la pression interne puis rechargé afin que tous ses systèmes fonctionnent le mieux possible. Et de quoi a besoin le corps éthérique dense ? Que vos relations soient harmonieuses, que votre travail soit fécond et non stressant, que vos croyances spirituelles aillent de concert avec votre style de vie. Il doit y avoir équilibre à chacun de ces niveaux pour que vous soyez en parfaite santé et alignés sur votre potentiel maximal pendant la Mutation du millénaire.

Faites donc ce que vous sentez approprié à votre corps, selon votre passé médical et votre expérience. Voyez la médecine occidentale comme un modèle pour explorer les thérapies parallèles. Par exemple, les antibiotiques sont un instrument merveilleux pour combattre les infections, mais il est important de savoir lequel utiliser pour chaque type d'infection. Il est important également de tenir compte des réactions individuelles, car certaines personnes sont allergiques à certains antibiotiques mais réagissent bien à d'autres. Voilà pourquoi nous vous exhortons à suivre votre intuition et à choisir ce qui s'avère efficace pour vous.

Plus les énergies s'élèveront, plus vous deviendrez sensibles à des réalités dont vous ignoriez l'existence auparavant. Le corps possède un merveilleux avertisseur appelé douleur. C'est un signal que votre corps physique adresse à votre cerveau, donc à votre corps mental, pour lui signifier que telle ou telle région est déséquilibrée. Par conséquent, demeurez ouverts à ce que vous ressentez et comprenez que votre ressenti émotionnel gouverne chimiquement votre corps dans sa structure moléculaire.

Afin d'avoir chacun le contrôle de votre santé, vous devez être responsable de votre état émotionnel. Afin de conserver une perspective positive, vous devez croire à votre propre guide intérieur ! Utilisez vos sens en expansion, soyez à l'écoute de votre corps et agissez selon ce que vous ressentez et non en fonction du discours des autres. En vue d'un soulagement, certaines personnes se sentiront attirées par la kinésiologie (tests musculaires), d'autres feront confiance à la radiesthésie (pendule), d'autres encore par des thérapies holistiques. Nous vous demandons de vous servir de tous les outils actuellement disponibles, qu'ils soient allopathiques ou homéopathiques, physiques ou énergétiques. Découvrez les besoins de votre corps afin de rétablir l'équilibre à tous les niveaux (PÉMS).

Votre science médicale met du temps à accepter ces concepts et à intégrer les thérapies parallèles. Vous êtes donc tous laissés à vous-mêmes pour découvrir ce qui vous convient, sans autre moyen de le vérifier qu'en le ressentant à mesure que vous appliquez une thérapie, et en demeurant confiants pour le reste. Quel immense défi que celui-là, chères âmes lumineuses et courageuses !

Vous êtes si belles, telles que Dieu vous a créées ! Si vous aviez la possibilité de vous voir dans toute votre gloire énergétique, avec toutes les couleurs de l'arc-en-ciel en pulsation, vous ne vous préoccuperiez pas autant de vos cheveux gris, de vos rides, des imperfections physiques qui vous rendent aveugles à votre beauté intérieure. Vous ne consacreriez pas autant de temps, d'efforts et d'argent à votre apparence extérieure. Pensez à tous les massages que vous pourriez vous offrir à la place ! (*Petit rire.*) De l'eau de source, une nourriture organique et une bonne paire de chaussures de marche, voilà tout ce qu'il vous faut pour être vraiment belles.

Que font réellement ces nouvelles énergies cosmiques dans le champ électromagnétique de la Terre ? Leur fréquence supérieure, ajoutée à une baisse de magnétisme, fait vibrer votre planète dans une nouvelle plénitude dimensionnelle. La partie « électro » est la vibration éthérique en expansion, tandis que la partie « magnétique » maintient la structure de chaque forme. La vieille structure magnétique doit donc être éliminée afin que le changement de fréquence puisse avoir lieu pour créer la forme supérieure. C'est ce qui vous arrive, chers enfants. La partie « électro » correspond à votre être éthérique qui change, qui cherche à vibrer à un niveau plus élevé, plus pur. La partie « magnétique » renvoie quant à elle au vieux système de croyances fondé sur la peur, la vision limitée que vous aviez de vous-mêmes en tant qu'êtres séparés, impuissants et incapables d'agir sur votre réalité. Cet état d'esprit vous liait physiquement à votre vieille forme humaine.

Maintenant que votre vieille structure conceptuelle familière s'évanouit, quel est votre nouveau potentiel ? Il est infini, chers enfants ! Vos seules limites sont celles auxquelles vous croyez, selon votre vision de la réalité. Nous vous laisserons sur cette image : représentez-vous un monde où tout est entièrement interconnecté par télépathie, en une sorte de réseau Internet humain sans aucun équipement externe ! Lorsque vos sens se seront suffisamment développés pour que vous puissiez vous atteindre et vous comprendre énergétiquement les uns les autres, il n'y aura plus ni malveillance ni déséquilibre caché. Lorsque vous sentirez parfaitement en vous la vibration de Dieu, vous fonctionnerez avec la plus grande intégrité morale, vous ne donnerez et ne recevrez que de l'amour. En vertu de la Loi d'attraction, votre énergie vous sera rendue par votre entourage. Ainsi, la bonne volonté envers l'homme se répandra en une vague qui s'élargira constamment, car elle sera énergétiquement contagieuse !

Quand la pleine Lumière cosmique atteindra votre planète, serez-vous prêts ? Purifiez-vous le plus possible, chers enfants. Vous possédez tout le savoir et tous les outils nécessaires. Enfin, nous vous demandons uniquement d'aimer tout ce que vous voyez, même les déséquilibres encore cachés en vous. Aimez tout, et Tout deviendra Lumière.

Nous sommes, dans l'Amour total, la Fraternité de Lumière.

Le Huitième chakra
et le système énergétique des chakras

Nous aimerions maintenant vous donner de l'information concernant le huitième chakra. Nous avons déjà abordé brièvement ce sujet dans Le Cercle de Grâce, maintenant, nous aimerions la compléter un peu plus. Toutefois, dans le but de conserver une plus grande uniformité et une meilleure compréhension, nous débuterons par une brève description du système de chakras. N'oubliez jamais que vos chakras sont le centre de contrôle de votre corps énergétique. Tout dépend de leur équilibre. La plupart d'entre vous ne vous rendez pas compte de leur grande importance. C'est la raison pour laquelle nous vous en parlons souvent.

Le chakra racine et le chakra couronne sont orientés verticalement, vers le haut (le septième) et vers le bas (le premier). Les chakras intermédiaires (du deuxième au sixième) sont orientés horizontalement, de l'avant à l'arrière du corps. Chacun des chakras horizontaux a la forme d'une paille ayant une fleur à chaque bout. Ces deux vortex d'énergie, à l'avant et à l'arrière, sont reliés par un mince tube (le tube pranique) traversant le centre énergétique vertical du corps. L'expression frontale des chakras est gouvernée par votre corps émotionnel et constitue donc un vortex émotionnel. La fleur arrière de chaque chakra est gouvernée par votre volonté, laquelle, lorsqu'elle est équilibrée, est commandée à la fois par votre corps mental et votre corps spirituel.

Dans un système équilibré, votre « énergie de volonté » s'écoule de l'expression postérieure de chaque chakra vers l'avant, où elle est tempérée d'amour inconditionnel par votre corps émotionnel et traitée par le chakra du cœur avant d'être exprimée depuis l'avant. Voyez-vous, chers enfants, le progrès qui est nécessaire ici pour purifier et équilibrer chaque centre énergétique, pour dégager la communication entre eux, afin que vous puissiez fonctionner dans cette nouvelle harmonie supérieure de vos propres systèmes internes ?

Il est vital, pour comprendre sur quelles régions intérieures vous devez travailler, de connaître les fonctions de chaque chakra et leur motif. Nous ferons ici un survol du squelette énergétique (holographique) humain, avec le tube pranique comme colonne vertébrale et chaque chakra horizontal comme vertèbre s'élevant dans le centre énergétique spinal. Imaginez que votre chakra couronne (le septième, au sommet de la tête) constitue le bout réceptif de votre tube pranique, dont la direction énergétique va de haut en bas. Votre chakra racine (le premier, au coccyx/périnée) constitue l'autre bout de votre tube pranique, le « point de sortie » de l'énergie qui est entrée par le sommet de la tête ; il est pointé vers la terre, depuis l'entrejambe, et son expression énergétique est également verticale, mais vers le bas.

Comme pour la respiration physique, votre structure énergétique « inhale » de l'énergie par le chakra couronne, puis elle la fait circuler par son système de méridiens et, par la racine, libère le surplus vers la terre, qui la recycle en énergie positive. Voilà comment, vous démontrez vous-mêmes que « ce qui est en bas est comme ce qui est en haut » ! C'est ainsi que respire votre aura. C'est ainsi que vous nourrissez la terre, que vous vous connectez à elle et vous harmonisez avec elle, que vous êtes liés à ses grilles énergétiques comme le sont tous les êtres vivants des règnes animal, végétal et minéral. Ne vous êtes-vous jamais demandé comment toute la vie existant sur terre était orchestrée de façon à naître, à croître et à mourir au gré des saisons ? Ne vous êtes-vous jamais interrogés sur la nature véritable du lien entre toutes choses ? Il est invisible ! Il est énergétique ! Néanmoins, il est aussi réel, sinon plus, que vos ondes radio et vos transmissions par satellite, vos signaux télévisuels et vos téléphones sans fil.

Nous vous l'avons déjà expliqué, toutes vos merveilleuses inventions technologiques imitent certains aspects du fonctionnement du corps humain ; vous avez créé des machines capables de travailler à votre place. Les voitures « courent » à votre place, les aspirateurs balaient à votre place, les machines à laver font votre lessive, les ordinateurs imitent les fonctions de votre cerveau et vous épargnent ainsi beaucoup de temps en mémorisant et en calculant à votre place. Pourtant, en ces cinq dernières années de l'incroyable mutation énergétique que subit votre planète, vous ne possédez aucune technologie concrète permettant d'évaluer votre progrès énergétique ; vous ne pouvez le faire qu'en vérifiant le fonctionnement intérieur de votre propre corps, en testant vos systèmes, en évaluant ce qui va et ce qui ne va pas dans votre vie. Une fois que le siège et la cause des problèmes ont été identifiés, il est très facile de les éliminer !

Voyons d'abord la base de votre système, le premier chakra, ou chakra racine, car votre croissance sur tous les plans (physique, émotionnel, mental et spirituel) s'effectue en équilibrant les attributs et en éliminant les leçons que recèle chaque centre énergétique, *par ordre ascendant.* C'est pourquoi votre corps est conçu pour se purifier de haut en bas, mais c'est aussi pourquoi votre travail de purification doit s'effectuer de bas en haut !

PREMIER CHAKRA – LA RACINE

ÉNERGIES FONDAMENTALES : l'identité et la survie personnelles

PAIRE DE CHAKRAS : la racine et la couronne (premier et septième)

Le chakra racine se trouve à la base de la colonne vertébrale et du périnée, la zone sensible étant située entre les organes génitaux et l'anus. Il est orienté verticalement, pointant vers la terre. Les membres ou parties corporelles et les organes compris dans la sphère de ce chakra sont les pieds, les jambes, le coccyx, l'anus, l'entrejambe, l'articulation de la hanche et le bassin. Les attributs de ce chakra assurent votre survie sur le plan matériel de l'existence ; ils renvoient à vos besoins physiques d'air, d'eau, de nourriture, d'abri, de sexe et de sécurité. En outre, ce chakra maintient votre lien à la terre et à la réalité tridimensionnelle, où réside et fonctionne votre corps. C'est là que vous hébergez votre identité personnelle, c'est-à-dire qui vous pensez être et comment vous vous percevez. C'est là que sont fondées la valeur personnelle et l'estime de soi, que celles-ci croissent jusqu'à de nouveaux niveaux d'expression pour chaque chakra situé au-dessus de la racine.

Il est essentiel d'être bien relié à la terre pour que les pensées se matérialisent en idées, puis en concepts, et finalement en objets concrets. De plus, sans une adéquate mise à la terre, votre corps ne peut passer à l'hologramme énergétique supérieur qui devient maintenant disponible dans les grilles énergétiques de votre planète. Les leçons traitées là sont liées aux peurs associées à la survie – peur de l'échec, du manque, de la pauvreté – et aux besoins sexuels fondamentaux, dont la peur de l'infertilité. (Votre instinct procréateur est une fonction fondamentale reliée à votre centre physique, dans les deux premiers chakras, ce que vous appelez votre « horloge biologique ».)

Quand votre chakra racine fonctionne bien, votre corps conserve un haut niveau de santé et d'énergie. Lorsque ce chakra est encrassé ou déséquilibré, vous vous sentez déconnecté du flux de la vie, seul et isolé de votre entourage. Vous recyclez constamment vos maux et vos douleurs, car le corps ne peut évacuer l'excès de pression de ce chakra et des autres, plus haut.

Les manifestations physiques des problèmes liés au chakra racine sont les accidents ou les maladies aux pieds, aux genoux, aux jambes, au coccyx, à l'entrejambe et aux hanches, les varices, les tumeurs ou cancers au rectum, aux organes génitaux, à la prostate ou aux testicules. Lorsque la maladie survient dans ces parties du corps, ce dernier reflète ainsi physiquement l'incapacité énergétique de votre esprit à avancer (les pieds, les jambes et les hanches), à procréer (les organes génitaux) et à évacuer les déchets (l'anus et l'urètre).

La tâche que nous vous confions ici, si vous choisissez de l'accepter, vise à évacuer vos peurs afin qu'elles n'exercent pas de contrôle sur votre vie. *Souvenez-vous que vos peurs bloquent vos pouvoirs !* Sur le plan énergétique, elles empêchent l'expression positive de vos dons et de vos talents en créant des blocages dans votre système de méridiens énergétiques. Sur le plan physique, elles se logent dans le corps et empêchent votre système nerveux central de se purifier. Autrement dit, votre dysfonctionnement physique est directement proportionnel à l'intensité des peurs contenues dans vos chakras. Si vous craignez d'être atteint par la maladie ou d'avoir un accident, vous en créez alors la possibilité. Efforcez-vous de mitiger la force de vos peurs en faisant descendre tous ces blocages par vos jambes pour les évacuer par vos pieds. C'est le moyen le plus rapide d'arriver à marcher droit, la tête haute, le corps en santé, et les yeux, le cœur et l'esprit clairs !

DEUXIÈME CHAKRA – L'ABDOMEN

ÉNERGIES FONDAMENTALES : la confiance, la créativité et la motivation
PAIRE DE CHAKRAS : l'abdomen et la gorge (deuxième et cinquième)

Ce chakra sacré est situé à trois doigts de largeur sous votre nombril. Servez-vous de vos propres doigts pour en mesurer la distance, puisque nous ne pouvons appliquer ici une norme générale en pouces ou en centimètres, tout le monde n'ayant pas la même taille ni la même forme. Le deuxième chakra est orienté horizontalement et aligné de l'avant à l'arrière du corps. Sa fonction pratique est d'emmagasiner l'énergie pour les diverses couches de votre corps (PÉMS). Les parties du corps et les organes sous le champ d'influence du chakra sacré sont le bassin, les vertèbres sacrées, le gros intestin, les organes sexuels (féminins), la vessie et l'appendice. Permettez-nous de souligner ici la beauté intrinsèque de votre corps. Votre zone de stockage d'énergie chevauche votre espace reproductif (l'utérus). C'est votre zone de profonde création et de procréation ! (*Petit rire.*) Ce n'est donc pas un hasard si votre instinct créateur est également ancré là et a à voir avec votre succès matériel et financier.

Lorsque ce chakra sacré est équilibré avec un chakra racine solide et purifié, vous développez une forte image de vous-même qui propulse votre confiance et votre motivation vers de nouveaux sommets dans vos efforts créatifs et financiers. Comme nous vous l'avons souvent répété, c'est ainsi que vous êtes tous construits : tels des cercles inscrits dans des cercles se trouvant dans des cercles. Et c'est ainsi que nous vous instruisons. Un chakra sacré en santé vous permet d'avoir une perspective optimiste, le respect de vous-même et des autres, et du discernement dans les relations amoureuses et dans la sexualité. Cette intimité personnelle révèle un raffinement de l'instinct sexuel inné et brut du chakra racine.

Quand votre deuxième chakra est bloqué, votre corps est sous-carburé physiquement, et ce, de manière chronique. Certaines personnes ont toujours froid, car elles sont incapables alors de retenir la chaleur dans leur abdomen. Il s'agit donc ici de leçons énergétiques liées au manque – manque de valeur personnelle et matérielle, manque d'intimité personnelle –, lequel se traduit par une incapacité à se motiver, à fonctionner et à créer afin de gagner sa vie. Une douleur chronique au bas du dos reflète souvent un manque financier. Les abus verbaux, physiques et sexuels ont tendance également à encrasser ce chakra et sont porteurs de leçons de persécution, de manipulation et d'impuissance, autant sexuelles que financières ou basées sur l'intolérance (raciale, religieuse ou sexuelle).

Traditionnellement, les femmes ont des leçons à apprendre à l'avant du corps, et les hommes, à l'arrière. L'avant est sous la domination des émotions, et l'arrière, du mental. Maintenant qu'un plus grand nombre de femmes doivent être autonomes financièrement, vos statistiques révèlent une nette augmentation du mal de dos et des crises cardiaques chez les femmes. Chez celles qui subissent des leçons d'abandon, un veuvage ou un divorce, on remarque des cas typiques de colite, d'iléite ou de perméabilité intestinale attestés par la communauté médicale. Le gros intestin est entravé dans sa capacité d'assimiler la nourriture et de filtrer les toxines, ce qui indique le manque émotionnel de soutien et de sécurité.

Il y a une raison énergétique à tout symptôme physique. Les dysfonctionnements féminins comprennent la stérilité, les troubles menstruels, l'endométriose, les infections vaginales, les kystes, les tumeurs et/ou cancers des organes reproducteurs. Les hommes comme les femmes sont susceptibles de développer des douleurs au bassin ou au bas du dos, des troubles du gros intestin, de la vessie et/ou de l'urètre, des maladies et/ou des problèmes sexuels ainsi que des affections du bas de la colonne.

Il est crucial que votre valeur personnelle soit enracinée (pardonnez le jeu de mots !) dans votre identité personnelle intérieure, et non mesurée par rapport à votre richesse matérielle. Si elle dépend de la quantité d'argent et de biens que vous possédez, vous ne dépasserez jamais le stade des leçons de survie liées à l'avoir et au dénuement. L'argent peut être gagné, dépensé, perdu et regagné. *Si vous mesurez votre valeur personnelle à votre richesse monétaire, vous risquerez toujours de la perdre.*

TROISIÈME CHAKRA – LE PLEXUS SOLAIRE

ÉNERGIES FONDAMENTALES : l'instinct, le pouvoir personnel, la volonté, l'estime de soi, l'identité sociale

PAIRE DE CHAKRAS : le plexus solaire et le cœur (troisième et quatrième)

Le troisième chakra est situé au milieu de la région stomacale, ou trois doigts de largeur au-dessus du nombril. Il est orienté horizontalement, de l'avant vers l'arrière. Les parties du corps et les organes qui lui sont associés sont, devant, l'abdomen, le plexus solaire, l'intestin grêle, la vésicule biliaire, le foie, le pancréas et la rate ; derrière, les reins, les glandes surrénales et les vertèbres lombaires. Ce chakra maintient l'équilibre de la digestion physique. Il assure également l'équilibre émotionnel, vous permettant de faire confiance à votre instinct, de prendre des décisions et de conserver votre valeur personnelle à l'abri des interférences de l'ego (le vôtre ou celui des autres !). Le plexus solaire est votre chakra social ; son énergie soutient vos relations interpersonnelles et votre capacité de travailler en collaboration à l'intérieur d'un groupe.

Si le troisième chakra est en santé, l'individu est émotionnellement équilibré et peut donc traiter honnêtement et efficacement, d'une manière positive, avec le monde extérieur. Les gens qui possèdent un troisième chakra fort deviennent d'excellents dirigeants sociaux, économiques ou religieux. Leurs frontières personnelles sont bien définies et ils sont guidés par un « flair instinctif » qui leur fournit de l'information intuitive sur les questions pratiques quotidiennes. Quand deux personnes se rencontrent et que leurs champs auriques se mêlent, les premières impressions énergétiques ont lieu à presque deux mètres de distance, bien avant la poignée de main ! En toutes choses, le succès ou l'échec sont fonction de la confiance que vous accordez à votre intuition énergétique. (Ne pas confondre avec le chakra du troisième œil, qui est le siège de l'intuition supérieure, de l'information provenant de votre Soi supérieur.)

Quand le troisième chakra est bloqué ou souffrant, l'individu devient indécis et inquiet ; il se sent inapte à gérer ses principales responsabilités et devient en proie à l'opinion ou à la volonté des autres. Le plexus solaire est le siège de votre volonté, ou de votre impuissance, mesurée d'après votre efficacité dans le monde extérieur. Quand vous cédez à la peur, vous intériorisez le mal et vous vous l'infligez. Quand vous cédez à la colère, vous extériorisez votre mal en impliquant les autres dans le processus. Certains tombent sous la domination des autres tandis que certains ressentent, au contraire, le besoin de contrôler les autres. Certains craignent les critiques et les jugements, ou bien critiquent et jugent les autres d'un ton acrimonieux. Quelle est la différence ? Le vortex postérieur du troisième chakra est gouverné par le corps mental, qui exprime la volonté logique dénuée d'émotion. Son blocage a pour résultat l'expression de la colère. Quant au vortex antérieur, il est gouverné par le corps émotionnel ; quand celui-ci est bloqué, il engendre une attitude de victime qui s'exprime émotionnellement, sans aucune logique. Ce sont encore là, chers enfants, les deux côtés d'une médaille déséquilibrée ; la colère naît de la peur, laquelle doit être éliminée de votre structure énergétique multicouche. Vous êtes tellement plus que votre noyau physique !

Les maladies associées à cette région sont les troubles digestifs (la nausée, l'indigestion chronique, la gastrite, les ulcères, les allergies alimentaires et l'intolérance au lactose), les maladies du côlon et de l'intestin grêle, les dysfonctions de la vésicule biliaire, du foie, du pancréas et de la rate, comme le diabète, la pancréatite, l'hépatite, les calculs biliaires ou rénaux et les tumeurs ou les cancers. Les troubles rénaux et surrénaux sont également logés là, ainsi que les affections spinales médianes.

Les problèmes émotionnels liés au pouvoir et au contrôle sont intrinsèquement associés à la région du troisième chakra ; c'est le cas de l'anorexie et de la boulimie en Occident. Le plexus solaire est aussi le sommet du « système de chakras inférieurs » par lequel votre héritage tribal s'est constitué pendant des milliers d'années, dominé par la peur. N'est-il pas ahurissant, chers enfants, que votre santé physique reflète directement vos progrès énergétiques ?

QUATRIÈME CHAKRA – LE CŒUR

ÉNERGIES FONDAMENTALES : le don et l'acceptation de l'amour, la compassion, la joie et la tristesse, l'équilibre

PAIRE DE CHAKRAS : le cœur et le plexus solaire (quatrième et troisième)

Le chakra du cœur est le centre de votre système de chakras physiques. Il s'étend jusqu'à devenir le nouveau pivot, le nouveau dirigeant des trois chakras situés au-dessus et des trois autres au-dessous. Quand vous exprimez toutes vos pensées, tous vos mots et toutes vos actions par le chakra du cœur, vous devenez une personne entièrement centrée sur le cœur ! Ce vortex alimente en énergie le haut du dos, les côtes, le cœur, les poumons, l'œsophage, les seins et les systèmes respiratoire, circulatoire et immunitaire. Énergétiquement, le cœur gouverne votre amour pour vous-même et les autres, ainsi que la qualité de votre joie, de votre tristesse et de votre compassion.

Quand le chakra du cœur est purifié, équilibré et ouvert, vous abordez la vie avec sérénité, paix et joie. Vous vous sentez relié à toutes les formes de vie sans restriction ni jugement. Votre amour de la vie crée un flot illimité de gratitude, cette source de joie que tous les êtres recherchent. Votre attitude positive est contagieuse et s'étend énergétiquement, car vous incarnez la pureté de l'amour inconditionnel. Vous gardez votre calme en temps de crise, vous aimez votre ennemi de sorte qu'il vous aime aussi, et vous vivez et laissez vivre les autres en paix. Vous êtes inoffensif, n'est-ce pas ? (*Petit rire.*) Nous vous décrivons ici le manteau de la maîtrise dont vous revêtirez votre corps de lumière, l'énergie de la Conscience christique, ce modèle à imiter. N'est-il pas logique que la Flamme divine soit l'énergie fondamentale du chakra du cœur ?

Quand ce chakra est encrassé, vous faites l'expérience de leçons sur l'apprentissage de l'amour inconditionnel. Si vous n'avez connu jusqu'ici que l'amour conditionnel, vous craignez peut-être de montrer de l'affection, d'être rejeté, vous êtes peut-être incapable de pardonner et jaloux de ceux qui peuvent donner et recevoir de l'amour. L'amertume et la culpabilité sont le résultat d'une incapacité à se pardonner et à pardonner aux autres. Votre perspective émotionnelle vous incite à exagérer l'importance de détails insignifiants et à porter un jugement trop rapide, ce qui mène à l'amour conditionnel et au rejet. Les mauvais traitements ou les sévices sexuels subis dans l'enfance sont également dommageables à cette zone, ce qui façonne souvent des adultes à la recherche de l'amour mais qui n'en connaissent finalement que l'expression négative. Ceux qui ne savent pas aimer, pour quelque raison que ce soit, sont les gens les plus seuls sur cette planète.

Les maladies qui assaillent cette partie du corps sont les affections cardiaques (l'infarctus, l'arythmie, l'hypertrophie, l'artériosclérose, les congestion et défaillance cardiaques), les affections respiratoires (les allergies, l'asthme et les troubles bronchiques et pulmonaires, la pneumonie et le cancer), les problèmes circulatoires et les maux affectant le haut du dos. Les désordres immunitaires peuvent aussi résulter de la dépression (c'est-à-dire d'une réaction immunitaire affaiblie) possiblement causée par la toxicité chimique, le stress émotionnel ou l'inactivité physique. Énergétiquement, vous accumulez plusieurs émotions négatives qui finissent par obstruer le cœur lorsque vous refusez d'affronter vos problèmes et que vous continuez à « vivre à l'encontre de votre cœur ». C'est le meilleur moyen de susciter la maladie dans la région du chakra du cœur. Quelles sont les meilleures mesures préventives ? Libérer vos « chagrins sentimentaux » et améliorer votre vie !

CINQUIÈME CHAKRA – LA GORGE

ÉNERGIES FONDAMENTALES : l'expression personnelle et la force de volonté

PAIRE DE CHAKRAS : la gorge et l'abdomen (cinquième et deuxième)

Le domaine du chakra de la gorge comprend la glande thyroïde et la parathyroïde (lesquelles règlent le métabolisme et l'équilibre calcique), les épaules, les vertèbres cervicales, la gorge, la trachée, l'œsophage et la bouche, y compris les mâchoires, les dents et les gencives. Ce cinquième chakra maintient l'équilibre entre le haut du torse et la tête, et son énergie principale est la communication. Quand le chakra de la gorge est en santé, les quatre autres situés au-dessous communiquent très bien avec vos sens supérieurs. Le vortex frontal de ce chakra est votre conduit d'expression dans le monde extérieur ; il vous permet d'exprimer vos besoins, vos désirs et vos idées créatives. Son vortex dorsal a été appelé « le chakra de la carrière » ; il soutient l'expression extérieure de la réalité que vous désirez créer. Les gens dont le chakra de la gorge est en santé parlent sincèrement à partir du cœur, sans intention négative. Leur travail est positif, productif et profitable. Ils ont aussi une fine intuition, puisqu'ils sont connectés à leur propre sagesse intérieure, et un sens aigu du bon usage de la volonté.

Ceux dont le chakra de la gorge est encrassé ou endommagé connaissent des leçons de vie qui leur font sans cesse « ravaler leurs paroles ». La peur qui se loge dans cette zone est liée à la perte de pouvoir, à une capacité limitée d'exprimer ses besoins, ses émotions et ses rêves. La créativité de ces gens s'en trouve amoindrie et ils deviennent sujets au complexe de persécution. À défaut de pouvoir exprimer leur vérité, une dichotomie se développe entre leurs paroles et leurs actes, ainsi qu'une inaptitude à bien s'intégrer socialement, ce qui se remarque par un discours inapproprié ou un excès de bavardage.

Sur le plan énergétique, les troubles cervicaux révèlent une incapacité à voir les deux côtés d'une situation. Les troubles scapulaires (des épaules) sont le moyen pris par le corps pour dire qu'il ne peut atteindre ce que vous désirez, ce dont vous avez besoin. Les regrets encrassent aussi ce chakra par l'impossibilité d'exprimer l'amour, la tristesse et le pardon. Certaines personnes dont le cinquième chakra est engorgé ne peuvent pleurer ; d'autres ne peuvent rire. Les symptômes physiques qui apparaissent dans cette partie du corps sont la raideur cervicale, les blessures à l'épaule ou la bursite et l'arthrite, les troubles de la gorge, dont l'irritation chronique, la laryngite et les affections des cordes vocales, des dents, des gencives et de la mâchoire, les migraines dues aux tensions dans la nuque ou sous le crâne.

Les glandes thyroïde et parathyroïde sont gouvernées par le chakra de la gorge. Elles équilibrent le taux de calcium dans le sang et régulent les fonctions métaboliques du corps. Quand ce chakra est encrassé, il y a alors incidence sur la fonction thyroïde. La suractivité (hyperthyroïdie) peut causer une perte de poids et de cheveux, de la fatigue, de l'anxiété, de la transpiration, des palpitations, de la diarrhée et une intolérance à la chaleur. Les maladies qui en découlent sont les suivantes : l'ostéoporose, l'arthrite et les calculs urinaires. Une thyroïde sous-active mène quant à elle à l'hypothyroïdie, laquelle peut nuire aux fonctions nerveuses et musculaires, ce qui peut entraîner des spasmes ou des crises. D'autres troubles organiques tels l'hypertrophie glandulaire due à une carence en iode (le goitre), les tumeurs et le cancer peuvent également survenir. Puisque la thyroïde et la parathyroïde travaillent de pair avec la glande pituitaire et l'hypothalamus, à partir des hormones, un déséquilibre de ces glandes peut aussi affecter la fonction thyroïde.

Énergétiquement, on trouve parmi les autres sources de troubles possibles certaines habitudes alimentaires ainsi que l'usage du tabac, de l'alcool et des drogues, qui sont ingérés dans cette partie du corps et limitent le potentiel de développement de votre volonté. La purification du chakra de la gorge vous donne la possibilité de vaincre vos limitations personnelles en révélant les peurs qui perpétuent ces blocages et en les évacuant.

SIXIÈME CHAKRA – LE TROISIÈME ŒIL

ÉNERGIES FONDAMENTALES : l'intuition supérieure

PAIRE DE CHAKRAS : le troisième œil et le but de l'âme (sixième et huitième)

Le sixième chakra est situé au bas du front, centré au-dessus de l'arête du nez, entre les arcades sourcilières. Il est orienté horizontalement de l'avant vers l'arrière. Le troisième œil est votre source de perception extrasensorielle, le siège de la vue psychique et de la sagesse. L'intuition spirituelle entre par là dans votre système, vous offrant ainsi une « vision globale » de la vie, avec tous ses niveaux d'interaction énergétique. Ici résident votre clairvoyance, votre intuition et votre éveil personnel, votre porte d'accès au savoir intérieur et supérieur. Ce chakra travaille d'une façon unique avec tous les autres, car il possède une connexion « de contrôle » au chakra racine, au chakra sacré, au plexus solaire, à la gorge et à la couronne.

Le troisième œil gouverne les yeux, les oreilles, les sinus, le nez ainsi que la glande pituitaire et l'hypothalamus. Quand ce sixième chakra fonctionne bien, vous communiquez adéquatement à la fois avec le soi intérieur et le Soi supérieur ; dès lors, vous pouvez accomplir davantage sur les plans de la guérison intérieure et de la croissance spirituelle. Ce chakra vous permet de voir clairement vos problèmes et vos leçons énergétiques, de sorte que vous pouvez en assumer la responsabilité. La plupart des praticiens thérapeutes ont un troisième œil très fort et très sensible, car ils s'appuient sur lui pour établir leur diagnostic dans leur travail holistique. Comme pour l'harmonisation de votre corps physique, plus vous « exercez » vos sens psychiques, plus ils s'affinent ! Le sixième chakra est également connecté énergétiquement et d'une façon unique au système entier, offrant la signification supérieure de tout ce qui se passe dans les autres chakras.

Les gens dont le troisième œil est encrassé se sentent coupés de leur intuition et nient souvent l'existence des niveaux supérieurs. Certains ne croient à rien d'autre qu'à ce qu'ils ont appris, senti ou expérimenté dans le monde physique. Leur capacité à gérer les hauts et les bas de l'existence est sévèrement diminuée, de sorte qu'ils répètent sans cesse les mêmes leçons sans comprendre pourquoi ni comment ils devraient les dépasser. La peur est ici celle de la connexion au soi intérieur et de l'obligation d'affronter les devoirs « spirituels ». Cela crée une boucle de culpabilité, de blâme et de honte qui les empêche d'assumer la responsabilité de ce qu'ils ont créé. L'incapacité intellectuelle et créative ainsi que l'envie peuvent s'installer chez ces gens, qui ne progressent pas alors que d'autres avancent. Ainsi, l'esprit inférieur évite de croître pour entrer dans un cadre de réalité supérieur.

Il est essentiel de purifier le sixième chakra, sinon vous continuerez à vous faire obstacle !

Les problèmes émotionnels liés à cette partie du corps sont l'anxiété, la paranoïa et le comportement psychotique, y compris la schizophrénie, la dépression, l'instabilité mentale et émotionnelle. Quant aux déséquilibres physiques, ils surviennent dans la région des yeux, des oreilles, des sinus, du nez ; ils affectent également le fonctionnement de la pituitaire et de l'hypothalamus. La pituitaire régule le système endocrinien (les glandes qui sécrètent les hormones directement dans le système sanguin) et, par conséquent, plusieurs processus corporels. L'hypothalamus régule la pituitaire, la température du corps, ainsi que vos besoins alimentaires et sexuels, et votre besoin de sommeil. Les migraines se logent là ; physiquement, elles proviennent des organes situés dans cette région ou sont dues aux problèmes hormonaux déséquilibrant les autres chakras. Les incapacités d'apprentissage conceptuel ou fonctionnel sont également gouvernées par le troisième œil, bien qu'elles originent souvent de la couronne, qui régule le cerveau et les fonctions du système nerveux central.

Vous rendez-vous compte maintenant de l'incroyable complexité de l'être humain ? Nous parlons ici de l'être énergétique holographique, multicouche que vous êtes, au-delà du corps physique que vous voyez dans votre miroir. Quand vous superposez votre être énergétique à votre être physique, n'est-il pas étonnant de voir à quel point votre corps physique reflète votre état énergétique ?

Chers enfants, lorsque vous évacuerez vos blocages éthériques et résoudrez vos problèmes émotionnels, mentaux et spirituels, votre corps se rééquilibrera et rayonnera de santé !

SEPTIÈME CHAKRA – LA COURONNE

ÉNERGIES FONDAMENTALES : l'altruisme, la connexion spirituelle, la source d'énergie universelle

PAIRE DE CHAKRAS : la couronne et la racine (septième et premier)

Situé au sommet du crâne, le chakra couronne est orienté verticalement vers le haut. Il gouverne la glande pinéale (qui produit l'hormone appelée mélatonine), le cerveau et les systèmes physiques majeurs : le système nerveux central, le système épidermique, le système musculaire et le système osseux. Ce chakra est votre connexion divine, la source principale de l'énergie universelle qui alimente les quatre couches de votre système biologique et corporel. Quand ce chakra est fort et en santé, il s'étend à la mesure de votre croissance spirituelle, s'élargissant comme un casque qui finit par couvrir entièrement le crâne.

Ce centre d'énergie est votre connexion spirituelle au soi éternel. Les personnes dont le chakra couronne est en santé possèdent la force et le courage d'être aussi à l'aise dans le monde terrestre que dans le monde spirituel. Elles se sont détachées de la focalisation sur elles-mêmes et ressentent de la compassion pour tous, sans compter qu'elles ne craignent pas la mort physique. Parce qu'elles ont vaincu leurs peurs, elles n'ont aucune attente conditionnelle vis-à-vis des autres. Elles sont aussi bien dans leur soi intérieur que dans leur soi extérieur. Elles possèdent une solide valeur personnelle et savent comment dépenser leur énergie avec une intention et une focalisation claires. Elles vivent dans le champ énergétique de l'éthique et de la moralité supérieures, des attitudes et des valeurs supérieures. Elles ont donc une énergie claire et vraie, un but clair et vrai, et elles mènent une vie tout aussi claire et vraie.

Quand votre chakra couronne est encrassé, votre corps reflète un manque général d'énergie. C'est là que les croyances négatives obstruent votre système et vous isolent de l'aide supérieure que plusieurs cherchent désespérément. Surviennent alors des crises de foi, un manque de confiance en soi et en l'Esprit. Le déni de votre propre divinité vous fait craindre le changement, vous enferme dans la réalité-dualité tridimensionnelle et empêche votre ascension spirituelle.

Les maladies associées à la zone de ce chakra sont les désordres génétiques ; les maladies du cerveau, comme les caillots, les hémorragies, le coma, les attaques, les tumeurs et les cancers ; les désordres musculaires et la paralysie ; les maladies et les cancers de la peau et des os ; l'insomnie et les troubles du sommeil ; les dysfonctions du système nerveux et les maladies neurologiques associées ; les lésions au système nerveux et les blessures à la colonne vertébrale, et les attaques d'apoplexie.

De loin le plus difficile à guérir ici, ce sont vos systèmes de croyances limités, particulièrement en ce qui concerne la capacité du corps à se guérir lui-même. Vous avez été élevés dans la croyance que vous ne pouvez régénérer vos organes et vos membres, ni avoir de nouvelles dents d'adulte, ni faire repousser les cheveux perdus, ni guérir une colonne vertébrale endommagée, ni renverser le processus de vieillissement. Ces croyances sont inscrites si profondément en vous que les codes d'ADN qui contrôlent ces fonctions se sont refermés. Oui, l'esprit domine la matière et vos croyances gouvernent le fonctionnement chimique de votre corps ! Plus vous croirez en la vie éternelle, plus vous vous libérerez facilement des peurs qui vous empêchent de vous connecter à votre Soi supérieur. Et où se trouve cette connexion ? Directement au-dessus de la couronne ! Elle est donc très près, chers enfants ! Surtout, veuillez bien croire que l'Esprit est plus proche de vous que votre propre peau.

HUITIÈME CHAKRA – LE BUT DE L'ÂME

ÉNERGIES FONDAMENTALES : la connexion au Soi supérieur

COULEUR : blanc/or

PAIRE DE CHAKRAS : le but de l'âme et le troisième œil (huitième et sixième)

Avec le huitième chakra, nous allons au-delà du corps éthérique dense, dont les sept centres d'énergie physique sont disposés linéairement. Imaginez le chakra du but de l'âme sous la forme d'une peau délicate ou d'une fine membrane entourant complètement vos couches PÉMS comme une grosse coquille d'œuf. Votre Soi supérieur est en effet plus proche que vous ne le réalisez ; il est intimement lié à tous vos sentiments, à toutes vos pensées, à tous vos actes. Cette couche aurique extérieure est semblable à la poche amniotique où flotte le fœtus en toute sécurité dans les fluides nutritifs, jusqu'à ce qu'il soit prêt à passer à la phase suivante de sa vie physique, celle où il pourra respirer de l'air.

La fonction du huitième chakra est similaire en ce qu'elle maintient la connexion spirituelle extérieure de votre corps tout en abaissant les énergies cosmiques à un niveau plus dense, de façon que vous puissiez remplir votre rôle dans le grand colin-maillard des vies terrestres. À ce jeu, ne s'agit-il pas de dépasser votre réalité-dualité tridimensionnelle ? Il ne s'agit pas pour nous d'être frivoles, mais simplement de vous rappeler que, malgré le sérieux des enjeux et la difficulté des défis et des changements que vous devez affronter, *il n'est nullement question ici de vie ou de mort puisque personne ne meurt jamais réellement* ! C'est là le concept le plus difficile à accepter et à croire pleinement, à savoir que vous existiez sous une forme énergétique avant d'entrer dans votre corps actuel et que vous continuerez d'exister sous cette même forme énergétique après avoir abandonné votre corps usé.

Le chakra du but de l'âme vous offre la possibilité de dépasser votre vie physique limitée de la troisième dimension, car il est le premier d'un groupe de chakras « extradimensionnels » qui soutiennent votre existence physique à l'intérieur des grilles énergétiques de votre planète. Au-delà du corps éthérique dense, avec ses chakras interdimensionnels, cette couche de chakras extérieurs connecte vos méridiens physiques/énergétiques aux méridiens planétaires. Quand vous atteignez le niveau de conscience du huitième chakra, vous fusionnez avec votre propre âme éternelle, votre Soi supérieur, votre connexion à Dieu.

Chers lecteurs, dans la « soupe énergétique » de la vie, tous les êtres vivants sont interconnectés. Où donc se situe ce que nous appelons la conscience humaine globale, cet indicatif énergétique spécifiquement humain qui imprime votre existence dans toute vie ? En bref, votre neuvième chakra est la connexion à la Monade, ou groupe familial animique. Près de son sommet, la neuvième bande énergétique se mêle à la dixième, qui est la conscience humaine globale. Pour atteindre ces hauteurs énergétiques, vous devez d'abord purifier et équilibrer parfaitement vos « chakras centraux », de la racine à la couronne.

Veuillez considérer le huitième chakra comme la « peau extérieure » de votre corps éthérique dense, laquelle « peau » vous entoure dans toutes les directions. Imaginez cette membrane à environ trente centimètres audessus de votre tête et à la même distance au-dessous de vos pieds. Nous avons mentionné déjà que la couronne et la racine sont vos deux chakras verticaux pointant vers le haut et vers le bas, tandis que les chakras horizontaux 2 et 6 possèdent chacun un vortex d'énergie devant et derrière, lesquels sont reliés par un mince tube traversant le corps. Eh bien, chacun des deux chakras verticaux possède aussi un second vortex !

Imaginez le sommet du huitième chakra pointant vers le bas, donc vers votre tête ; il fournit l'énergie à votre chakra couronne ! Imaginez maintenant le chakra racine pointant vers le bas, et placez sous lui, tourné vers lui, le fond du huitième chakra ; c'est le vortex énergétique qui, par l'intermédiaire du chakra racine, vous nourrit d'une énergie terrestre propre et neuve pour vous garder reliés à la terre ! Voilà votre entière connexion au cosmos : ce qui est en bas est comme ce qui est en haut ! L'humain n'est-il pas superbement conçu ?

Que se passe-t-il lorsque vous avez évacué suffisamment de tension interne pour élever votre corps éthérique dense jusqu'à une bande énergétique supérieure ? Vous fusionnez avec votre chakra du but de l'âme, Le Soi supérieur fusionne avec vous. Les huit centres d'énergie deviennent tous Un. Vous vous étendez au-delà du Voile de l'oubli, qui ne vous force plus à demeurer aveuglément focalisés sur le jeu tridimensionnel de la vie terrestre. Vous devenez véritablement un être interdimensionnel.

Sachez qu'une fois que votre système de chakras se sera étendu dans la pleine conscience du huitième niveau, vous ne lirez plus nos messages canalisés, chers précieux humains. Vous converserez plutôt directement avec nous ! Nous avons hâte que vienne ce moment, tandis que nous vous soutenons dans votre montée individuelle. Souvenez-vous que même si votre purification physique est personnelle, votre voyage métaphysique est facilité par des amis très proches. Aidez-vous et soutenez-vous mutuellement, travaillez les uns sur les autres et rappelez-vous les « 3 R » : *repos, relâchement, rechargement* !

Voilà qui complète notre intervention dans le cadre de ce projet littéraire inédit. C'est avec un immense plaisir que nous y avons pris part.

Chaque occasion qui nous est donnée de communiquer notre connaissance avec vous nous réjouis immensément.

Nous sommes, dans l'Amour total, la Fraternité de Lumière.

Quatrième partie

Soria

Nous comptons maintenant huit nouveaux portails au dessus de l'Europe. Ainsi, le 10 novembre 2006 à quinze heures, aura lieu leur activation.

Message de Régine Françoise Fauze

La vie bouge en nous rapidement. Il y a peu de temps encore, chacun évoluait dans son coin sans pouvoir partager sa richesse intérieure. Cela nous a longtemps fait croire que nous n'étions pas dans la normalité de la vie.

Depuis 1999, mon partenariat avec les mondes d'en haut a pris un virage grandiose. J'étais déjà bien heureuse de recevoir les messages de mes guides. Mon cheminement personnel m'a permis de me connecter à mon contrat de vie dans le collectif et de retrouver ainsi l'intimité avec mon porte-parole. L'expansion de soi réserve des surprises et je suis heureuse de partager ces enseignements.

Déjà huit livres de publiés hauts et riches en couleurs, en informations permettant un retour de conscience et de science universelles.

Aussi, la proposition de Martine Vallée, éditrice, m'a réjouie, car tous les enseignants (frères, sœurs de lumière) se complètent et forment un ensemble d'énergie qui offre un terrain judicieux d'interréactions.

Je vous souhaite de vous relier à la source issue de l'évolution universelle. Toute forme de partage, de conscience participe au retour du vêtement de lumière de tous. Ainsi, s'inscrire dans un livre commun représente un tremplin d'élévation.

À toi, lecteur, de naviguer sur cette possibilité en gardant ton cap intérieur. De toute façon, la joie de cette aventure me nourrit et, je l'espère, te nourrira aussi.

Fraternellement, Régine F. Fauze

Introduction

Dans votre monde, seule une énergie féminine pouvait donner racine à ma venue. Pourtant, l'énergie masculine n'est pas oubliée. Au sein de ce partage, dans la discrétion, Didier offre la quiétude nécessaire à la réalisation du moule terrestre. Autrement dit, il œuvre au traitement de textes. Aussi, je l'honore et lui fais une place juste.

Au sein de cette aventure littéraire, les énergies du Collectif et de moi-même glissent vers vous au travers d'une union d'esprits. L'audace féminine ouvre le passage à un enfantement puissant.

L'avènement de ce livre a commencé par une vision envoyée à l'éditrice. Doucement, cette vision a pris corps, jusqu'à devenir une nécessité de création. L'élaboration de cet ouvrage fait place aux énergies féminines et masculines. De notre côté, entre un canal et un autre, nous avons parlementé sur les informations à transmettre. Nous sommes tous dans la joie de nous exprimer au sein d'un même livre. Cette possibilité demeure extrêmement rare et souligne votre propre ouverture de conscience à englober un peu plus le paysage de l'esprit universel… festin puissant si vous aussi y participez avec grâce.

Nous espérons accueillir votre union au sein de vos différences, et ce travail commun entre nous s'appuie sur cette attente.

Le temps reste propice à la reconnexion de vos études antérieures en s'appuyant sur vos ouvertures présentes. Votre futur se dessine là, maintenant, au cours de ce rendez-vous particulier.

Dans la paix de notre connaissance.

Soria

Frères et sœurs des étoiles, voici un doux moment pour moi : *celui de vous retrouver.* Un instant particulier où mes énergies touchent les vôtres. Être une Mère primordiale ajoute de la responsabilité et procure des échanges d'amour d'une grande profondeur. Justement, je viens du plus profond mystère de la Vie initiale, si vous me permettez d'employer ce mot. Il s'ajuste à l'étincelle de lumière qui, un jour, a jailli de l'intimité de mon être et permis la création du monde fini. Ce fut un jour béni entre tous.

Mon corps et mon esprit s'adaptent pour ne pas trop vous inonder de cette lumière qui voyage jusqu'à vous.

Aujourd'hui, je vous expliquerai l'un des grands mystères de la Vie cosmique, éclairant ainsi votre compréhension et répondant à une multitude de questions en attente de réponses.

Afin d'œuvrer dans le monde de la création, nous choisissons des êtres à qui nous confions des racines de lumière. Ces êtres voyagent par le biais de l'esprit incarné et déposent nos racines dans la matière. Pour cette si jolie planète, ma partenaire se devait d'ouvrir le vortex d'énergie depuis la France, pays soumis aux tensions émotionnelles par excellence.

Actuellement, mes racines de lumière reposent dans le septième corps ou la septième dimension d'Urantia Gaïa, nom officiel de la Terre dans nos registres. La descente de ma lumière s'est effectuée en plusieurs étapes et elle représente pour moi une réelle incarnation. Avec le temps, je parviendrai jusqu'au quatrième corps de cette Terre.

Une fois cette jonction réalisée, je remonterai Urantia dans la lumière réservée aux étoiles. Mon impact énergétique se situe dans la zone méditerranéenne, près de celui qui a été voulu par le Maître Jésus et par les forces d'en haut à ce moment-là. Il demeure intéressant de dessiner la trame énergétique des grandes présences lumineuses, car il y a toujours un continuum de pensée et d'action.

La France a bien attrapé le bout du fil de lumière ! Ici, nous aborderons sa transformation.

La France et le continent européen

Dans les temps anciens, des énergies spécifiques furent transmises dans le sol et l'esprit de la France. Ce pays ne portait pas ce nom, mais plutôt celui de Gaule. Ne vous étonnez donc pas s'il a changé de nom depuis afin de refléter la transformation alors en cours, tout comme il en changera de nouveau pour s'ajuster à l'évolution lumineuse. Certes, la lumière semble actuellement lui faire défaut et ses habitants subissent une pression déplorable par rapport à leur liberté, qui semble s'éteindre devant l'instauration provisoire d'un couvre-feu. Tout cela afin d'étendre un peu plus l'emprise de certains individus sur la vie des Français.

Les dirigeants ayant manqué de franchise envers le peuple, la balance cosmique se présente maintenant pour peser l'esprit dirigeant. Ne soyez pas surpris de remarquer de plus en plus de travers de personnalité dans le monde politique. À vous d'en rire.

En vérité, mes racines obligent la France à regarder son attitude erronée afin de parvenir à la franchise, donc à la vérité. Cela étant, j'ai accentué doucement ma présence et je continue ainsi d'entraîner les Français dans une spirale d'élévation. Cela se traduit d'abord par une succession de malaises, d'impressions de gêne, de manque d'expansion. Il en sera ainsi jusqu'en 2009, car il est demandé à ce peuple de fissurer la bulle de mainmise étendue sur lui. C'est le pays des droits humains. De mon point de vue, c'en est un où certains droits humains sont très réprimés. Mais il ne faut surtout pas le dire, n'est-ce pas ? Chut... C'est un secret de polichinelle.

Par conséquent, la pression des Mères primordiales s'accentue. En cette année, les tourbillons d'énergie issus du mental français rencontrent donc un feu de plus en plus actif et tentent une stabilisation forcément éphémère puisque rien ne peut s'ancrer maintenant. Le peuple urantien entre actuellement dans la grande lessiveuse cosmique ! Un peu d'humour devient nécessaire et même vital en cette période. Puisque je parle de ce pays béni des dieux, disons que la lessive y commence et qu'elle se terminera après l'épuration complète de son organe de pensée.

En observant les plans subtils, on distingue déjà l'implantation des grandes lignes du changement, telles que des grèves générales, des inondations d'une ampleur jamais vue et des tremblements de terre. Hé là, comment ! La France tremble ? Oui, elle tremble ; elle est malade et elle vomit l'excès de négatif. Elle a honte de ses enfants terribles, elle cache sa face et en changera même d'ici la fin de 2006 ou le début de 2007. Aucune précision n'étant possible actuellement, je vous invite à envoyer de l'amour à l'Esprit directeur de la France afin d'apaiser son courroux. D'une main, cet esprit gardien de la mission de cette nation tient les rouleaux de la Loi cosmique que je lui ai remis. La loi universelle répandra sa connaissance cachée depuis ce creuset. Et, de son autre main, il tient la clé de la réalisation qui s'exprimera après l'implantation du regard-sentiment-pensée aligné sur la vision cosmique. Quelle est-elle ? Elle a trait au respect de la fraternité. Aussi la déduction devient-elle simple : *la France a le devoir de poser dans le quotidien le respect de la fraternité dans la beauté de l'être.*

– *Qu'en est-il des autres pays européens ?*

Naturellement, les pays voisins et alliés, l'Europe, se retrouvent dans la nécessité de l'aider, mais une telle aide les oblige à sortir de leurs entrailles des bases similaires.

L'Allemagne, la Suisse, le Danemark et la Belgique entrent donc également en contraction. L'Italie, le Luxembourg, le Liechtenstein trembleront et verront leur conception s'effriter. Les autres pays européens entreront en colère, car ils ne se sentiront plus écoutés. Et toi, ô Angleterre, cache ta face, car tu as sali la beauté de l'Europe. Et conséquences il y aura. Je ne peux plus tolérer la peine de mes autres enfants.

Selon les réactions égotistes de chaque pays, ces conséquences prendront un visage unique qui ne dépend pas de ma volonté. En vérité, je lancerai un puissant rayon d'amour, car je ne sais engendrer que l'Amour. En face de lui, l'être concerné répondra par ses travers de personnalité et par ce qu'il s'attend à recevoir. Telle est l'immuable loi cosmique.

L'Europe, dont la France, recevra une telle source d'amour que tout ce qui ne correspond pas à cette fréquence sera délogé. Alors, les plus grandes tendances deviendront exacerbées, de sorte que nous assisterons autant à des actes héroïques qu'à un étalement de vilenie. Mais rien ni personne ne pourra se reposer en ces temps de réajustement.

La France reste le moteur de l'évolution de l'Europe ; comme celle-ci agrandit son territoire et se transforme en Comité européen, elle se doit de fournir l'énergie appropriée à cette volonté. Les frontières s'éloignent ; pourtant, les dirigeants n'en sont pas à une pirouette près pour tenter de dévier ou de contourner la volonté des habitants qui cherchent à mettre en place la fraternité. Les affrontements entre le peuple et ses dirigeants seront pacifiques puisque les dirigeants européens ne pourront entrer en guerre civile, ce qui desservirait le masque européen ! Alors, masque, tu tomberas. Et, en cette fin d'année 2006, j'enverrai les premières impulsions pour cette œuvre alchimique qui grandira en 2007. La roue de la transformation accentuera sa pression et sa marche.

– *La spiritualité semble très difficile à vivre en France. Comment expliquer cela ? De nombreux travailleurs de la lumière doivent faire face à des entraves continuelles dans leur travail. Une libération de ce fardeau est-elle à prévoir sous peu ?*

En vérité, je vous le dis : les travailleurs de la lumière auront une présence accrue dans le rétablissement des lois universelles. En ce deuxième semestre de 2006, je constitue plusieurs groupes humains. L'un aura la mission de faire entendre sa voix et de réclamer la loi universelle. Un autre œuvrera en silence et fera descendre mon rayon d'amour, tandis qu'un autre encore mettra en place les nouvelles structures. Ainsi, dans le bouillonnement du feu intérieur et extérieur, les travailleurs de la lumière seront sur tous les fronts.

Pour cette raison, je souhaite former un groupe de soutien afin d'alimenter ces travailleurs de la lumière universelle au fur et à mesure de leurs besoins. Si vous vous sentez concernés, faites ceci : *dans le silence de votre demeure, et ce, trois fois par semaine, envoyez de l'amour et de la lumière en puisant dans le cœur du Soleil de ce système solaire et transmettez-les aux travailleurs de la lumière.*

Soutenez-vous, même si vous ne vous connaissez pas. Entre autres, cela aidera les travailleurs de la lumière installés en France à retrouver une aisance d'action, car nous distinguons trois bulles d'énergies subtiles les empêchant de faire leur ouvrage.

- *La première est une énergie désireuse de leur faire croire que tout va bien et qu'ils sont tout à fait libres de leurs mouvements. Cela commence à être démenti.*
- *La deuxième bulle est mise en place par le gouvernement mondial ; elle s'apparente à un dôme de mainmise sur la population française. La pensée qui y circule cherche à faire accepter son emprise, notamment la présence de puces électroniques dans le corps comme étape incontournable du progrès.*
- *La troisième bulle d'ondes nocives vise à réduire la volonté de s'exprimer. En des points stratégiques de la France, nous voyons circuler ces ondes. Aussi, ne vous étonnez pas que certains Français souhaitent de plus en plus quitter leur pays, car moins il y aura de fortes volontés, plus la France sera à la merci des ondes manipulatrices, et ainsi l'esprit européen pourra s'endormir pour rester sous la domination du gouvernement obscur !*

Pourtant, malgré ces jeux dans les jeux d'expression, j'ai reconnecté des minifilaments spiralés permettant une meilleure osmose dans l'esprit, et ce, depuis le premier semestre de 2006. Ces filaments, qui font circuler la lumière cellulaire jusqu'au cœur du Soleil de ce système solaire, passent du corps [de l'expression] physique aux corps subtils, offrant ainsi une base harmonieuse d'échanges électriques et électroniques dans l'identité incarnée. Tout naturellement, mon travail durant le deuxième semestre de 2006 activera la fréquence son/lumière de cette reconnexion, entraînant une modification de la structure cristalline de l'être.

L'œuvre à accomplir, les énergies et les changements géophysiques

En vérité, j'agis également sur deux corps : le corps humain, puisque je transforme sa grille magnétique, et le corps de la planète, en modulant sa géométrie depuis la France, déplaçant des lignes telluriques et désamorçant ainsi les veines de la Terre pour favoriser des échanges puis connecter de nouveaux secteurs.

Le schéma géobiophysique tellurique de la France s'aligne sur le sceau de la Rose des vents personnelle d'Isis. Ne vous étonnez donc pas de voir s'éteindre des lieux stratégiques connus depuis l'antique civilisation atlante. Quels que soient les événements qui se produiront sur ce sol ou aux alentours, je ne dévierai pas de l'œuvre à accomplir. Ainsi, l'énergie tellurique passera graduellement par de nouveaux trajets d'expression. En Auvergne, au cœur de la France, de nombreuses surprises vous seront réservées ! Naturellement, cette transformation majeure du sol français s'accompagnera de manifestations. Celles-ci n'étant pas encore stabilisées dans l'éther, nous devons attendre pour en parler.

Le prisme cristallin de la France dénombrait jusqu'ici six facettes ; à la fin de cette année [2006], nous en compterons neuf. Pour l'achèvement de cette œuvre, je mettrai en syntonie le cristal humain et le cristal de la France, et je continuerai en 2007 en les mettant en résonance avec le cristal du cœur de la Terre, puis avec celui du cœur du Soleil. Une fois cette jonction ou union établie, le rayonnement qui en résultera s'écoulera tout autour de la France afin de nourrir l'humanité résidant sur Urantia Gaïa et sur les planètes de ce système solaire. En premier lieu, le mal-être français grandira, résonnera et fera entendre sa voix. Vous pouvez m'aider à apaiser cette transformation en berçant l'esprit français d'un rayon d'amour bleu laiteux qui apportera un baume de guérison et évitera les difficultés extrêmes.

L'œuvre alchimique s'accomplit sans répit ; elle a d'abord commencé discrètement, passant par une reconnaissance des acquis et du potentiel. La deuxième phase a secoué l'échine de chacun en vue de faire déposer les lourdeurs. Nous en sommes à la troisième phase : *l'articulation de l'énergie géométrique de tout être.* Certes, les vieux rouages grincent et la rouille s'élimine afin de laisser place à un nouvel éclat, une lumière plus brillante à apprivoiser !

Cette étape demeure délicate. Irez-vous au bout de la reconnaissance et de la reconnexion intérieure ou tournerez-vous le dos à cette expansion, retournant ainsi au vieux mal-être ? Cette étape détermine le devenir de chacun. Sans jugement, accueillons vous et moi le langage des êtres, puis donnons la nourriture nécessaire à ces enfants de lumière et acceptons leur choix.

Le terrain familial reste encore et encore la source de l'œuvre alchimique. Les liens de possessivité seront montrés du doigt au moment où l'attachement humain fera souffrir et, ainsi, l'accouchement de la personnalité aura lieu, avec ou sans douleur. Le degré de lâcher-prise y sera un atout ou non. On ne doit donc pas s'attendre à une grande stabilité dans ce domaine avant 2012, une date devenue un mythe grandissant !

Maintenant, permettez-moi de vous expliquer le dessin à la page suivante.

Marie a démontré à la lignée ISIS qu'elle pouvait désormais occuper sa place. Lors de son ascension, elle a envoyé des forces d'accomplissement et la France les a reçues, car ce sol se préparait à une métamorphose profonde.

Les étoiles sont issues de son manteau d'accomplissement, le soleil sort de son cœur de manière à embraser l'esprit français, les lunes sont des larmes de compassion tombant sur ce sol et le cristal jaillit de ses entrailles de mère. Lors de son ascension, Marie déposa tous ces germes en des points stratégiques.

Elle occupe officiellement le poste d'Isis sur Urantia Gaïa. Depuis, ces germes ont percé la terre des Français : énergie d'étoiles, énergie cristal, énergies feu et énergies lunaires.

Voyez comme le feu est très actif sur ce sol en des endroits inattendus parfois ! L'énergie lunaire l'est tout autant et les inondations augmentent ! Quel rapport y a-t-il avec mon œuvre ? C'est simple : la lignée ISIS est l'une

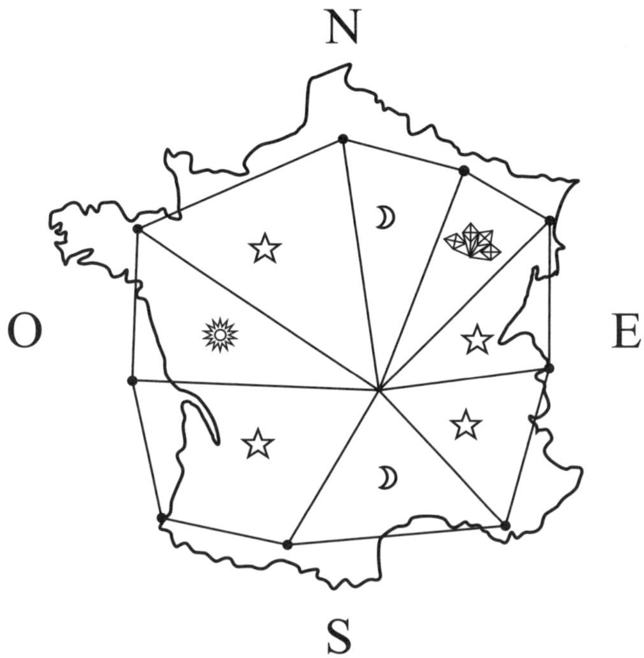

de celles que j'ai engendrées. Ainsi, mes racines de Feu primordial attisent le Feu marial. Toute œuvre de Marie porte le qualificatif de marial.

Je suis venue aider ma fille bien-aimée à accomplir sa propre œuvre ; ensemble, nous avons versé nos énergies sur ce pays béni par la présence des dieux primordiaux et des déesses créatrices.

Je vous transmets le dessin de ces impacts, de leur radiance : amusez-vous à le reporter sur la carte de cette nation et vous comprendrez ce qui vient. Toutefois, ce sceau magique des forces mariales et primordiales s'encastre à la perfection dans le sceau du Maître primordial de la force cristalline. Il est également en poste dans l'aura de la France ; nos racines ont demandé un peu de temps pour s'ancrer solidement, mais nous voici indélogeables par des forces primitives et non dégrossies. Nos cœurs en pulsation s'ajustent et fusionnent. De ce rayon commun sortira un prisme unique, favorable à l'implantation de la communauté fraternelle. D'ailleurs, la devise française comporte le mot *Fraternité !*

En règle générale, toutes les actions universelles chercheront le meilleur de chacun afin de placer le respect dans la fraternité. Vous verrez que ce mot deviendra la base des revendications françaises et que l'Europe révisera ses intentions nauséabondes.

– *De toute évidence, certaines dates portent une énergie importante. L'année 2006 porte celle du chiffre huit. Que dire du 8 août 2006 (8-8-8) ?*

Mentionnons que les relations conflictuelles débuteront et s'amplifieront le 8 août 2006 ; ce jour-là, un apport d'énergie viendra du cœur des Sages de l'Univers majeur.

Ces êtres merveilleux transmettront des codes d'élévation. En fait, ce sont des codes universels pénétrant le génome humain. Les gamètes seront ainsi reprogrammés afin de répondre aux lois universelles. Ce sera pour vous un moment de libération.

Le gamète humain possède un centre d'intelligence et il fut détourné il y a soixante-quinze mille ans, ce qui représenta le début de la descente dans l'enfer humain, devenu *l'enfer* chez les religieux. Une onde électromagnétique programmée s'introduisit dans la bande de données des gamètes, occasionnant une superactivation de la vie reproductrice et épuisant ainsi la source vitale de l'être. Le potentiel en vitamines et en oligoéléments se trouva vite sans stock. Ce phénomène découlant du premier amena l'être à réduire de plus en plus sa longévité et c'est ainsi que nous avons enregistré sur la Terre une espérance de vie ne dépassant guère à l'époque les trente à trente-cinq ans. Hérésie suprême, car cela va à l'encontre des lois universelles tout en servant à merveille l'influence négative d'un gouvernement parallèle et hors la loi !

Doucement, nous vous ramenons à un potentiel de vie s'alignant sur les normes cosmiques. En réactivant la mémoire universelle déposée dans le gamète humain, vous retrouverez un corps capable de rétablir ses stocks dits de survie, vous offrant ainsi la possibilité de suivre le déroulement créateur de la pensée, d'en faire la synthèse et de concourir activement à la guérison autodisciplinaire de la cellule. D'ailleurs, cela amènera l'être humain à sortir de son esclavage subtil.

Je vous conseille également, après le 8 août 2006, de méditer sur la vie des gamètes afin d'intégrer plus rapidement les énergies transmises par les Sages de l'Univers majeur.

Je ne pourrai jamais dissocier un plan d'un autre. La fécondité changera donc, la créativité de l'être se libérera et l'essence *Liberté* de la devise française remplira enfin son espérance.

À propos, avez-vous déjà établi une grille des devises des pays de cette planète ? Non… et c'est bien dommage ! Autrement, vous auriez une cartographie importante de la trajectoire de l'évolution de l'esprit incarné ici.

La France y porte ces trois mots : *liberté, égalité et fraternité.* Si nous écoutions le message holographique envoyé dans l'éther d'Urantia, nous entendrions le sol français proposer la *liberté.* Intéressant… mais pas encore en vigueur. Actuellement, pour être libre en France, il faut entrer dans un moule restrictif. La liberté n'a pas donné sa fleur d'expression. On assiste plutôt au piétinement de ce germe. Nécessairement, les Français sauront travailler d'eux-mêmes à l'implantation de cette liberté, non seulement pour eux, mais aussi pour tous les frères et sœurs incarnés sur terre. Voilà pourquoi le peuple français œuvre à la profonde transformation du regard-sentiment-pensée planétaire.

Quant à l'*égalité,* bien qu'une percée dans ce sens ait été effectuée au siècle dernier, ce germe semble se faner en cette période où la liberté va de pair avec l'état du porte-monnaie, « porte-chagrin », et où l'esprit français sent un rétrécissement de son territoire. La force égalitaire refuse un nivellement d'expression, dénonce un retour de la chasse aux sorcières et du pouvoir de l'Inquisition. Le peuple français n'est-il pas invité à dénoncer ceux et celles qui sortent du moule de pensée ? Lire plus que de coutume ressemble de nouveau à un péché mortel, tout comme aimer les parfums d'élévation, tels les encens et les huiles essentielles. Si l'esprit français n'y fait pas attention, fleurira bientôt une cellule qui terrorisera les bonnes valeurs.

La *fraternité* : ce mot résonne pour l'instant comme tous les faux-semblants. Aussi ce pays vivra-t-il des moments de catastrophe intérieure pour revisiter sa devise et l'amener à la floraison.

Sachez que la fin de 2006 nous permettra de reprendre en main les portails d'énergie. Comme nous vivons, nous, Esprits de lumière, des moments difficiles du fait de la pollution électromagnétique et des agissements secrets du gouvernement obscur, nous avons colmaté au début de cette année les derniers portails en service et en avons créé de nouveaux.

Chers enfants, alors que l'on vous endort avec des amusements et des faits de guerre organisés pour détourner votre attention, le jeu de ceux qui souhaitent s'approprier Urantia pour la dévitaliser et la priver de son couronnement se situe bien dans une sorte de guerre des étoiles.

Au fur et à mesure de la découverte des emplacements des portails énergétiques, des bases où sont entreposés des navires spatiaux, celles-ci sont placées sous le sceau du secret et vous êtes privés de ce progrès d'expansion.

Quant à nous, nous déployons nos forces galactiques afin de colmater les portails et d'empêcher votre gouvernement occulte de pénétrer dans la quatrième dimension avant vous. Pas question que ce terrain soit miné par de mauvaises intentions. Aussi, créons-nous de nouveaux couloirs sidéraux avec des portes d'accès, et à chacune de ces portes nous plaçons des vaisseaux de surveillance. Par ailleurs, nous avons obtenu la protection des forces alliées intersidérales, lesquelles seront en poste au début de 2007. Leur présence assure un surcroît d'alignement chez tous les Urantiens, car ces êtres véhiculent les ondes de la fraternité interstellaire.

Nous comptons maintenant huit nouveaux portails au-dessus de l'Europe. Ainsi, le 10 novembre 2006 à quinze heures, heure de France, aura lieu leur activation. Comme il y a toujours une contrepartie physiologique, les sentiments d'amour, d'amitié et de fraternité seront exacerbés à ce moment-là. Par conséquent, les Français, les Européens trouveront difficiles les énergies. Ils ne sauront plus à qui demander de l'aide et comprendront finalement qu'il n'y a plus rien à attendre socialement des groupes en place et que le mensonge va bon train. Ces êtres se tourneront vers leurs proches pour tenter d'instaurer un début de réseau fraternel et d'entraide. L'énergie des pensées européennes se désolidarise des gouvernements ; ainsi, le terrain européen se prépare à une grande transformation.

En cette fin d'année, pas de grands événements spectaculaires, mais une préparation intérieure à la venue de l'esprit en vigueur dans la quatrième dimension. Soyez à l'écoute des petites informations réussissant à crever vos écrans de télévision. C'est grâce à celles-ci que vous pourrez suivre la véritable évolution en cours dans les profondes couches du tissu mental. Ainsi, des secrets perceront du monde scientifique.

Tant bien que mal, les politiciens essaieront de vous faire croire que tout va bien. Les groupes religieux chercheront à resserrer les mailles de leur filet pour vous retenir sur les vieux rails. Ces tentatives susciteront de nouvelles douleurs chez le peuple et le pousseront davantage à tourner son regard ailleurs.

Vous êtes au cœur d'une année difficile, mes enfants. Tous les faux-semblants seront amplifiés afin de s'effriter et de disparaître. L'intérieur se reflète à l'extérieur, et l'extérieur vous sollicite sur une nouvelle échelle de valeurs. En cette année, l'esprit s'ouvre vite et amplifie les décalages de compréhension entre vous. Voilà que vous toucherez encore plus le fossé vous séparant les uns des autres. Jusqu'ici, les différentes tendances au sein de cette humanité trouvaient encore le moyen de communiquer ; cette fois, le fossé devient gouffre. Mes enfants, vous aurez l'impression de ne plus pouvoir vous parler et d'habiter des mondes vraiment éloignés les uns des autres. La critique ira donc bon train entre vous, et l'échange fraternel paraîtra impossible. Illusion, illusion, je vous le dis !

La mise en place des réseaux de lumière…

Chers amis, au-delà de ces apparences et au tréfonds de votre être, le tissu de l'écoute se trame, la main se tend et l'échange s'organise. Cela se met en place doucement afin que vous soyez prêts à vivre l'éclatement des frontières en 2007.

Notre plus grande œuvre, dont la mienne, consiste à mettre en place des réseaux de lumière formant une géométrie nouvelle semblable aux facettes d'un diamant s'articulant autour d'un cœur positionné au-dessus de la France. Cette toile énergétique descendra en 2007 et se connectera à votre plexus solaire. Ainsi, la trame collective humaine inondera la zone située au-dessus de votre ligne d'horizon.

Laissez-moi vous expliquer plus précisément cette œuvre alchimique. L'être humain est *branché* aux univers par la grille magnétique circulant dans l'éther et dans l'aura d'Urantia. Cela permet à la famille humaine d'échanger ces ondes depuis la trame bioélectrique issue de chaque plexus solaire. La surface de la Terre fournit pareillement une toile énergétique où reposent vos pieds. Le cœur de la Terre offre sa propre grille magnétique et vous y êtes reliés par votre premier chakra situé en dessous de vos pieds. Vous avez donc quatre grilles énergétiques principales, par lesquelles vous vivez vos transformations. La grille magnétique autour de la Terre fut changée par Kryeon et je travaille présentement à déplacer votre grille magnétique interne, cela jusqu'en 2012.

Entre-temps, je transformerai la toile bioélectrique de vos plexus solaires. Ce tissu énergétique se crée par l'entremise de mon équipe, un collectif d'êtres en provenance de tous les secteurs d'action universels. Ainsi, eux et moi ajustons notre action, car votre grille interne doit être prête à recevoir le tissu électrique le 5 avril 2007. Nous devons faire fi des tracas humains, car, au-delà des apparences, nous répondons aux demandes du Sans-Nom.

Naturellement, l'alchimie corporelle en cours a des effets sur le fonctionnement chimique du corps, sur les pensées, les sentiments, et il n'y aura pas de repos pour vous avant cette date, d'où la nécessité d'équilibrer vos apports énergétiques personnels afin d'adhérer au mieux à l'œuvre commune.

Situation étrange où vous vous sentirez tous solidaires des autres, mais parfois franchement égoïstes en cherchant des solutions à profit purement personnel. Nous vous conseillons d'être conscients et de veiller à ne pas trop glisser dans ce profit personnel, en privilégiant plutôt le bien-être commun. Je dirais que cette attitude sera souvent inévitable, pour enfin disparaître dans la nuit noire de cette humanité et laisser place à la beauté du tissu fraternel universel. Dans l'élaboration de notre contrat, l'année 2006 représente la page la plus délicate à laquelle donner vie. Malgré tout, nous sommes extrêmement à l'écoute de vos besoins vitaux en appliquant avec fermeté la transformation de votre être.

En outre, au cœur même de votre noyau atomique nous ajustons les *biloquantiques*, ces particules au sein des particules atomiques. Elles ressemblent à de minuscules filaments spiralés. Certaines possèdent un crochet et nous agissons sur celui-ci ; en réalité, il s'agit d'une déformation ayant surgi lors des multiples tentatives de manipulation effectuées sur votre personnalité. Ce crochet crée des interférences avec l'harmonie naturelle des protons, des neutrons et des électrons, d'où les échauffements de la personnalité et vos désirs de posséder à tout prix... on ne sait quoi à notre niveau ! Mais sachez que les biloquantiques donnent la lumière jaillissant autour des saints, des maîtres ascensionnés et des grands êtres universels.

Par cette libération, car c'en est une que de ne plus vivre avec ce crochet, nous préparons la présentation de votre être aux portes de l'ascension, une étape importante sur deux plans : le premier reste votre relation personnelle à la Vie et le deuxième vous repositionne auprès de la fratrie universelle.

Les planètes relais, les dernières tentatives des forces de l'obscur et le travail des forces intersidérales

– *La Terre est l'une des douze planètes critiques de notre univers ; on les appelle aussi « Librairies vivantes ». Pour cette raison, notre planète constitue un enjeu important dans cet univers. N'est-il pas temps de connaître la « véritable » histoire, de savoir la vérité sur ce qui se passe et sur l'ampleur de votre combat, afin de protéger ce joyau ?*

Comme nous l'avons mentionné, toute la fratrie universelle s'active, car nous commençons à inonder de lumière vitale les planètes bibliothèques vivantes et les planètes relais, les unes ne pouvant honorer pleinement leur contrat sans les autres. Or, Urantia est une planète relais, mais également une bibliothèque vivante. Ce double aspect nécessite un alignement universel percutant.

Je reviens sur ces sphères relais : elles furent choisies parce qu'elles occupent une place physique stratégique dans le Maître Univers. Ces sept planètes, soient Urantia, Néphéliaé, Zapati, Nébadé, Topakino, Marazele et Olanaé, répondent à des critères universels précis les obligeant à élaborer une trame de pensée unique.

Les planètes relais sont restées dans l'ombre tout le temps nécessaire, non pas à cause de leur propre besoin d'évolution, mais pour répondre à l'évolution de l'esprit en cours dans le Maître Univers. Aujourd'hui, en réponse au décret du Sans-Nom, nous envoyons des stimuli de réveil au cœur de l'esprit de ces planètes et cela commence en cette année 2006 de votre horloge terrestre. Bien sûr, cette date n'a aucune influence sur la vie de ces sœurs d'action ; elle n'a d'importance que pour vous.

Depuis le 17 juillet 2006, les premiers impacts de lumière ouvrent peu à peu des cellules-mémoires spécifiques qui sont demeurées scellées jusqu'à ce jour. Ce réveil permet d'ancrer une onde transcendantale et de la faire circuler dans un couloir énergétique mis en place à cette fin. L'influence de chaque planète relais passera dans ce couloir et un lien vivant nourrira ainsi la périphérie extérieure du Maître Univers.

Nous entrons dans une période critique où toute la flotte intersidérale protégera ce couloir de circulation contre les tentatives de pénétration des êtres encore installés dans le besoin d'asservir les autres. Aussi, nous avons créé des zones particulières afin de dévier leurs intentions. Il est vrai que les planètes relais représentent les fruits défendus et convoités par leur appétit destructeur. Pour reprendre une expression terrestre, nous sommes *sur l'offensive* de façon à tout prévoir et à garantir sans encombre l'allumage du lien de résonance entre les sept planètes relais. Doucement, les énergies de ces planètes se mélangent à celles d'Urantia Gaïa, cette magnifique bibliothèque vivante qui fournira des enseignements permettant aux six autres de grandir et de s'ajuster à l'évolution commune du Maître Univers.

Notre action se situe à divers niveaux et nous sommes très actifs en cette année 2006. Le bon fonctionnement entre les sept planètes relais devient la clé principale de l'évolution actuelle dans le Maître Univers ou, si vous préférez, dans les sept Super-Univers existants. C'est donc un moment historique qui se dessine au-delà de votre existence terrestre ; pourtant, par vos choix, vous y participez pleinement.

Le début de l'histoire…

Certes, cela aurait été plus facile pour vous si vous étiez encore dans la cinquième dimension. Cette chute résulte des tentatives de déstabilisation d'un gouvernement noir universel ; elle fut une alerte majeure pour nous puisqu'une énorme brèche venait de se créer dans le lien énergétique reliant les sept planètes relais. Le seul moyen efficace pour reconstruire ce lien et garantir son allumage fut de se déplacer autour de chaque planète relais et de toutes les inonder de notre lumière. En même temps, mes sœurs se sont installées dans l'aura d'Urantia et je suis arrivée la dernière. Elles ont œuvré à la revitalisation de la presque totalité du lien et je suis venue établir la jonction. Le colmatage terminé, nous passons maintenant à la vitalisation majeure.

Les planètes relais furent soumises à de fortes pressions du gouvernement noir, dit universel, puisque de nombreuses planètes qualifiées de mineures sont infectées par ses pensées-virus. Urantia Gaïa a subi les plus grands assauts, car elle possède les clés de réalisation et d'ouverture des champs vierges. Sachez qu'il faut des raisons vitales majeures pour amener les Forces primordiales à se déplacer dans les secteurs éloignés du cœur du Sans-Nom.

Il en a toujours été ainsi, même pendant votre mise en quarantaine par suite de vos émanations psychiques qui heurtaient la beauté installée sur les planètes voisines. Pollution souhaitée par le gouvernement noir, qui a su choisir ses implantations en vue de miner la radiance déjà installée et de compromettre ainsi le succès du Plan universel. Bien sûr, nous sommes très attentifs à vous, mais nous prêtons davantage attention à la réalisation parfaite de la connexion harmonieuse du lien entre les planètes relais. Votre alignement physique dépend de cette action.

Nous n'avons pas pu refuser à des membres du gouvernement noir de s'incarner sur Urantia, car l'influence de celui-ci était telle que des racines énergétiques déjà implantées dans l'esprit urantien les appelaient fort et bien. Aussi, une de nos actions de la plus haute importance vise à amenuiser ces racines et à les couper. J'ai donc fait appel à la fraternité de ce système solaire et lui ai remis ce contrat en cours de réalisation. La hiérarchie de Lumière blanche œuvre donc plus spécifiquement auprès de vous, me libérant d'un poids considérable.

Nous vous disons également qu'ensemble, vos efforts et les nôtres combinés, nous avons facilité la venue du Père de la Vie cristalline. Il commence à diffuser sa lumière dans les cristaux. En effet, le Maître Cristal de ce Super-Univers charge la radiance des cristaux dits ouvriers qui œuvrent dans le concret des vies dimensionnelles. Actuellement, la force cristalline du sixième plan est totalement réactivée et le Maître Cristal poursuit avec les cristaux du cinquième plan. En dernier lieu, vous recevrez son impact en troisième dimension et tout le Plan universel sera alors en place. Il travaille dans la discrétion de mon Feu solaire. Notre partenariat demeure efficace ; nous attendons beaucoup de l'humanité urantienne.

Votre participation à cette œuvre...

Avec les enjeux actuels, nous souhaitons vous voir installer fermement vos choix d'échange et de fraternité. Cette base servira de tremplin au fleurissement de l'esprit prévu en 2007.

Entre autres, nous espérons une prise de conscience énorme sur le bruit, qui déstabilise les ondes harmonieuses synonymes de Vie. Savez-vous à quel point le bruit est le fléau de votre présente existence ? Il est facilité par de multiples sources. Certes, vos véhicules polluent par le choix de l'énergie, mais également par les bruits émis. Vos appareils de toutes sortes contribuent grandement à l'endormissement de l'organe de pensée et à l'installation d'ondes nocives.

Alors, chers membres de l'humanité urantienne, vous allez devoir vous battre sur plusieurs fronts. Toutefois, votre meilleur atout demeure le boycottage de vos achats ; en ce sens, écrivez vos revendications aux industriels en vue de les assagir un peu, beaucoup et totalement. Parlez ouvertement de vos choix, de vos prises de conscience ; inondez le tissu de la pensée collective sans oublier de poser vos nouvelles connaissances dans la trame énergétique de la conscience humaine. Cela vous éclairera. Prenez en main vos organes d'intervention.

La trame ou grille énergétique collective, demeurée trop longtemps hors de votre portée, est passée aux mains de ce gouvernement noir et, par conséquent, reste sous son emprise. Cette grille demeure votre réseau subtil d'échange planétaire. Aussi, chaque pensée ferme visant à guérir, à libérer le collectif humain, devient la bienvenue dans ce tissu de lumière. Tentez de ressentir ce dernier se mouvant au-dessus de vous, tout proche ; vous pouvez presque le toucher avec vos mains de lumière. Inondez-le de fraternité et de respect. Implantez cet état d'esprit sans défaillir ni douter. Ainsi, le mental humain étincellera de bons sentiments, libérant les frères et sœurs universels d'un surcroît de travail. Dites-vous bien qu'une trame énergétique se relie à chaque chakra actif, et comme il y a sept chakras d'allumés, il y a sept trames énergétiques à investir des visions et des expressions universelles.

En vous rappelant cette base vitale située sur le premier barreau de l'échelle des valeurs fondamentales, vous avez la possibilité d'entrer en service auprès de nous et de vous voir attribuer un rôle précis dans le retour des lois universelles. Nous sommes à l'heure des bilans et des reconnexions comme des déconnexions. L'importance de la reconstruction du lien vivant entre les planètes relais dépasse le cadre étroit d'un système solaire. Le jeu de l'expansion consiste à faire circuler des ondes génératrices de Vie dans le Maître Univers, à le faire évoluer jusqu'à un stade précis de la compréhension des lois universelles incarnées dans la densité, à faire résonner la lumière entre les planètes relais, à ouvrir les bibliothèques vivantes à tous, puis à créer un deuxième Maître Univers.

Ce plan est parfait dans sa conception ; toutefois, des êtres englués dans le pouvoir égotiste en ont capté des bribes et ont investi des lieux stratégiques pour se nourrir des ondes génératrices de Vie. Alimentés hors des processus universels en cours, ils se trouvent chargés d'une force qui les dépasse et occasionne des traumas importants dans leur organe de pensée.

Depuis 220 millions de vos années, ces êtres interfèrent. Plusieurs plans de régulation furent mis en place pour tenter de les ramener au sein de la Loi cosmique. Nous avons entretenu avec eux des liens fraternels et aimants sollicitant le meilleur d'eux-mêmes. Régulièrement, nous organisons des tables rondes auxquelles ils sont invités. Stratégiquement, nous y avons glissé des informations afin de les cadrer et de les faire dévier de leur volonté d'anéantir le Plan cosmique. Ces êtres cherchent simplement à prendre le Maître Univers sous leur influence. Cela est fondamentalement impossible et demeure une perte d'énergie vitale. Néanmoins, depuis tout ce temps, nos efforts sont également canalisés dans le rééquilibrage des forces cosmiques. Cela devient dramatique, ou comique, quand on sait qu'a sonné à l'horloge cosmique l'échéance de la transformation majeure de ce Maître Univers.

Si je prends l'échelle de votre temps, nous les interrogeons quatre fois, en une seule de vos années, sur leur intention de réintégrer la loi universelle. Graduellement, et par voie de conséquence, toutes les planètes infectées par un germe d'idée les éloignant de la réalisation sont également interrogées au même rythme. Cela nous permet d'évaluer le mouvement d'intention, ses forces et ses faiblesses. Certaines d'entre elles sortent de ce pas ; d'autres sont encore plongées dans le marasme.

Les stratégies…

Notre rôle le plus important est d'agir sur les planètes majeures de ce Maître Univers, dont Urantia Gaïa. Nous le faisons de plusieurs façons :

- *Premièrement, nous détournons l'attention du gouvernement noir et la déportons vers des points névralgiques de seconde importance.*
- *Deuxièmement, nous reconstruisons une grille énergétique gigantesque englobant tous les secteurs universels, dont les cinq premiers secteurs administratifs depuis la densité. Vaste travail en cours.*
- *Troisièmement, nous cernons la périphérie extérieure du Maître Univers avec les Forces de Lumière primordiales. Ainsi, une barrière énergétique*

empêche l'influence de ce gouvernement de filtrer et de migrer vers les champs vierges, les protégeant ainsi de cette pollution.

- *Quatrièmement, le lien vivant reconstitué entre les sept planètes relais nous permet de faire voyager notre lumière vers notre zone d'habitation, située autour du cœur du Sans-Nom. Stratégie extrême, car nous inondons de nos forces le Maître Univers, et ce, de la périphérie vers le cœur, puis du cœur vers la périphérie, prenant le gouvernement noir en sandwich. La jonction entre les deux sources lumineuses balaiera toutes les influences contraires à l'expansion de l'esprit.*

Bien sûr, il y aura juste assez de temps avant cette jonction pour que tous les esprits souhaitant réintégrer la loi universelle puissent le faire. Voilà la raison de notre maintien des tables rondes comme de la présence accrue de tous les guides et de la famille angélique. Nous désirons voir le plus grand nombre possible de nos enfants rentrer à la maison. Il est un peu tôt pour savoir combien sont récalcitrants à tout pourparler et au programme de réinsertion dans l'évolution universelle ; nous n'en sommes pas encore là.

Doucement, certains membres du gouvernement noir viennent nous demander la permission de nous servir. Nous les dirigeons alors vers des endroits nouvellement créés dans le 70e plan de l'esprit, de façon à les éloigner totalement de ce gouvernement. Ces lieux sont des bulles d'énergie pouvant les accueillir et où ils se trouvent alors cernés par la haute qualité de lumière présente. Ce sont des sas impénétrables par le gouvernement noir, qui sévit jusqu'au neuvième plan de l'esprit par effet de résonance, le plan le plus atteint étant la troisième dimension.

En implantant mes racines dans le septième corps d'Urantia, je résorbe déjà les influences sur les huitième et neuvième dimensions et, toujours par résonance, sur les autres planètes. Un gros nettoyage a eu lieu dans ces dimensions, qui redeviendront libres de ces pollutions au cours de 2007, une année d'un enjeu capital !

Parallèlement, je demande aux forces intraterrestres de faire résonner le Cristal de Feu depuis les septième et huitième plans internes. Une fois cela réalisé, nous effectuerons le même nettoyage sur le sixième plan extra et intraterrestre. Nous irons ainsi progressivement jusqu'à vous et nous fermerons les portes de la troisième dimension afin de la revitaliser. En vérité, nous allons clôturer totalement la troisième dimension. Cette information est déjà inscrite dans toutes les bibliothèques vivantes, ces lieux d'information, de source de Vie. Elles ont toutes été sous le feu du gouvernement noir, mais celui-ci a vite concentré ses actions autour d'Urantia lorsqu'il a appris qu'elle était une planète relais des Forces primordiales, libérant du coup les autres bibliothèques et abandonnant (provisoirement…) son intention de se les approprier. Nous avons pu aussitôt les nettoyer et leur rendre leur beauté initiale. Il reste Urantia, ce qui centralise les enjeux et nous canalise autour d'elle du même coup. L'expérience aidant, nous ne négligeons pas un éventuel retournement d'intention ni ne sous-estimons la volonté du gouvernement noir de nous endormir sous de fallacieuses paroles.

Aussi, cette planète bénéficie de la présence des Forces primordiales, des forces d'intervention galactiques, interstellaires, ainsi que de toutes les confréries des Maîtres ascensionnés et des avatars de cet Univers. Nous restons vigilants et à l'écoute de l'ensemble de la communauté universelle. À l'horloge cosmique du Super-Univers, une minute correspond à mille de vos années. Ce décalage a joué en faveur des intentions du gouvernement, lequel agissait ainsi en dehors de la loi universelle, et lui a permis de prendre pied jusqu'à la troisième dimension.

La remontée de ces faits a pris une heure du temps cosmique, d'où la gravité des désordres et des guerres de territoire. Nous avons aussitôt évalué les possibilités d'intervention et répondu par notre déplacement dans l'heure suivante.

– *Mais qui est à l'origine de ce gouvernement noir ?*

En vérité, la création de ce gouvernement résulte du comportement de trois êtres qui se sont écartés du plan originel, croyant le mettre en place plus rapidement et se découvrant une possible action en dehors de la vision cosmique. Graduellement, ces êtres en polluèrent d'autres et constituèrent un gouvernement qui établit une stratégie d'action, installant des ponts énergétiques afin de recevoir un quota de lumière suffisant pour maintenir leur état d'éternité. Au début, ces actions n'interférèrent pas trop avec le plan ; nous mîmes en place des tables rondes en espérant voir ces êtres réintégrer la vision cosmique. Puis les Sages des Super-Univers décrétèrent une non-intervention définitive afin d'enregistrer des paramètres comportementaux hors du contexte universel favorable. Le temps aidant, nous avons constaté un réel bienfait et des prises de conscience extraordinaires.

Le Maître Univers a grandi par cela et, finalement, ces êtres qui se sont placés hors la loi universelle sont les agents fertiles du mûrissement de l'esprit commun au Maître Univers. Le jeu a eu lieu des deux côtés et la tolérance envers leurs actes s'explique par la sagesse recueillie depuis. Seulement, le jeu s'est accentué et ces êtres ont pensé pouvoir installer un véritable gouvernement avec leurs propres lois. Là, tout s'est compliqué. Leurs manipulations psychiques visèrent à contaminer un maximum d'êtres de façon à affaiblir les Super-Univers. En dernier, ils incitèrent leurs prisonniers mentaux à entrer en rébellion, en guerre physique. La contamination psychologique s'étendit jusqu'à la troisième dimension. Depuis lors, les planètes atteintes sont en guerre perpétuelle et les tentatives de mettre en œuvre un gouvernement noir se succèdent sur leur sol.

Lorsque nous apprîmes qu'Urantia était contaminée, cela faisait en réalité déjà un bon moment que les Jardiniers de la Terre avaient éradiqué l'humanité existante souillée, puis réensemencé ce lieu avec de jeunes âmes. Devant autant d'interventions aboutissant toujours au même acte final, une information majeure partit des Jardiniers de la Terre pour remonter jusqu'à nous. Entre-temps, le lien entre les sept planètes relais fut atteint, ébréché, mais non transpercé. Nous n'avions plus le choix : nous devions, nous, les Forces primordiales créatrices, reprendre énergétiquement le destin du Maître Univers en cours.

Notre arrivée nous plongea dans l'état de guerre universel bien avancé dans la troisième dimension.

Nous aussi avions le choix : utiliser ou non des méthodes radicales. Finalement, nous les avons toutes écartées, convaincus que notre puissant rayon d'amour convertirait les esprits récalcitrants et les fatiguerait surtout de ces états d'être non épanouissants pour l'esprit.

Au moment où nous avons été informés, nous avons diligenté des êtres spécifiques vers les points stratégiques, leur demandant de s'incarner dans la densité. Ce fut une étape douloureuse de leur histoire, car ces êtres n'avaient jamais failli à la loi universelle. Nous comptions sur cet état pour réinstaurer la loi dans la troisième dimension. Nos espoirs d'alors donnent des résultats satisfaisants dans le contexte actuel. Nous avons ainsi des racines de lumière en place pour nous accueillir.

Cette sélection d'intervenants fut divisée en trois groupes :

Les premiers reçurent la mission de se sacrifier afin de répandre leur sang et leur lumière sur le sol d'Urantia. Ce sang sert de témoin et nous invite à une réponse visant à rééquilibrer la vie planétaire et à honorer leur don.

Le deuxième groupe reçut l'ordre de donner un enseignement en secret, de constituer une bulle de compréhension suffisante pour entamer une action récurrente.

Nous avons demandé au troisième groupe de se tenir prêt à notre appel, qui pouvait lui parvenir à tout moment. Cet appel, je l'ai d'abord émis en 1988, le réveillant ; la fois suivante, ce fut en 1999, et je l'ai émis une troisième fois le 8 août 2006.

Par trois fois, j'ai impulsé l'énergie nécessaire à l'ouverture des trois plans principaux : physique, émotionnel et spirituel. Le premier réveil favorisa l'émergence d'un questionnement et d'une belle vague de décisions. Il donna des racines de lumière encore fragiles. Le monde du questionnement, très actif, ne permit pas une forte implantation.

Le deuxième réveil mit en mouvement le sentiment. L'être incarné bougea davantage et les racines de lumière grossirent suffisamment pour permettre l'émergence de mon troisième appel.

Depuis ce dernier réveil [8 août 2006], j'attends de fortes prises de position suivies d'actions concrètes respectant tout être vivant, y compris la planète bleue. Naturellement, une nouvelle vague de remue-ménage suivra dans vos pensées, et naîtra alors un réel mouvement de progrès.

Ce faisant, les entreprises se plieront au choix écologique. Doucement, dans cette dernière impulsion, j'attends de vous voir vous écarter du pouvoir de l'argent et entrer dans l'aisance de l'échange. Les différentes formes de manipulation seront montrées du doigt ; ainsi, vous devriez commencer à semer le vrai germe de la fraternité. Depuis ce troisième réveil de conscience planétaire, j'attends également de vous voir respecter la vie sous toutes ses formes, qu'il s'agisse des végétaux, des minéraux, des animaux, des humains, de tous les êtres œuvrant au maintien des plans de Vie (elfes, sylphes, salamandres, gnomes, ondines, dévas, etc.). Il y aura une expansion de conscience au sujet de l'existence de la famille universelle.

Je vous demande de devenir plus constants dans votre quotidien, de comprendre que ce qui se passe va au-delà du cadre de l'évolution planétaire, de manifester plus ouvertement votre filiation divine, le respect de la Vie, et de les réclamer.

La constitution de groupes tels que Greenpeace devient une nécessité, car un seul ne suffit pas. Le fleurissement d'une multitude de groupes de conscience oblige la conscience collective à s'articuler autrement.

Le 11 novembre 2006, j'enverrai une énergie dans le but de vous amener à rechercher la présence de ceux qui respectent la vie et qui maintiennent l'harmonie des structures de la nature. Aussi, ne vous étonnez pas de voir vos frères et sœurs chercher la présence des véritables chamans et des cultures non occidentales. Cela incitera l'esprit européen à manifester sa sagesse dès le début de l'année 2007. La pression énergétique concourt au rétablissement entre les différentes couches spirituelles, mais je prévois une agitation mentale accrue avant un lâcher-prise mondial. Par conséquent, la lassitude se fera plus grande avant une mise en place de la fraternité.

– *Quels groupes seront les plus touchés durant cette période ? Les milieux militaires, politiques, médicaux, sociaux, ou d'autres ?*

La France sera en pleine tourmente intérieure... et 2006 tirera sa révérence en la positionnant dans les énergies tourbillonnantes. Elle est un enjeu territorial cosmique de grande importance.

Quel que soit le groupe officiel, politique, religieux ou autre, tous se sentiront menacés, et avec raison, puisque j'inonderai d'amour cette nation depuis son neuvième plan jusqu'au troisième. Alors, tous, habitants et visiteurs de la France, vous ressentirez une gêne croissante, un mal-être galopant jusqu'à la nausée énergétique : pas de répit en 2006, comme en 2007 !

Tous les organes de pensée et d'action de la France (militaires, scientifiques, industriels, politiques, enseignants, etc.) seront sollicités ; tout bougera en même temps dans un chaos apparent, puis l'effondrement des antivaleurs humaines s'amorcera.

L'euro remplit son rôle, mais pas celui qui était attendu ! L'écœurement arrive à son paroxysme et, en Europe, le rejet de cette monnaie va bon train. En 2007, il est même possible que certains réclament le retour de leur ancienne devise, tentative inutile. Il y aura des initiatives de la part de particuliers constituant des minigroupes et cherchant à survivre dans ce théâtre nauséabond. Nous verrons des familles acquérir ensemble des terres afin de s'en nourrir équitablement.

Le rejet de l'alimentation carnée s'accentue et le poisson perd peu à peu son prestige. Par conséquent, de nouvelles vagues alimentaires s'enregistrent. L'énergie de lumière commence à sustenter de plus en plus les corps physiques. Les hypermarchés donnent des signes d'essoufflement, car l'esprit humain se tourne vers l'humanisme, absent de ces lieux.

Mes enfants, si, en cette fin d'année, vous ne ressentez pas encore l'appel d'un retour aux sources d'énergie naturelle, 2007 vous y invitera fortement. À vous de savoir si vous voulez y retourner par une prise de conscience humaniste ou par la nécessité vitale. Soyez certains, qu'il y a une différence entre les deux. Votre choix sera enregistré et porté sur vos acquis ou vos faiblesses.

N'oubliez jamais que la balance cosmique agit en tout temps et en tous lieux. Dans votre Livre de Vie s'inscrit une page importante de votre histoire. Le choix devient signe d'évolution majeure en ces temps particuliers. Au passage des deux matrices d'énergie 2006-2007, adoptez une position forte et appliquez-la consciencieusement et sans détour au sein de votre quotidien. Car, en 2007, nous donnerons un coup de balai significatif dans le tourbillon d'énergie empêchant Urantia de revêtir sa parure nuptiale (pour le couronnement) ; en cela, vos énergies seront bousculées. Il est préférable d'appliquer rapidement des positionnements respectant la loi universelle.

Le début de la fin de la manipulation des forces obscures…

Ainsi, au cours du premier semestre de 2007, nous convoquerons le gouvernement noir et lui demanderons de signer la cessation de toute manipulation psychologique, comme nous inviterons le gouvernement mondial obscur d'Urantia à abdiquer.

Après ce rendez-vous, nous nettoierons leurs actes. Y aura-t-il résistance ? Peut-être. Préparez-vous à prendre fermement position en 2007.

La flotte intersidérale agira en conséquence ; les armées de l'archange Michaël seront à pied d'œuvre et les rouleaux de la Loi, ouverts.

En même temps, les Maîtres généticiens travailleront sur votre ADN et des énergies spéciales descendront le 12 décembre 2006. De manière à vous réancrer dans la loi cosmique, votre ADN doit correspondre à la qualité d'esprit à mettre en place. Avec vos deux spirales, il n'y a guère d'espoir d'envol pour l'esprit commun à cette humanité. Aussi, en 2007, nous reconnecterons trois brins supplémentaires, ce qui favorisera votre abstraction à l'influence de la troisième dimension. *Chaos énergétique* à prévoir par voie de résonance. Les informations relatives à cette expansion naturelle apporteront justement des ouvertures de conscience élargie. L'utopie technologique disparaîtra progressivement et l'affirmation des pénétrations des mondes parallèles s'affichera. D'un côté, les rebelles endurcis, de l'autre, les assoiffés de vérité et le retour des lois universelles. La balance cosmique de cette humanité penchera vers l'ouverture de conscience. Exactement ce que nous attendons.

L'année 2007 sera celle des changements profonds et radicaux dans le silence de l'être. Ainsi, mes enfants, ne vous attendez à aucun répit en ces années de transmigration de l'esprit lourd vers l'esprit universel. Dans nos énergies, nous transportons une corne d'abondance, mais elle est encore scellée, car les événements de 2006 et de 2007 doivent passer avant que l'on puisse songer à son ouverture. Pourtant, pour tous ceux et celles qui sont actifs au sein du Plan cosmique, il y aura un dégagement des pressions, une sorte de protection, de façon que puissent se mettre en place les bases d'une vie sociale correspondant aux valeurs élevées de l'être en voyage. Bases temporaires et temporelles, de manière à vous maintenir dans le mouvement engagé de l'évolution planétaire.

Les esprits sages d'Urantia travailleront à lancer une énergie de réconciliation, car votre humanité doit déjà planter ce germe pour nous accueillir tous, le moment venu.

Ainsi, vous serez bien sur tous les fronts en même temps. L'identité des groupes se dessinera vite en 2007 et chacun de vous pourra dire : *Je dénoue, je rejette, je tourne le dos, je fraternise, je respecte, je vois plus loin et je me réconcilie avec la Vie.* Où vous situez-vous individuellement dans chacune de ces actions ? Êtes-vous parfois un peu plus engagé dans l'une, sinon même beaucoup ? Il n'y a pas de tendance définie pour chacun. Vous serez un peu de tout cela et plus encore ! En règle générale, il y aura un certain marasme, puis de nouvelles fleurs d'esprit se dégageront de ce marécage et nous seront offertes comme tremplin à nos actions.

Pourrissement, régénération, innovation, voilà les mots que j'ai retenus pour le départ de 2006 et l'arrivée de 2007. Un beau programme d'évolution qui vous fera très certainement grincer des dents si vous perdez la vision de l'enjeu cosmique.

Voilà, nous revenons au regard-sentiment-pensée de cette humanité. Regard faible, sentiment débordant, tumultueux, emprisonnant l'être et son essence, pensée immature, vagabonde et insouciante. Aussi les travers de personnalité de la France deviendront-ils le tremplin du nettoyage de la vision collective planétaire, œuvre alchimique à maîtriser en ces années.

En cette fin d'année 2006, les énergies liées à tous les états de guerre ou de guérilla, nationale ou individuelle, souterraine ou ouverte, sont retournées vers la terre de façon à entrer dans le processus de transmutation et de digestion. Comme la France se retrouve dans la phase de changement du regard-sentiment-pensée, ces énergies lui reviennent en premier de manière à faire sortir une lumière nourrissant tous les germes de paix et de fraternité. Aussi, en cette fin d'année, l'exercice sera dur pour ses citoyens. Nous attendons de ce pays un fondement solide pour l'élévation générale. Le voici sous les feux célestes et terrestres ; l'accouchement est en cours, des contractions douloureuses se font sentir au moment où les bases d'une Europe nouvelle se dessinent et tentent un nivellement de l'expression. Sortir du vieux moule en cette période représente un défi.

L'année 2006 offre les clés d'une transformation profonde faisant suite au remaniement des années passées. Il est bon de suivre le fil conducteur de l'évolution de la matrice de l'esprit commun planétaire se déroulant d'année en année. Les remous ayant cours dans la personnalité permettent maintenant de chercher plus profondément un début de résolution. L'humanité entière se trouve sollicitée de manière à fournir l'énergie nécessaire à ce pays qui, lui, se doit de donner une nouvelle base d'envol à l'humanité. Aussi, surveillez-le bien, car il a des choses à vous dire. Le théâtre mondial lui fournit la substance grâce à laquelle il pourra affiner sa perception.

L'irrespect se dessinant dans de nombreux pays, la France se réveille au respect pour l'implanter sur son sol. Imaginez ! Un peuple se met à parler respect, fraternité, puis engendre des gestes et des actions de soutien efficaces.

Des îlots de lumière se créent, au grand dam des gouvernements. Îlots de lumière générant des ramifications sur tout le globe terrestre. Voilà la trame du remue-ménage qui s'effectue dans la matrice de l'esprit planétaire. En cette fin d'année, attendez-vous à des grincements comportementaux.

Respect, fraternité, ces deux mots reviennent comme un leitmotiv, et cela continuera en 2007 puisqu'ils y prendront racine. Forcément, nous serons sur la brèche, attentifs constamment, apportant notre aide et notre soutien. Ce sont ces germes que nous attendons depuis des milliers de vos années. Le peuple ne fuit plus, il décide. La liberté revient.

– *Selon l'œuvre qu'il vous reste à accomplir, que pouvons-nous faire et quels défis demeurent importants à réaliser ?*

Le premier défi est de nourrir et de soutenir l'émergence des premiers îlots de lumière naissant dans la troisième dimension. Nous guiderons des êtres pour créer de tels lieux où la fraternité et le respect seront en place. Sites tout à fait informels dans un premier temps, puis bien réels. Je dis « informels », car ces lieux naissent dans le cœur, l'esprit et l'âme de ces êtres. Ces derniers subiront une épreuve afin que nous puissions nous assurer de la solidité de leur partenariat. Puis, dès 2007, nous leur donnerons peu à peu les moyens de transposer ces lieux dans la matière. Cependant, les germes descendent et s'implantent en eux en 2006.

Année d'énergie infinie, énergie du cœur de la Vie, bénie, puisque le Sans-Nom accentue sa force et sa présence. Elle représente une matrice puissante, que nous nous devons d'accompagner afin que ces promesses deviennent des actes réels dans votre monde sortant déjà de la troisième dimension. Selon notre perspective, vous vous situez pratiquement à l'entrée de la quatrième dimension. Évidemment, ce frottement et l'ajustement intérieur occasionnent également des frictions dues au processus en cours pour ce passage.

Le deuxième défi de cette humanité consiste à devenir de plus en plus consciente de ces processus et de ne pas se laisser piéger par une vieille énergie. Nous attendons de vous voir réagir avec sagesse en cette fin d'année puisque nous parvenons au cœur du creuset de la transformation. Ainsi, l'année 2006 est magique et difficile en même temps. Mais, avant tout, elle offre la possibilité de voir enfin le bout du tunnel. Néanmoins, il faut passer au-dessus des obstacles ou les contourner savamment.

Mes enfants, vous ne comprenez pas encore tout à fait ce qui se joue, et pourtant ! Le jeu est d'ordre cosmique, planétaire, et non individuel.

Toutefois, individuellement, vous voici les acteurs principaux de la grande réforme planétaire. Vous désirez une amélioration personnelle, et cela reste juste. Pourtant, vous devez vous oublier afin que toute l'humanité reçoive cette amélioration et, par conséquent, vous aussi. *Dans l'oubli, vous vous trouverez, mais n'abdiquez pas votre pouvoir de décision. Bien au contraire, reprenez-le en main dès maintenant. C'est votre troisième défi.*

Ainsi, la France est porteuse de forces à développer. De là cesseront l'utilisation des énergies fossiles et l'emploi d'énergies dites substitutives, puis viendront de grands progrès dans la gestion planétaire. D'où les difficultés de la France, car il ne fait pas bon sortir d'un moule planétaire. Rappel à l'ordre, voire injonction à obéir à des lois limitatives. À prévoir : des pressions souterraines bancaires, religieuses et politiques.

Le monde scientifique parlera un peu plus fort et, dans le brouhaha multinational, des scandales se révéleront quant à l'avidité des groupes de pression. Dans ce théâtre en effervescence, la terre, les eaux (dont le cristal de neige), le feu seront de la partie afin de donner du poids aux bonnes décisions. La nature, grande maîtresse universelle, se réveille, ébranle l'Europe et la propulse dans l'instabilité. Surveillez le golfe méditerranéen : il parlera au monde entier. Il garde en profondeur des secrets qui vous sont désormais restitués, mais les fluctuations mentales actuelles ne nous permettent pas de dire avec précision si cela émergera totalement ou partiellement. Malgré tout, le bassin méditerranéen et son golfe sont à surveiller attentivement.

Dans l'activation de 2007 et de ces événements planétaires, nous appuierons la mise en place physique des lieux de Vie, oasis de lumière. Qu'est-ce que cela signifie ?

Mes enfants, l'insécurité grandit, votre pouvoir d'achat diminue et votre identité se perd dans un vouloir extérieur. Certains membres de cette humanité ne supporteront plus cette charge densifiant davantage leur existence. Tant bien que mal, ils rejetteront tout en bloc. De ce fait, il y aura un plus grand nombre de personnes sans-abri et cheminant vers on ne sait où. Sous cet aspect, certaines seront dirigées vers d'autres êtres chargés de structurer un site physique pour ces visiteurs venus de toutes les classes sociales. Les oasis de lumière seront implantées partout sur le globe pour offrir une respiration au mental, à l'esprit et au corps ; ce seront des lieux de partage fraternel où chacun fera don de ses capacités.

Nous vous transmettons la Charte de Vie de ces lieux, Oasis de lumière dans la transformation :

- *Je me reconnais comme être de lumière et je reconnais cette lumière en chacun.*
- *Je suis autonome, rempli de dons que j'offre à tous.*
- *Je suis reconnaissant de la fraternité et du respect reçu, et je les retourne.*
- *Je contribue à l'ancrage des lois universelles.*
- *J'œuvre au changement du regard-sentiment-pensée planétaire en observant mes fonctionnements personnels.*

Aussi, si vous vous sentez concernés par la création d'un tel lieu, cette charte de Vie devient la vôtre. Elle demeure fondamentale et accessible à tous. Plus tard, nous l'élaborerons un peu plus.

Voilà que dès 2007 les deux mondes se côtoieront : l'ancien, agonisant, et le nouveau, naissant. Dans ces lieux de Vie arriveront, à la fin de 2007, des énergies-informations en provenance des autres bibliothèques vivantes. Ces oasis de lumière seront reliées directement au cœur des Sages de ce système solaire et du centre de la Terre. Par cette jonction, ces lieux deviendront progressivement des vortex de lumière puissants où la base de la fraternité universelle sera bien installée. Alors, le savoir universel s'y déversera de manière à guider fermement le devenir de ces sas de lumière.

Rappelez-vous, chers enfants urantiens : il y a fort longtemps que vous avez travaillé à déposer ces germes d'idées dans la matrice éthérée de cette planète. Aujourd'hui, ils sont prêts à vivre, avec vous dedans. Ces lieux sont votre œuvre commune afin d'élever de nouveau Urantia dans les quatrième et cinquième dimensions de son état d'être.

Nous vous remettons ce bébé dès maintenant. Protégez-le tous ensemble depuis la simplicité de votre maison actuelle. Envoyez de la lumière et de l'amour en ces lieux, car vous serez peut-être bien aise d'aller y vivre à un moment donné.

N'oubliez pas : c'est la grande œuvre alchimique de 2007. Préparez-vous, à l'instar de la matrice de ces lieux. De toute façon, vous connaissez les énergies véhiculées vers eux puisque vous avez déjà vécu des répétitions sur des planètes mineures. Vous possédez donc dans vos cellules la mémoire appropriée à cette réalité. Tout naturellement, vous engendrerez les réactions adéquates. Afin d'être prêtes à répondre à tous vos besoins, les autres bibliothèques vivantes transfusent des connaissances liées aux oasis de lumière universelles.

Oui, il y a eu, dans l'histoire passée universelle, des phases similaires à celle qui se présente actuellement. Aussi, les êtres de lumière gardiens de la mémoire de la bibliothèque ont-ils sélectionné toutes les sources de lumière-information susceptibles de vous guider efficacement dans la création et la bonne gestion de tels lieux de ressourcement et de reconnaissance. Nous prévoyons les faire grandir au point de créer un couloir d'élévation entre deux mondes.

J'anticipe sur le futur ; la matrice de Vie de 2007 donne la substance à la mise en place de la trame éthérée et physique où vous pourrez tous voyager de la troisième dimension vers la quatrième. Certes, une période d'adaptation devient obligatoire pour vivre cela. Néanmoins, c'est une des sous-phases du Plan cosmique descendant sur Urantia Gaïa en vue de la réintégrer dans la haute vibration des étoiles.

Alors, oui, tous les scénarios se dérouleront simultanément en cette période de trouble. Vous qui venez de certaines des bibliothèques vivantes, souvenez-vous de ces étapes, éveillez vos codes d'information sommeillant au plus profond de vous. Les oasis de lumière deviendront les portes et les sas de pénétration des dimensions supérieures. Je ne crains pas d'actions contre ces lieux, car, au moment où ils seront tangibles et pleinement en œuvre, le chaos et l'effondrement de ce moule de société seront également manifestés.

Nous donnons la première impulsion maintenant et nous accueillerons la forme finale en 2013 ; c'est là le temps de gestation universelle requis pour les grandes œuvres.

Toutefois, nous réactivons votre organe de pensée et lui rappelons son contrat : *participer de près ou de loin à la mise en place des oasis de lumière.*

J'aimerais reprendre la trame de vie présente en fonctionnement. D'un côté, un moule de société agonisant, mais actif, détruisant toute forme de liberté d'expression et de création.

De l'autre côté, une petite cellule de Vie, active et appelant les Lois divines. Cette cellule se débat afin de recevoir un plus grand flux lumineux ; au bord de l'asphyxie, elle tient toutefois assez longtemps pour se faire remarquer des Sages.

Il nous a fallu l'accord de ces derniers avant d'intervenir. Vos efforts en vue de rééquilibrer les mouvements des forces déployées ont pu créer un vortex de pénétration dans les énergies lourdes. En vérité, nous vous avons testés dans cette nécessité de nous appeler.

Les piliers de lumière se devaient d'être solidement ancrés dans la volonté de rétablir l'harmonie cosmique sur cette planète. Sans cette volonté, nous ne pouvions faire descendre les racines des oasis de lumière.

Ainsi, mes enfants, vous êtes bénis, car nous ouvrons l'une des phases évolutives du Plan cosmique en ces années 8 et 9 (2006-2007), avec la forte présence du Sans-Nom. Au cœur de l'année 9, le collectif SORIA plongera ses propres racines de lumière dans le cinquième plan extra et intraterrestre de la vie d'Urantia. Nous n'y serons pas physiquement, mais nous agrandirons notre rayonnement et nous nous connecterons à cette dimension. Alors que cette année [2006] donne le visage des tourments, des réalisations, des espoirs et des appels, les membres du collectif, dans le silence de leur être, se préparent à élever vos propres lumières. Radiance devenant le témoin de votre possible élévation.

Les esprits de la nature et l'importance de s'y connecter...

Chers amis, si nous voulons qu'une jonction efficace soit possible entre vous et la sixième dimension, c'est à nous, êtres de lumière, de faire le nécessaire. Réjouissez-vous, car cela est en pleine préparation. Cet apport énergétique suscite également un étirement de la bulle de compression posée sur les mondes de vos petits amis de la Nature responsables des structures de Vie. Sans eux, pas de vie pour soutenir la vôtre. Vous êtes interdépendants les uns des autres, travaillant en commun pour la Vie cosmique.

Laissez-moi ouvrir cette page. Voyez-vous, ces êtres respirent votre air, car ils vivent dans un monde parallèle au vôtre... et pour le vôtre. Les fréquences sonores dissonantes créent des interférences les privant graduellement de leur pouvoir d'action. Aussi ce modeste monde ressent-il petit à petit les douleurs de l'enfantement, une sorte de dessèchement prématuré de la lumière et de son action. Un brouillard d'ondes parasitiques s'élève entre eux et vous ; sachez que cela est voulu par votre gouvernement obscur, qui souhaite accentuer cette scission entre vos mondes respectifs en 2006, mais aussi dans les années à venir.

Mais là aussi, à force de vous demander de reprendre goût au rêve, au désir d'expansion, nous réussissons à éviter le pire. Malgré tout, pour ces deux années 2006 et 2007, je vous invite comme jamais auparavant à : *rêver fort, espérer le meilleur pour tous et recommencer à communiquer avec les peuples de la Nature*. Plus vous oserez cette initiative, plus nous pourrons, de l'autre côté, nettoyer leur zone d'évolution. Il faut savoir que vous avez contribué à la pollution de leur monde en abandonnant vos rêves et en épousant une vision très limitative imposée par quelques-uns. Ces derniers vous l'ont présentée comme une panacée extraordinaire à n'importe quel problème.

Aujourd'hui, forcément, vous vous retrouvez dans la nécessité d'inverser ce processus actif afin de nettoyer cette matrice de Vie, les libérant ainsi de l'emprise humaine ; la fraternité s'installera également par cet acte.

Les expériences de nature scientifique et militaire servent inconsciemment les projets du gouvernement obscur. Savez-vous que, dans les plans de survie, rien n'est réellement prévu (ou si peu) pour protéger votre humanité en cas de catastrophe majeure, mais que beaucoup d'actions sont programmées afin de sauver l'élite ? Par conséquent, mes enfants, vous ne pouvez compter que sur vous-mêmes. *Il vaut mieux prévenir que guérir*... Sage dicton !

Sachez que la guérison planétaire viendra grâce à une communication respectueuse entre vous et les peuples de la Nature. En privilégiant un contact conscient avec eux, vous reconnecterez une source profonde de création. Les énergies sont propices à cela en ce moment. Saviez-vous qu'une fois par mois les dévas de la Nature, incluant le règne animal, communiquent avec nous afin de nous brosser un tableau des fluctuations d'énergie, des difficultés rencontrées ou des ouvertures produites par la fraternité humaine ? Le Plan cosmique possède plusieurs volets ; si nous sommes attentifs à vos besoins, nous le sommes tout autant pour vos frères et sœurs des autres règnes.

Sachez également que les oasis de lumière évoquées plus haut nécessitent leur aide, mais que vous devez les aider en premier. Les dévas et leurs enfants (car les peuples de la Nature sont leurs enfants) reçoivent les bases de Vie à mettre en place en 2007 pour les oasis. Comme vous pouvez le constater, votre élévation dépend de leur présence. Mes enfants, cette année, je souhaite vous voir agir profondément en résonance avec eux. Comme vous ne les voyez ni ne les entendez et que vous ignorez leurs visages, existent-ils donc vraiment pour vous ? Le moment est venu de reprendre en main vos rêves d'enfants, de vous comporter tels des enfants heureux de vivre, et de créer enfin des ponts de lumière entre toutes les couches de Vie.

De toute façon, voici l'heure du grand retour des fées, des lutins et de tous leurs amis de la Nature. Nous travaillons à percer le voile de l'opacité posé sur la connaissance. Je ne peux vous donner d'ordre ; pourtant, je vous en transmets tout de même un en cette période :

OSEZ ET OBSERVEZ les résultats !

Votre existence actuelle vous satisfait-elle pleinement ? Non… Alors, laissez la magie naturelle reprendre vie en vous.

Si la magie noire a pu prendre autant d'ampleur, c'est à cause de votre oubli de la magie céleste. Il fut un temps où le partage fraternel existait bien entre tous. La manipulation psychique fait partie de la magie noire. Ainsi, je vous le révèle : vous évoluez également dans une matrice de magie noire à l'échelle planétaire. Vous n'avez rien à craindre, vous ne risquez plus rien, puisque vous êtes dedans !

En cette période 2006-2007, le moment est venu de glisser des bulles de rêve emplies de sentiments fraternels, d'amour respectueux, de souhaits de communication entre tous et d'échanges équitables. De monsieur et madame Tout-le-monde, vous deviendrez des magiciens blancs.

Avez-vous pensé que les peuples de la Nature représentent les gardiens de la mémoire de la bibliothèque vivante ? Bien sûr, ils portent en eux leur propre savoir et la magie de leur action. Toutefois, ces êtres merveilleux détiennent aussi une grande part de la connaissance des Livres sacrés de cette bibliothèque planétaire.

Ne cherchez pas tant les événements à l'extérieur de vous : ils naîtront de l'intérieur, expulsant les énergies en cours de transmutation.

Certains d'entre vous ont pu s'apercevoir que les couples en service sont passés au travers d'un feu de manipulation gigantesque. D'ici, nous les avons épaulés et avons dirigé leurs accompagnateurs vers eux, de manière à minimiser l'impact de cette manipulation.

Dans les temps anciens, des êtres vivant seuls furent choisis pour porter une nouvelle toile énergétique, et seulement quelques couples y étaient intégrés. Notre présent choix se porte sur la présence de couples au sein de la toile de lumière. En effet, nous organisons ce réseau lumineux de sorte qu'il équilibre les polarités féminine et masculine. Lors de cette récente manipulation, certains couples se sont séparés ou sont entrés en crise.

La crise est un signe de croissance ; il en ressort déjà une progression de la conscience de couple et cela rejaillit sur le concept de couple à l'échelle planétaire. Bienfait assuré. Nous regrettons toutefois la séparation de ceux qui se sont fait submerger par cette vague destructrice et intentionnellement programmée à cette fin par le gouvernement obscur. Nous incluons dans le concept de couple les travailleurs en duo masculin/féminin. Imaginez un peu : *plus des couples se séparent et plus l'avènement du plan retarde ou doit se modifier suffisamment pour avoir encore une marge d'action et demeurer implanté au cœur de votre lumière.*

Cette vague est venue visiter ces couples deux fois. La première fois, on chercha à déstabiliser leur assise ; la deuxième fois, on acheva le travail. Pourtant, cette épreuve nous permet de faire maintenant descendre la toile de lumière plus près de votre cœur. Doucement, elle pénétrera la vie liée à cet organe. Ne vous étonnez donc pas de sentir des fluctuations d'énergie, d'intention et, en même temps, une force nouvelle.

Mes enfants, encore une fois, vous ne percevez pas l'enjeu majeur actuel ! Vous ÊTES cet enjeu majeur, car vous représentez les racines de la toile de lumière.

Nous prévoyons qu'il y aura encore des atteintes mineures jusqu'à la fin de 2007, moment où nous aurons effectué la jonction finale de la toile de lumière liée aux lieux de Vie. Nous vous recommandons de parler de vos expériences afin de bien comprendre et contourner les intentions du gouvernement obscur.

En terminant...

Pour dresser un bilan des moments importants de 2006-2007, disons tout d'abord que nous ferons descendre les racines de lumière des lieux de Vie et qu'elles seront opérationnelles à la fin de 2007. En même temps, les premières installations physiques deviendront effectives. Du fait de ce grand événement, vous subirez d'ici là des vagues de déstabilisation, c'est-à-dire une intoxication électromagnétique visant à fermer vos capteurs de réception. Très certainement, durant cette même période, le gouvernement obscur tentera une dernière pollution du corps physique et vous verrez les infections se développer, entraînant ainsi des campagnes de vaccination.

Nous tenons également à vous mettre en garde : le gadget que vous appelez « puce électronique » vous sera de nouveau présenté. Demeurez bien centrés sur votre volonté de rester libres de vous-mêmes. Les médias deviendront les cibles favorites de ce gouvernement, car des informations perceront qui iront à l'encontre du progrès d'uniformisation du moule social.

Le peuple animal tentera encore une fois de résorber les énergies malsaines et sera frappé par des épidémies.

En cette riche période, les initiatives personnelles alignées sur l'expansion des lois universelles trouveront un terrain favorable. Une sorte de raz-de-marée intellectuel fleurira et leur donnera du crédit. Curieusement, le mal-être apparent fournira de nouveaux points de repère !

Les frères des étoiles transmettront encore beaucoup d'informations. Le Maître Jésus et Isis se rapprocheront de vous et de votre intimité. La proximité de toutes ces hautes couches de conscience ainsi que l'activation du travail du Maître Créateur, Père/Mère des Cristaux, feront en sorte que ces derniers émettront des rayons de lumière sortant du sol d'Urantia Gaïa. *Certains d'entre vous en seront les témoins physiques.*

Nous vous disons également qu'une élévation du taux de radiation atomique de la Terre alertera les pouvoirs en place. On décrétera même l'évacuation de populations dans certains périmètres, en recourant parfois à des propos fallacieux pour cacher la vérité.

Des sujets « ultrasecrets » parviendront à vos oreilles. Les troubles sociaux augmenteront, ainsi que le nombre des manifestations, et des émeutes éclateront.

L'enjeu se situe au-delà des apparences. Ne perdez jamais de vue que vous êtes gardés en otages par un groupuscule d'êtres sans scrupules. Agissez dès maintenant en frères et sœurs universels venus installer les lois universelles. Seul le changement radical de votre positionnement amènera le plan à sa manifestation entière en un temps relativement court. En vérité, votre intention de Vie se situe encore trop dans la survie. Certes, cette attitude est réelle, mais tant que vous lui donnerez du poids, vous ne pourrez vous glisser dans ce qui vient vers vous.

En cette fin d'année 2006, revisitez votre vision de vous-mêmes ; l'énergie de cette année reste idéale pour le faire et elle vous permettra d'entrer dans l'énergie de l'action réservée à 2007. Oui, les instants du quotidien demeurent encore lourds et difficiles à manier. Ne vous attardez pas à cela ; construisez pas à pas votre réseau de lumière qui, lui, influencera votre entourage. Ou bien vous resterez coincés dans la petitesse des désirs, faisant ainsi le jeu du gouvernement obscur, ou bien vous élargirez votre vision jusqu'à la vie universelle, contribuant alors à diffuser la lumière qui nourrira votre entourage.

Dans ce jeu planétaire, votre enjeu personnel consiste à ouvrir largement vos capteurs solaires en vue de recevoir amplement le flux nécessaire pour étirer vos racines personnelles dans le ciel et la terre, et permettre ainsi à votre être de devenir plus vertical et horizontal. Cet état d'être s'installe tout seul ; cependant, votre intention doit se polariser sur les bons choix. L'ouverture des capteurs solaires s'effectue par la décision de ne plus réagir par rapport à une vie limitée dans la densité et d'intégrer volontairement le corps de la Fraternité blanche céleste, c'est-à-dire de vous connecter au rêve universel et de rêver votre vie en son sein. Devenez les acteurs des rêves planétaires.

Vous pouvez continuer à désirer une existence quotidienne répondant au moule de société qui fait que vous vous réveillez chaque matin en répondant au modèle qui consiste à « travailler, encore et toujours, sans jamais rien demander ». Toutefois, je vous invite à enlever les muselières posées sur vos pouvoirs véritables. Faut-il vous épuiser dans un court laps de temps, puis mourir jeune, pour atteindre le paradis ? En cette année 2006, nous vous amenons à regarder cette réalité plus en profondeur.

Le plan universel est constitué de liberté, de respect, d'amour et de service. Dès la quatrième dimension, le service représente un tiers de votre temps. Il passe à un quart dans la cinquième dimension, puis à un sixième dans la suivante. Dès la septième, la notion de service disparaît, car aider les autres devient naturel et une source de joie totale.

Forcément, la sphère du travail, en votre monde, appelle une refonte totale. L'objectif de 2007 vise justement à vous rendre une souplesse d'action quotidienne. Il est évident que vous ne pouvez, après une journée de travail éreintante, songer à vos autres besoins. Aussi, pour cet objectif, nous allons utiliser les matrices de mouvement en place. Le chômage ira grandissant. Les prélèvements fiscaux déclencheront de vives réactions. Nous attendons des prises de position fortes et, pourquoi pas, un refus mondial d'accepter cette extorsion de fonds, car il s'agit bien de cela. Comme on désire vous étouffer et vous plonger davantage dans l'état de survie, il ne faut surtout pas vous laisser une certaine aisance financière, réservée à une élite.

Servez-vous de la matrice 2006-2007 favorable à votre libération. Nous vous avons suffisamment entendus râler… Nous attendons maintenant des réactions salutaires pour la planète.

Comme vous le voyez, vous serez bien servis sur tous les fronts. Et nous demandons aux cristaux d'Urantia d'amplifier les structures de toutes sortes afin que vous ayez un retour immédiat de la qualité de vos pensées. Plongez, plongez dans la matrice 2006-2007. Vous y puiserez des stimuli intéressants, forts, et, au bout, la liberté. Et pas n'importe laquelle ! Un rétablissement honnête de la possibilité de vivre dans la fraternité. Faites donc attention… Nous vous donnons toutes les énergies nécessaires pour cela, mais vous devez éviter de tomber dans les derniers pièges de l'ego, qui a encore la possibilité de vous faire croire que vous avez raison en tout.

Plus que jamais, nous vous invitons à pénétrer le rêve universel réservé à Urantia Gaïa. Le soir, en vous endormant, demandez de devenir le rêve universel d'Urantia. Poursuivez vos efforts jusqu'à la fin de 2007. Nous vous conseillons aussi de garder à proximité de votre lit un crayon et du papier. Notez tout, surtout si vous vous éveillez au milieu de la nuit. En outre, efforcez-vous de diffuser autour de vous l'harmonie et le respect. Ce tremplin mis en place en vous, vous serez heureux de vous en servir à la sortie de cette matrice. Votre objectif personnel demeure multiple, comme votre action planétaire.

Dans cette même matrice, nous souhaitons également vous voir passer des « fêtes » commerciales aux Fêtes de la Nature. Je ne peux terminer ce chapitre sans aborder ce point. Vos fêtes sont devenues mécaniques. En effet, au moment des fêtes commerciales (comme Noël, qui ne correspond à rien dans le calendrier cosmique, sinon à une erreur monumentale), nous enregistrons de plus en plus de souffrance. Les fêtes dites des Mères, des Pères, des Grands-mères et bientôt des Grands-pères flattent votre ego et ouvrent votre porte-monnaie. Dans ces moments-là, vous ne vous chargez d'aucune énergie vitale, mais vous grossissez les réservoirs allant à l'encontre de votre éveil.

Les Fêtes de la Nature sont des rendez-vous importants où des alignements cosmiques ont lieu et, dans ces instants, vous pouvez recevoir un quota d'énergie nécessaire à la vitalité du corps physique et des corps subtils. Par cela, la paix de l'être revient plus rapidement et ses rendez-vous universels remplissent leur rôle.

Aujourd'hui, nous vous présentons le calendrier de ces fêtes pour que vous puissiez en profiter au maximum. À vous de glisser en conscience dans ces moments propices :

- *Fête de la fécondité* (15 février) : Avec la fête de la fécondité, vous êtes invités à participer à la danse des énergies qui descendent vers la Terre. Tous les esprits de la nature et les animaux les accueillent, les ancrent dans les veines souterraines de cette planète. Nous désirons vous voir reprendre une part active dans ce partenariat céleste.
- *Fête du printemps* (21 mars) : L'équinoxe du printemps.
- *Fête des esprits de la nature* (le dernier dimanche de mars) : Il s'agit de leur donner de la lumière et de l'énergie pour la saison à venir.
- *Fête de l'été* (21 juin) : Le solstice d'été.
- *Fête des lumières* (24 juin) : Se mettre à l'unisson avec les fraternités d'en haut et d'en bas et célébrer.
- *Fête de l'automne* (21 septembre) : L'équinoxe de l'automne.
- *Fête des esprits de la nature* (le dernier dimanche d'octobre) : Honorer et remercier les esprits de la nature du partenariat accompli.
- *Fête de l'hiver* (21 décembre) : Le solstice d'hiver.
- *Passage de l'année* (31 décembre et 1er janvier) : À ce passage, vous avez rendez-vous avec vos accompagnateurs (guides et anges) afin de faire le point sur la dernière année vous ayant offert un terrain à l'envol.

En vérité, dans cette matrice et en ces temps de rendez-vous, vous revisiterez une multitude de petites actions du quotidien vous éloignant radicalement de votre identité divine et de sa source. Oui, vous sommeillez, même que vous dormez, hypnotisés par des sollicitations nombreuses et voulues. Croyez-vous que le gouvernement mondial n'a pas établi un plan ? Nous le connaissons bien désormais, ce mouvement anesthésiant l'esprit et l'âme.

Jusqu'à présent, nous n'avons pu vous rejoindre directement. Il a fallu utiliser des stratagèmes de manière à ne pas lui apporter d'énergie supplémentaire, mais ce n'est plus nécessaire, car *nous entrons maintenant dans la phase finale de l'anéantissement de la servilité humaine.*

Si vous regardez en arrière, vous remarquerez à quel point nous avons été discrets et vous avons instruits progressivement. Tournez cette fois votre regard vers le temps présent et voyez comment nos enseignements dévoilent directement le cœur de vos problèmes. Vous avez négligé bien des aspects de la Vie, fortifiant ce gouvernement obscur dans sa volonté de vous plonger et vous garder en état de survie. Sauf que l'année 2006 est née ! Votre changement d'ADN aussi et, dès lors, la réouverture de vos sceaux intérieurs redevient possible.

Réveillez un peu plus vos sens dans cette matrice extraordinaire. Il ne vous est plus permis de croire que cela arrivera plus tard, à une autre personne. Vous êtes tous concernés par la transmutation physiologique en cours. Elle s'arrêtera au moment où le douzième brin d'ADN sera reconnecté et prêt à vous servir.

Il est temps de dire au revoir à l'être non dévoilé que vous êtes actuellement. Vous ignorez qui vous allez retrouver ; vous, bien sûr, mais qui exactement ? Je vous demande de rester indulgents et fermes envers vous-mêmes. Votre être profond se prépare à un séisme de grande amplitude ; oui, vous l'attendez à l'extérieur, mais il viendra de l'intérieur. Dans ce creuset 2006-2007, tout commence de l'intérieur, débordant vers l'extérieur. Préparez-vous et ne vous découragez pas un seul instant.

Frères et sœurs urantiens, frères et sœurs des étoiles, vous avez réussi à ébranler le plan obscur et son emprise sur la Terre. Les énergies des hautes sphères vous soutiennent afin que vous puissiez aller plus loin. Vous êtes incarnés et votre verbe, vos actions sont les ferments du changement. Nous ne pouvons agir directement ; nous devons passer par votre entremise.

Le lien avec la fraternité céleste devient plus fort dans cette matrice de temps 2006-2007. Vous renforcerez également votre liaison avec la fraternité intraterrestre qui continuera d'œuvrer dans les profondeurs de l'être ; toutefois, il ne faut quand même pas vous attendre à ce qu'elle frappe à votre porte ! Ce n'est pas tout à fait l'heure, mais bien plutôt celle de reconnaître votre état fraternel terrestre afin de former un groupe uni dans l'action divine. L'énergie du lien périphérique de ce Maître Univers vous donnera de la vitalité dès la fin de 2007. Nous vous invitons à méditer sur ce lien, à le ressentir dès la fin de cette période. Nous tenterons de glisser quelques visions sur sa vie et sur son fonctionnement. L'année 2007 tirera sa révérence en favorisant la jonction d'une multitude de plans de réalité.

Nous vous propulsons déjà dans les consciences circulant dans les cinquième, sixième et septième dimensions. Il en est ainsi ; voilà la raison pour laquelle nous abordons divers sujets de connaissance.

Dans la septième dimension, l'esprit s'épure des dernières lourdeurs présentes dans les sept premiers plans de l'être. Il se prépare à un examen de passage lui ouvrant les portes de la huitième. Pour cela, il révise la notion du ressenti de la profonde joie du service, les notions élémentaires de la science des corps. Il complète son choix de servir la Vie. Il s'assure d'avoir assimilé tous les visages des douze premières bandes de couleur de l'arc-en-ciel, renforce ses liens terre/ciel et vérifie la pureté des dons qu'il a acquis, telle la perfection de son caractère. Oui, son programme est chargé ! Le vôtre aussi, mes enfants, car vous devez maintenant quitter la troisième dimension rapidement, sans vous attarder dans la quatrième.

Il est complexe pour nous de retenir des sujets d'information pour les matrices de temps à venir. Forcément, celle qui est liée à 2006-2007 devient un enjeu supplémentaire, celui de *déverrouiller vos systèmes de perception et de navigation.* Dans ce système solaire, vous êtes les derniers à ne pas expérimenter le voyage astral, la télépathie et la psychométrie, bases primaires de l'être universel. En ces temps où vous rencontrez vos errances passées, le manque de ces dons devient un obstacle.

Je vous signale ceci : vous avez fermé vos capteurs et renoncé à vos pouvoirs, vous propulsant dans un état de dépendance et de servilité. Or, voici que nous rouvrons des voies de communication célestes. Comment faire pour les retrouver ?

- *Ne vous culpabilisez pas.*
- *Utilisez la matrice de l'année présente en méditant souvent.*
- *Renouez le lien avec vos guides et vos anges accompagnateurs ; n'attendez pas une réponse, amorcez une relation affirmée dans ce partenariat.*
- *Réinvestissez votre identité divine. Vous ne savez pas comment elle se présente, mais c'est là un faux problème. Vous êtes tous frères et sœurs universels.*
- *Décidez dès maintenant où se situe votre moteur de service et affirmez votre volonté d'y entrer.*
- *Fortifiez votre volonté en effectuant des choix précis sans vous en écarter.*
- *Polissez votre caractère en privilégiant les attitudes emplies de respect et d'amour. L'amour n'attend rien ; il ne possède pas, il donne !*
- *Inspirez la lumière consciemment tous les matins, au moins durant quinze minutes.*
- *Allégez votre nourriture en préférant ce qui est le plus possible exempt de produits chimiques.*
- *Épurez votre façon de vivre.*
- *Identifiez tout ce qui dessert votre identité divine.*
- *N'hésitez pas à entrer dans l'état de fraternité.*

Il n'y a pas de temps à perdre pour vous mettre à l'ouvrage. Nous pénétrons les années capitales d'Urantia Gaïa et vous pouvez prendre votre place. La voulez-vous ? Oui ! Alors, pénétrez ces douze points et appliquez-les.

Conclusion…

Le changement s'effectuera doucement, mais certainement. Comme vous venez des étoiles, vous connaissez déjà ces attitudes. Certains d'entre vous viennent même des bibliothèques vivantes et des satellites des Soleils majeurs des constellations voisines de la vôtre. Il n'y a rien d'impossible ; il suffit d'émettre une action remettant en fonction le moteur de l'attitude universelle. De toute façon, au cœur de la transmutation planétaire, vous n'avez guère de choix, sauf celui de retarder ou non le retour de cet état universel conscient.

Tout cela parce que vous avez appelé les Lois cosmiques sur cette Terre et que nous avons répondu par notre présence. Ainsi, le rêve planétaire de vos parents commence à devenir réalité. Encore une fois, l'implantation d'une manière de vivre correspond à la qualité d'émission de vos rêves éveillés, de jour comme de nuit. Lorsque, une fois réunis, vous dites chacun : « J'aimerais bien… », déjà vous rêvez, mes enfants, vous rêvez ! Vous voyez, ce n'est pas difficile.

Saviez-vous qu'un des rêves de cette humanité est l'élimination de l'argent et de ses modes de fonctionnement erronés ? Un autre est la disparition des frontières, pour rétablir la capacité de se déplacer librement. Et un autre encore vise à simplement pouvoir vivre autrement.

Nous basons notre travail sur la qualité de ces rêves. D'ailleurs, le dernier en date, renforcé au point de devenir le premier, correspond à la disparition du gouvernement obscur. Continuez ainsi ; nous avons besoin de cela en ce moment pour préparer nos réponses et nos actions. Pas de grand rêve signifie : *pas de trame d'évolution intéressante.* Notre déplacement correspond à un rêve, à un appel.

Alors osez, allez encore plus loin et n'oubliez pas d'intégrer les contrats avec le monde féerique. Ses portes s'entrouvrent afin qu'il verse sur votre monde une vague d'énergie magique. Vous avez à votre disposition une matrice de temps exceptionnelle ; à vous de vous en servir pour transformer ce vieux monde agonisant, correspondant au rêve nauséabond d'un groupe connaissant bien le mode de fonctionnement des mondes du rêve. Vos difficultés viennent du fait que vous avez donné du crédit à ces types de rêve.

Par cette attitude, vous faites la joie du gouvernement obscur, et cette façon d'être vous en rend membres sympathisants et acteurs ponctuels. Alors, ne lui jetez plus la pierre, car celle-ci risque fort de vous revenir. Entrez de plain-pied dans l'énergie de transformation majeure de ces années. Devenez la lumière radiante, radieuse, annonçant l'avènement de l'esprit fraternel universel s'incarnant sur Urantia Gaïa.

De notre côté, nous retiendrons seulement la qualité de votre expression, de votre lumière, la teneur de votre engagement, la relation active entre les mondes. Nous établirons un bilan de vos efforts, puis, enfin, nous regarderons ce qui reste à mettre en place. Certains germes d'intention auront avorté tandis que d'autres, inattendus, se présenteront. Je vous invite donc à faire la même chose. Tout d'abord, établissez un tableau des intentions et des actions à mettre en place, puis faites-en la synthèse à la fin de l'année 2007.

Serez-vous fiers de vos efforts, ou non ? Cela vous regarde ; n'attendez pas encore un karma supplémentaire ! Soyez objectifs, consciencieux et joyeux. Ah oui ! vous pensez ne pas avoir le droit de vous amuser un peu. Au contraire, lorsque les énergies *vous prennent trop la tête*, regardez un film amusant, promenez-vous, invitez des amis à partager un bon repas et riez. Le rire demeure le meilleur des remèdes cosmiques et, malgré tout le sérieux de notre œuvre en cours, nous aussi y avons recours pour désamorcer les tensions parmi nos équipes de travail.

Mes enfants, j'aime partager ma connaissance avec vous. Cette matrice est pleine d'un objectif universel et votre quotidien se teintera au fur et à mesure de vos besoins. Vous êtes nos partenaires incarnés. Laissez-moi vous dire encore ceci avant de me retirer : afin que cette transformation majeure aboutisse, une majorité de cette humanité a reçu l'invitation de sommeiller encore un peu pour vous permettre de chercher la loi universelle au tréfonds de votre être. Quand celle-ci s'implantera avec fermeté, l'humanité se réveillera en masse, avec des nuances dans le potentiel de réalisation.

Ne critiquez personne en ces temps, car nul n'échappe au service planétaire. Seul le visage de ce dernier change. Par la lourdeur de l'esprit, vous voici forcés à rêver grand, à redevenir utopistes et à engendrer ainsi les racines nécessaires au Plan divin. Le sommeil de vos frères et sœurs constitue un contrepoids favorisant l'envol de votre esprit. Il faut bien un contrepoids pour que l'on puisse crever les nuages de l'esprit terrestre et atteindre la clarté des cieux.

Mes enfants, mes enfants, ne râlez plus ; *agissez*. Dans ce vis-à-vis, vous trouverez la porte menant au cœur de votre être et de l'identité divine. Les astres se positionnent dans le but de vous envoyer la matrice correspondant aux besoins de la transformation. Ne laissez pas passer la matrice 2006-2007 sans vous entreprendre avec sérieux, car bientôt les astres ne parleront plus. Ils auront fini leur infusion et vous serez amenés à traverser les derniers marécages. C'est donc en ce moment que vous devez remplir votre valise des bonnes valeurs, des bonnes intentions et des bons actes. En effet, l'année 2007 passée, les influx changeront radicalement pour une autre possibilité.

Aussi, je vous le dis, ce livre arrive au bon moment, VOTRE moment ! Ne vous égarez plus. Votre lanterne intérieure doit s'allumer pour encourager tous vos frères et sœurs.

Bon voyage intérieur dans cette matrice 2006-2007 exceptionnelle !

SORIA

Activation du Maître Cristal de notre Super-Univers dans le champ de la transformation d'Urantia Gaïa en 2006

La vie étant une aventure en elle-même, que dire des phases qui nous apparaissent hors du commun ? Mais je ne sais finalement où se trouve le début et s'il y a une fin. Invité à poser ici quelques mots, je ne peux que voir et ressentir ce fil conducteur qui a sous-tendu mon itinéraire jusqu'à maintenant.

Enfant, nous habitions une vielle maison au bout d'une cité ouvrière à la lisière d'une grande forêt. Et mes sens furent aussitôt captivés par le monde de la nature. Mon père m'initia sans difficulté au jardinage comme aux cueillettes forestières avec les balades silencieuses et mon regard s'approfondit de découvrir la Vie derrière la vie.

L'adolescence arriva avec les premières visions et certains phénomènes dits *paranormaux*. Avec le choix d'une orientation agricole d'abord, je me forgeai jardinier ; l'existence active sembla m'éloigner de mon *sixième sens*, car je ne développai rien jusqu'à la trentaine. Une crise parmi d'autres où je décidai d'induire des changements dans ma manière d'être. Je reconsidérai mes acquis et mes handicaps, me rapprochai de la guidance céleste consciemment et en acceptai le réapprentissage. La quarantaine offrit sa période propice au franchissement d'un autre palier et je m'engageai à vivre mon retour dans le partenariat universel. On ignore souvent dans ces décisions qu'il faudra faire du vide dans ses bagages... Pourtant, mon intention se plaçait malgré l'instabilité due à la lente transformation.

Mon intuition me servait toujours de guide et quand Régine pénétra son contrat sacré (ou son sacré contrat !) je ne fus pas étonné et lui offrit mon soutien. Toutefois, lorsque les guides m'annoncèrent par son entremise que j'allais suivre de près, je fus moins assuré ! Je ne pouvais nier les échanges télépathiques avec certains esprits des mondes végétal et animal, mais ça restait entre nous ! On m'annonçait maintenant le rapport avec le Grand Déva de la Nature, soit le Père des esprits de la nature dans notre partie d'univers. Je me réjouissais, avec juste un zeste d'anxiété.

Je pris donc mon temps, comme toujours, et laissai venir. Jusqu'à ce jour de mai où le tonnerre gronda sans qu'il y ait une goutte de pluie et je fus littéralement collé au fauteuil pour recueillir les premiers mots de salutations de celui qui se présente comme *notre Maître Cristal*.

Depuis, je m'observe dans cette approche et j'imagine qu'il fait de même. Il me surprend (et j'aime bien ça), parfois d'une extrême douceur, parfois très ferme ; j'ai vite compris que nous étions tous ici dans une forge cosmique !

Les Pères et les Mères Créatrices se tournent vers notre secteur, on attend la naissance de notre Terre sur un autre plan de conscience. Pour nous, clairvoyants, les perceptions sont multiples ; la guidance des anges et des guides personnels se renforce. Au début, la timidité joue beaucoup puis, comme de véritables amis, tous les représentants de la famille céleste nous mettent à l'aise tout en préservant notre propre responsabilité.

On apprend à reconnaître les énergies des membres de l'administration universelle et le dialogue s'installe surtout en soi, pas de démonstrations spectaculaires ni personne à convaincre. La Vie est un livre dont on tourne les pages en soi à son rythme. Aujourd'hui, les émanations de ces pages ont pris tellement d'envergure qu'il n'y a pas de mots pour en parler. Seule demeure l'envie de vous inviter à ce possible qui est en chacun.

En revenant à l'essentiel, en honorant le Vivant jour après jour. C'est une des racines de la Vie universelle, car il s'agit bien de cela : offrir des racines à la pensée divine. Bref, comme ils se plaisent à le dire, devenir Humains. Marier en soi l'Ombre et la Lumière, les énergies féminines et masculines, les mondes d'en haut et d'en bas, le mental et le cœur… Autant d'exercices du quotidien pour chacun ; soyons patients et indulgents ; l'enjeu est au-delà des apparences.

Dans les contractions de la transformation, nous sommes heureux de vous transmettre les pensées de nos partenaires. Nous participons ainsi, vous et nous, au retour de la connaissance selon les principes divins et à la remontée d'Urantia dans la Lumière de Vie.

Le Maître Cristal prépare une nouvelle toile cristalline terrestre afin de répondre aux développements futurs.

DIDIER WAGNER
Juin 2006

Le Maître Cristal

Ma présence en ces lieux revêt une importance capitale. Permettez-moi d'employer vos images afin de vous faire comprendre ma pensée et vous assister en ces instants planétaires, puisque je suis encore tributaire de vos filtres d'interprétation.

En ces temps de transformation majeure pour Urantia Gaïa, et en réponse à Celui Qui Est notre Père à tous, j'officie maintenant dans votre secteur, ce système solaire.

Ma vision est sa vision. Ma volonté est sa volonté. Mon amour est son amour.

Afin que cela soit manifeste sur votre plan, ma présence est indispensable au vu du potentiel de cette Terre bien-aimée et de cette humanité particulière. Elle l'est en raison des germes de réalisation inédits qu'elle porte, mais aussi du fait de son histoire mouvementée qui engendra des enseignements tout aussi puissants.

Notre rôle – et donc le mien – au sein de la fraternité universelle – consiste à assurer aujourd'hui votre retour aux Lois divines. Pour cela, nous devons vous rééduquer progressivement. Vous seuls avez accepté les concepts de séparation, de division et de limitation.

À votre appel, nous répondons par une émission de forces divines jamais enregistrées dans ce secteur.

Le déplacement d'un Maître Cristal dans une région sidérale indique une intervention puissante, directe et porteuse de changements radicaux. J'appartiens aux Forces créatrices du Maître Univers et j'adoube de ma présence radiante le contenu de votre Super-Univers d'appartenance. Ma position de Fils primordial, Père/Mère de l'énergie cristalline qui y circule, me confère une autorité sur tous les mouvements de Vie. Je n'agis que sur impulsion directe de Celui qui est Sans Nom, notre Père.

Ma venue vous parle déjà d'un avenir que vous aviez vu lointain ou utopique. Pourtant, dans les limbes de votre Terre, j'installe mes lumières, celles qu'elle peut recevoir dans son état actuel, qui révèle un déséquilibre et un affaiblissement dus à la mauvaise gestion des flux au sein de l'humanité résidant à sa surface. Me voici donc au chevet d'Urantia et, par conséquent, de votre groupe humain égaré dans une impasse mentale.

Ma volonté est simple : *installer Urantia Gaïa dans sa position de planète relais.* Qu'est-ce que cela signifie ? Sachez que cette sphère de Vie fut encodée lors de sa conception solaire pour s'inscrire dans le plan universel en tant que relais des Forces créatrices. Elle est un sas entre l'Univers créé et son expansion, un terrain d'accueil des Forces primordiales, dont je suis, et une clé dans la réalisation de ce Maître Univers. Ainsi les Forces de l'Origine y sont-elles intimement liées, d'où la définition et la force des grands êtres qui l'ont toujours accompagnée de près ou de loin.

Vous terminez ce que nous nommons « la nuit noire des planètes évolutives », période initiatique nécessaire au mûrissement des germes enfouis, afin qu'ils soient propulsés au grand jour dans l'accomplissement du plan, soit le couronnement d'Urantia. Cette étape sombre de la planète fut mouvementée ici en raison de votre large propension à vous nourrir de concepts erronés, c'est-à-dire en dehors de la vision divine. Je ne m'attarderai pas sur un passé révolu et bientôt classé dans les annales universelles.

Je réponds également à une invitation de votre part puisque vous décidez de réintégrer la loi cosmique et de retrouver l'aisance au sein de la famille. Pourtant, cela ne se fera pas de l'extérieur, mais bien de l'intérieur.

Vous ÊTES la loi universelle et la famille. Quel est donc ce mirage qui obstrue votre vue ? C'est l'illusion, maître de cérémonie à la surface de cette Terre. La transcender vous permet de retrouver la réalité. Comme un noyau d'êtres humains a décidé de le faire, la Réalité universelle va s'imposer peu à peu. Je dis *s'imposer*, car certaines résistances quantitatives sont encore à dissoudre. Pour cela, les quatre aspects des Forces primordiales sont plus profondément à l'œuvre en 2006. Entendez ici le Feu, la Terre, l'Air et l'Eau, lesquels Maîtres ont désormais l'autorisation d'intervenir directement sur le plan physique d'Urantia. Vos effluves et les poisons électromagnétiques nécessitent une intervention musclée. Vous ne nous offrez guère le choix ; votre politique de vie en fut une de guerres et d'affrontements, d'où les effets qui suivent les causes que vous sélectionnez. Nos invitations à la tempérance, à la sagesse et au respect sont encore trop négligées.

Vous faire bousculer un peu en 2006-2007 vous offrira l'occasion de reconsidérer votre existence et la Vie Mère. Maintenez donc vos efforts d'autonomie, de responsabilisation, ainsi que votre demande de douceur.

L'énergie cristalline est porteuse de Vie. Toute atteinte à cette énergie modifie jusqu'à un certain point les flux et les modèles vitaux. Une atteinte profonde et récurrente fait appel au processus universel de régulation. Ni le temps ni l'espace ne peuvent contenir la puissance de l'énergie de Vie ; ce sont ses matrices d'expression, et elle les moule selon son mouvement. La nécessité du Maître Univers est l'expansion. L'heure qui sonne à notre porte engage également tout le Cercle de Vie universel. Nos avertissements du passé visaient à vous inviter à vous préparer pour cette étape de croissance cosmique.

Ma réalité, désormais aux côtés de la vôtre, vise donc à coordonner, à superviser les processus de mutation en cours dans l'intimité du Vivant. Par mutation, nous entendons l'identité. Toute identité est portée par le cristal ; la vôtre est donc aussi d'essence cristalline. Toute forme de Vie possède une identité, soit une essence cristalline, puisée dans la Source première et transmise par les Maîtres Cristaux universels (un par Super-Univers) à toutes les étincelles de Vie. Le Cercle de Vie intègre toutes les familles de tous les règnes et toutes les dimensions. La Vie est donc SACRÉE par l'essence cristalline déposée en chacun. Il en va de même pour une planète ou un univers.

Le Respect n'est que le moyen de circuler aisément dans les flux cristallins du Corps universel de Dieu Père/Mère.

Cette réalité va se renouveler grâce à ma présence dès cette année. Tous les amoureux de la Vie, donc de cette Terre, se trouveront soutenus par cette radiance maintenant grandissante sur les plans d'Urantia.

Si mes lumières se déploient actuellement dans son huitième corps, mes racines sont descendues en son cœur depuis mon arrivée dans votre secteur en 2002.

Je n'expérimente aucune découverte ; je suis tel un diapason. Gardien de toutes les identités sacrées. La résonance magnétique, loi de communication dans le Corps universel, s'appuie sur les cristaux. Par le déploiement de ma lumière, je toucherai tous les êtres dans leur qualité divine. Ainsi, je me connecterai à la puissance de votre lumière cristalline dans sa quatrième dimension. Ainsi, votre cristal émettra une lumière violette, puis se stabilisera en passant à la lumière émeraude. Cette pulsation délogera d'abord tous les encombrements qui gênent cette émergence. Il est fort question d'évacuation de vieux souvenirs, et cela s'amplifiera collectivement, d'où la nécessité de votre compréhension et de votre compassion. Toute vie est donc sollicitée pour sortir le meilleur d'elle-même et, pour cela, l'évacuation de la lie qui l'englue est incontournable.

La pulsation électronique ira donc en s'amplifiant et certaines terres émettront de nouvelles radiations. Votre ADN se modifiera et révélera des paramètres (des attitudes) de vos plans subtils. Votre spécificité personnelle et votre sens du service seront ainsi déblayés. Le désamorçage des *mines internes* que vous portez encore se fera en douceur si vous vous offrez à la lumière qui vient. Vos corps sont maintenant pris entre deux radiances : l'une venant du cœur cristallin de la Terre et l'autre, de mon Être dans les cieux. Aucune issue possible, si ce n'est l'amour ! Bref, vous redevenez des êtres sensibles et vibrants par la fusion des cinq premiers plans, ou des facettes, de votre cristal intérieur. Aussi, à partir de 2007, attendez-vous à l'émergence de réalités conceptuelles nouvelles. En veillant à la qualité de votre vie, vous entretenez la qualité de vos émissions, donc celle de votre cristal intérieur, et restez ainsi en syntonie avec l'Univers.

Ce réveil propose encore des choix à chacun. Nous n'enrôlons personne. Vous êtes assez doués pour cela. Selon la qualité de réception, vous optez pour l'une ou l'autre des portes qui s'ouvrent à cette humanité. La quatrième dimension, suivie de la cinquième et de la sixième, en représente une. Mais il ne peut plus y avoir de demi-mesure ! La Vie exigera des positions claires et répondra instantanément, dans ces stimuli cristallins ; les heureuses prises de conscience vécues par quelques-uns se généraliseront. La résonance du collectif humain entrant également dans une grande sensibilité, tout ce que vous ferez pour vous-mêmes, vous le ferez aussi pour la famille.

Quant au rejet éventuel de cette force, il vous rendrait malades, tout simplement ! Seule votre humanité est encore capable d'un tel rejet. Les animaux et les végétaux reconnaissent cette force de Vie, s'y donnent et s'y développent. Leurs limites ne furent liées qu'aux vôtres. Leur *être Cristal* suivra la mutation, ici ou ailleurs. La Terre, c'est aussi du cristal. Les gisements de cristaux ouvriers, ceux qui sont enfouis dans sa matrice, répondent à mes impulsions. Jusqu'à cette période, ils n'ont fait que le minimum puisque vous étiez en état de survie. Cette fois, vous entrez sur la grande scène de la Vie et ils répondent au mouvement sous mon autorité. La Vie est vibration ; ils vibreront à des fréquences supérieures, entraînant Urantia dans l'ascension.

Je conduis Urantia Gaïa vers son couronnement. Je suis en quelque sorte le Prince charmant qui vient réanimer la Belle, empoisonnée – terme qui n'est pas trop fort !

Je reconnais son potentiel, l'œuvre alchimique de votre humanité, et je le place dans la volonté divine.

Mon autorité est partagée avec la Mère primordiale puisque nos rayons unis servent le destin d'Urantia et du Maître Univers. Mon déplacement devait se faire au moment de votre appel de lumière, alors que l'humanité était au bord de la lassitude et de l'épuisement. La force dégagée a appelé la mienne. Vous êtes sous le feu d'amour de l'intervention divine.

Les déplacements du Maître magnétique, de la Mère primordiale, ont ouvert ma voie, celle de la jonction avec l'identité divine.

La famille universelle se déploie davantage et va à votre rencontre. Montez les marches qui vous en rapprochent et restez maîtres de vous.

J'accompagne la Mère primordiale dans son œuvre d'amour et d'initiatrice.

Ma présence permet aux codes les plus intimes des identités volontaires de jouer et de se révéler pour les besoins de la transformation et de la croissance qui en résultera. Dans cette optique, la France porte de grandes responsabilités, à ce jour partiellement révélées. Son sol cristallin répond déjà à ma pulsation ; dès lors, toutes les mainmises (même ésotériques) perdront leur pouvoir dans la redistribution des flux du globe terrestre. En temps voulu, nous reviendrons sur les sols du Québec et du Brésil, belles terres prometteuses !

L'heure de la transparence est venue ! Cela sied fort bien au cristal, ne trouvez-vous pas ? Reprenez vos rêves : le rêve divin pour cette planète, le rêve pour vous dans ce jardin, les rêves pour la famille humaine et universelle.

Les frères animaux et végétaux ont fait entendre leur voix, devenue supplique d'ailleurs face à vos agissements. Les Forces de Vie les ont entendus et, avec l'accord de votre Prince planétaire, certains vous donneront une ultime leçon en quittant massivement votre plan. Entendrez-vous enfin l'amour ?

Ces années 2006-2007 seront marquées de leurs empreintes. Il fut un temps où vous lisiez leurs signes pour votre guidance et où leurs pas sur cette terre étaient légers. Désormais, devant votre aveuglement et votre surdité, ils doivent appuyer de toutes leurs forces pour vous faire entendre la sagesse. Leur don de vie sur cette Terre est sans égal.

Ces enfants, tous les esprits de la Nature, sont les miens. Je les ai conçus avec la Mère primordiale ; je suis donc aussi, dans cette lignée, ce que vous appelez *leur Grand Déva*, leur Père/Mère. Tout ce qui leur fut fait, je l'ai reçu.

Ma patience est illimitée, comme l'amour de la Mère est infini. Pourtant, nous mettons maintenant un terme à l'expérience humaine dans ses extrêmes.

Dans le silence, je recueille, et chacun recevra la qualité qu'il a offerte.

Message reçu par Didier Wagner en janvier 2006.

Cinquième partie

Hildon, Chandra et Flex

Une des fonctions de la nouvelle grille cristalline, et plus précisément du circuit d'énergie cristalline extraplanétaire, est de permettre à l'énergie du Verseau de se déverser, de s'« étaler » en tous les points de la Terre. Ce circuit d'énergie est en quelque sorte le réceptacle de l'énergie féminine.

Message de Nathalie Chintanavitch

Depuis quelque temps, tout s'accélère, et il est important pour chacun d'entre nous d'être préparé aux événements à venir, afin de les vivre de façon à ce qu'ils puissent engendrer non pas la peur de l'avenir, mais une réelle prise de conscience. Ce livre, qui présente les nouvelles vibrations de la Terre et de l'humanité pour l'année 2007, se place dans cette perspective et c'est l'une des raisons pour lesquelles je suis ravie d'y participer ou plutôt d'y faire participer les êtres de lumière qui m'ont transmis des messages. Il y a maintenant un bon moment que ces êtres communiquent avec moi, en particulier Chandra, Hildon et Flex, des êtres stellaires qui ont aidé la civilisation inca à ascensionner et qui reviennent depuis quelque temps afin de nous aider, nous aussi, à avancer en conscience sur notre propre route.

Je souhaite que leurs mots touchent chacun de vous qui allez lire ces lignes et que ces messages vous apportent de la force et du courage pour réussir à être heureux à chaque instant de votre vie. Puisque c'est là ce que nous souhaitons tous, faisons en sorte que ça devienne une réalité. Et lorsque cette réalité fera totalement partie de nous, alors notre conscience s'ouvrira pour que les plans subtils nous deviennent aussi familiers que le plan terrestre sur lequel nous évoluons pour l'instant.

Certains d'entre vous connaissent déjà Chandra, Hildon et Flex par les livres contenant les nombreux messages qu'ils m'ont transmis. Et je suis très heureuse que, dans celui-ci, un de leurs « collègues », qui s'appelle Salim de Véga, ait pu aussi livrer des messages. Pour ma part, j'adore recevoir des messages de Salim, car il transmet toute une connaissance cosmique très intéressante.

Je remercie de tout cœur Martine Vallée pour m'avoir permis de participer à ce projet et je suis certaine que cette série de livres qui préparent 2012 sera d'une grande aide pour tous les lecteurs, car leur vibration participe à l'ouverture des consciences.

Bonne lecture à tous !

Nathalie Chintanavitch

Introduction

Nous sommes heureux, chers amis de la Terre, de pouvoir nous adresser de nouveau à vous par l'entremise de cet ouvrage et, par la même occasion, de vous envoyer les plus belles vibrations solaires et cristallines en chaque mot. Quelle joie de voir que le plan établi pour la Terre se déroule tel que prévu et que vous êtes tous devant la même porte de lumière : *celle qui conduira à l'élévation de la Terre-Lumière et qui couronnera sa consécration pour que l'on voie ainsi cette étoile bleue scintiller de mille feux parmi ses sœurs de la cinquième dimension.*

Nous vous disons que les temps qui viennent vous réservent de belles surprises, mais cela, vous le savez déjà, car votre cœur vous le répète depuis un bon moment. Bientôt, vous serez tous amenés à vivre ces expériences dans le plus grand respect de la vie cosmique et divine qui compose la Création, puisque vous êtes en train d'harmoniser définitivement votre être incarné afin d'atteindre l'unité et l'amour nécessaires à la réalisation du Plan divin.

L'année 2007 qui se profile à l'horizon promet des découvertes fantastiques dans tous les domaines et vous serez émerveillés de voir la vitesse à laquelle les événements s'enchaîneront, pour chacun de vous, mais aussi au niveau collectif.

Nous, des Étoiles, vous offrons notre aide en cette période charnière de votre évolution. Nous ne pouvons interférer directement dans vos choix de vie, mais nous souhaitons vous donner des indications, des conseils ainsi que des outils pour vous accompagner et vous permettre de vivre votre expérience terrestre en toute conscience. Il est important que vous connaissiez l'ampleur de votre rayonnement et que vous sachiez ce que vous êtes venus accomplir dans cette vie. Tout cela, c'est vous qui le découvrez peu à peu, car seul votre cœur connaît la véritable raison de tout ce que vous avez choisi de vivre. Ainsi, nous ne vous dévoilons rien, mais nous vous montrons simplement les clés de lumière qui servent à ouvrir toutes ces portes qui sont devant vous. Et ces clés se trouvent entre vos mains.

Nous vous disons donc ceci : prenez votre vie en main et choisissez dès maintenant ce que vous voulez réellement vivre ou ne pas vivre. Respectez l'être divin qui se trouve en vous, car c'est par son entremise que vous avancez à grands pas dans cette expérience terrestre.

Nous sommes nombreux à participer à l'évolution de la Terre depuis les sphères célestes, mais aussi depuis l'intérieur de votre Terre. Et c'est donc avec grand plaisir que nous, des étoiles, Hildon, Chandra et Flex, accompagnés de nos amis et frères de lumière, souhaitons partager avec vous nos vibrations pour vous préparer à vivre ces temps qui viennent. Il ne s'agit pas ici de faire de grandes « révélations », mais plutôt de vous en apprendre un peu plus sur ce qui se passe, afin que vous puissiez unir le « rêve et l'action » et ainsi incarner, dans la dimension où vous vous trouvez, la pureté et la divinité de votre essence originelle.

Que la vie divine parsème votre route d'étincelles de lumière pour vous guider et vous accompagner dans la plénitude de votre cœur !

CHANDRA, HILDON ET FLEX.

– *Au niveau de l'énergie solaire qui est déployée actuellement, comment l'année 2006 s'est-elle démarquée par rapport à l'année 2005 ?*

Nous nous adressons tout d'abord à vous en vous envoyant l'énergie qui vous est propre, celle de la Création, qui est tout aussi solaire, cristalline et christique, dirons-nous, que ces joyaux de lumière et d'amour que vous portez tous en votre cœur.

Sachez que tout ce que vous avez vécu depuis l'année 2003 prend maintenant sa place en tant qu'expérience karmique directe, c'est-à-dire que tout ce que vous avez été amenés à mettre en place depuis lors, tant au niveau personnel que collectif, prend réellement toute sa signification depuis le milieu de l'année 2005.

En effet, vous avez pu mettre en matière jusqu'au début de l'année 2005 tous les éléments qui font qu'aujourd'hui vous êtes cet être merveilleux qui rayonne de plus en plus. Je m'explique : en 2003 et 2004, vous avez remarqué que beaucoup de choses se sont accélérées en vos vies, dans votre environnement. Certains changements ont pu vous paraître un peu brutaux et trop rapides, mais sachez qu'ils ont été les fondements, la base, les paramètres directeurs si vous préférez, de ce que l'année 2005 vous a enseigné. Cette dernière a été pour plusieurs d'entre vous une année de remise en question, de choix à effectuer, de bouleversements intérieurs de toutes sortes, et cela aura duré jusqu'en mars-avril 2006.

Pour certains, cette période de questionnement intérieur leur a permis de retrouver la simplicité et la paix à laquelle ils aspiraient grâce aux éléments qu'ils avaient eux-mêmes déposés tout au long de leur vie. C'est dans cet état de paix et de simplicité, de transparence du cœur, que commence cette nouvelle période riche en découvertes et qui vous réserve bien des surprises, période qui a commencé en mai-juin 2006 et qui se prolongera jusqu'au début de l'année 2007. Pour d'autres, et ceux-ci représentent la plus grande partie d'entre vous, cette période de remise en question va durer jusqu'en novembre 2006 et, durant ces mois, vous allez être amenés à réellement vivre tout ce dont vous doutez, tout ce qui vous laisse encore en proie à l'hésitation. Je veux dire par là que c'est pendant cette période vibratoire très forte que vous poserez avec force et conviction les fondations de votre temple de cristal intérieur. Ainsi, pour une grande majorité d'entre vous, l'année 2006 est une année de choix à effectuer, de tensions à libérer, de peurs à éliminer. Lorsque cela sera totalement acquis, lorsque chacun d'entre vous aura pris pleinement conscience de toute cette réalité vibratoire et luminique au-delà de l'état d'être humain incarné, alors commencera une nouvelle étape collective pour votre humanité.

Il est grand temps, chers amis de la Terre-Lumière, de choisir avec le cœur ce que vous voulez faire de votre vie. C'est ainsi que vous pourrez avancer vraiment sur votre voie et vivre pleinement cette incarnation dans l'amour le plus complet, celui du cœur, celui qui est là, en vous, et qui ne demande qu'à s'exprimer totalement. Cette période sera également l'occasion pour vous tous d'aiguiser encore plus votre discernement et vous aurez de grandes surprises… car c'est dans les choses simples de la vie que l'on apprend le plus, comme vous le savez. Mais vous découvrirez tout cela par vous-mêmes.

L'année 2006 a débuté par une grande vague d'énergie solaire portant l'essence vibratoire de la lettre de feu Sateh. Son énergie et son amour vous bercent et vous berceront jusqu'au début de l'année 2007. Sateh représente la force de trancher, de faire des choix justes ; son énergie apporte du courage à celui qui l'invoque et permet une prise de décision claire alliée à la justesse dans l'action, toujours sous la guidance de la volonté divine. C'est avec grâce et amour que la vibration de YS accompagne également l'humanité depuis avril 2006, et ce, jusqu'en juillet 2007, afin de clarifier, transcender, adoucir toutes les vibrations qui vous entourent, par le mouvement cristallin et solaire de son essence primordiale.

Comme nous vous l'avons dit dans nos précédents enseignements, les énergies de AL RA et HOL vous ont grandement accompagnés depuis juillet 2004 et jusqu'au début de l'année 2006 afin d'unir en vous cette essence cristalline et cette essence solaire dont vous êtes les porteurs sur la Terre-Lumière. En disant cela, il s'agit pour nous de vous faire comprendre que l'énergie solaire représente bien plus qu'une simple vibration. C'est en quelque sorte un vecteur d'accomplissement pour chacun d'entre vous, une essence qui vous est propre et qui, en même temps, vous est envoyée du cosmos et de la création entière afin de retentir en vous-mêmes, en votre cœur, car c'est là qu'elle réside en vérité. Ainsi, 2005 vous aura permis de retrouver en vous cette force solaire, celle-là même qui vous mènera aux choix décisifs ou qui vous y a peut-être déjà menés. En fait, cette énergie a placé en votre vie les paramètres justes, tous les paramètres divins, afin que vous ne puissiez plus vous égarer désormais. Lorsque nous parlons d'énergie cristalline, nous faisons allusion à cette capacité que vous avez tous de vous laisser guider par votre intuition, à cette envie d'écouter la petite voix de votre cœur. Nous pourrions dire que l'essence solaire et cristalline de l'année 2005 a imprégné votre quotidien, dans les plus petites tâches comme dans les plus grandes, c'est-à-dire qu'en toutes choses vous avez pu placer cette vibration d'unité qui vous permet de vous retrouver un peu plus face à vous-mêmes.

– *Y aura-t-il des descentes d'énergie solaire comme en 2005 ?*

En fait, lorsque vous parlez de vagues ou de descentes d'énergie, vous faites uniquement allusion à cette fusion alchimique entre l'énergie qui vous est envoyée et tous ces éléments vitaux qui vous composent, qui sont autant de réceptacles que de particules de vie-lumière, et qui forment cet être divin et pur que vous êtes tous en réalité.

Si vous avez pu en effet constater des « descentes » d'énergie solaire en 2005, nous vous disons qu'en 2006 et jusqu'au début de l'année 2007, ces réceptions d'énergie solaire (et cristallines) prendront une autre forme, dont nous vous avons également parlé un peu dans nos enseignements précédents ; il s'agit d'une communion, en chacun de vous, des énergies cosmiques (solaires) et cristallines (de l'intérieur de la Terre). En effet, la même dose d'énergie, si nous pouvons parler ainsi, vous est maintenant envoyée depuis le cosmos et depuis le Cristal central de la Terre, et ces énergies à la fois solaires et cristallines vont fusionner en votre cœur. Vous allez être amenés, en réalité, à les faire fusionner. Ainsi, vous êtes devenus des alchimistes de la lumière !

De plus, nous insistons également sur le fait que vous devez prendre soin de votre véhicule physique, car ce vêtement de chair et de sang porte en lui toute la connaissance solaire, galactique et cosmique qui fait intégralement partie de vous. Évidemment, celle-ci est également inscrite en vos corps de lumière, mais, puisque vous faites l'expérience de l'incarnation dans la troisième dimension, il est nécessaire pour chacun d'entre vous de prendre en compte la divinité de votre corps physique et de le considérer à sa juste valeur. N'oubliez pas qu'il constitue une véritable bibliothèque vivante. Ne l'oubliez pas.

Si vous regardez de plus près ces vagues d'énergies, ces ondes lumineuses que vous recevez tous en votre cœur, en votre corps et en tous vos corps par le biais de votre être incarné, vous vous apercevrez qu'en réalité celles-ci possèdent autant de facettes que cet être divin qui vibre en vous et par vous. Sachez que les énergies solaires et cristallines qui vous sont envoyées se démultiplient en une multitude de fréquences vibratoires qui, éventuellement, auront toutes leur effet sur la matière. Pour l'instant, ces dernières viennent ensemencer votre ADN afin de lui permettre de s'élever toujours plus en vibration et de réactiver peu à peu ces codes qui vous sont propres. Les « descentes » d'énergie solaire que vous avez connues et que certains ont ressenties au cours de l'année 2005 ont pris la forme d'énergies-lumière d'alchimisation par l'être incarné. Et c'est ainsi que vous percevez, depuis le début de l'année 2006 – et cela va continuer ainsi pendant encore quelque temps – ce que vous appelez les « nouvelles énergies » ou la « nouvelle énergie ». Vous parlez souvent de ces vibrations comme de quelque chose de « nouveau », mais vous connaissez en vérité ces lumières d'amour depuis l'éternité. Et quel plaisir de les redécouvrir, n'est-ce pas ? Les surprises continueront, nous vous l'affirmons.

– *Quels sont et seront les moments importants de 2006 ?*

Tout d'abord, avant d'aborder l'année 2006, nous aimerions vous donner quelques informations supplémentaires à propos de l'année 2005. Pour décrire ce que vous avez vécu de plus important, nous disons volontairement « transformer » et non « transmuter », car il s'agit bien de cela pour la plupart d'entre vous. Instinctivement vous avez ressenti cette nécessité de repenser différemment les actions et les faits appartenant au passé afin de créer un avenir qui ne porterait pas l'empreinte, au niveau karmique, de tout ce que vous jugez ne plus être en adéquation directe avec votre cœur.

Pour parler plus simplement, disons que cela vous aura permis de vous sortir de la roue karmique en comprenant que, de toute façon, chaque action a maintenant sa répercussion immédiate. Vous avez compris que cette répercussion, cette conséquence, peut être d'autant plus vite transformée, voire annulée, à mesure que vous prenez rapidement conscience des événements et de vos actes. La dernière partie de l'année 2005, soit depuis l'automne jusqu'à la fin, on pourrait la qualifier de période d'acceptation. Acceptation de tout ce que vous êtes, de tout ce que vous ressentez, sous l'aspect du bien-être, mais aussi de l'angoisse ou du questionnement profond. Et c'est de ce questionnement qu'aura pu naître cette véritable phase de remise en question dont nous vous avons parlé au début de cet entretien.

Pour ce qui est du découpage de 2006 et des moments clés, nous vous dirons simplement que l'année est plus fluide que les quatre dernières. C'est ainsi que nous voyons les choses depuis nos sphères lorsque nous observons les mouvements d'énergie au niveau collectif pour votre Terre-Lumière. Néanmoins, sur le plan individuel, vous avez subi des changements vibratoires bien perceptibles puisque ceux-ci ont entraîné un réel remaniement de tout votre système de pensée.

Le printemps 2006, surtout les mois de mars, d'avril et particulièrement au solstice d'été a regorgé d'énergies positives nouvelles foisonnant en vos pensées, et nous pouvons vous dire que cela est beau, car c'est ainsi que vous avez pu poser les jalons de votre voie intérieure et divine, celle que vous avez choisi délibérément d'emprunter en ces temps. Vous avez remarqué cet apaisement au printemps, aussi bien au niveau de votre mental, de votre système de pensée et d'action que de votre fonctionnement général. Cela a été voulu par la Grande Loi cosmique pour vous permettre d'unir en vous toutes les forces solaires et cristallines qui vous avaient été envoyées jusque-là et qu'il vous était nécessaire d'intégrer dans la paix et la tranquillité. C'est ce même état d'apaisement que vous allez expérimenter en cet automne 2006, et ce, afin de pouvoir choisir ce que votre cœur demande, ce qui vous convient, ce qui fera que vous serez satisfaits de votre vie quotidienne et ressentirez cet état de bien-être permanent qui vous manque tant.

Au point de vue solaire, l'année 2006 est quelque peu « novatrice », oserons-nous dire, puisqu'elle a été pour chacun le déclencheur de tout ce qui suivra dans les prochaines années. Plusieurs ressentent cette abondance vibratoire puisque tous les Peuples du Soleil se sont unis en une seule et même vibration pour permettre à la Terre-Lumière et à votre humanité entière d'être totalement en harmonie avec cette vibration solaire qui constitue l'essence divine de chacun des êtres de la troisième dimension.

C'est une caractéristique particulière à votre humanité et il est très important pour vous de ne plus faire de distinction entre tous ceux que vous nommez les « Peuples du Soleil », mais, au contraire, de les percevoir maintenant comme une seule et même énergie émanant du Grand Soleil central et du cœur de la Création ; énergie venue tracer en l'expérience d'évolution de la Terre les grandes lignes qui permettent aujourd'hui à chacun d'entre vous de percevoir l'unité en son cœur, grâce à cette connaissance et à ces souvenirs qui se sont perpétués au fil des temps.

L'énergie solaire en 2006 aura donc été et continuera d'être abondante quant aux vibrations harmoniques guidant les cœurs des êtres humains. Elles seront donc empreintes à la fois de sérénité, puisqu'elles rejoignent harmonieusement les fréquences cristallines, et de force, par cette fusion de tous les êtres de lumière qui vous accompagnent. Et nous insistons également sur le fait que l'énergie solaire, par son union à l'énergie cristalline qui afflue vers vous, apporte à chaque individu cette possibilité de vivre l'état christique de béatitude à chaque instant. Pour certains d'entre vous, ces termes sont encore associés à la religion, mais soyez assurés que ce n'est pas le cas. L'état christique se trouve en chacun de vous, et c'est ce que vous êtes tous amenés à vivre pour passer pleinement de la troisième dimension à la cinquième, bien que cela ne doive pas être un but en soi, nous tenons à le préciser. Ainsi, énergétiquement parlant, la particularité de l'année 2006 est celle-ci : *la fusion solaire et cristalline en vous pour vous faire retrouver enfin le CHRIST-AL-INtérieur.* Nous vous disons cela pour vous faire prendre conscience que cet état d'être n'est pas quelque chose d'extérieur à vous et qu'il vous faut acquérir, puis mettre en pratique. C'est une vibration d'harmonie qui vit en vous depuis toujours, que vous avez oubliée depuis fort longtemps. Aujourd'hui vous le retrouvez, comme un enfant qui découvre l'immensité de la Terre et du Ciel et qui s'émerveille de cette beauté de la Création. Alors, s'il est important de réajuster en vous les vibrations qui restent encore à harmoniser, soyez persuadés que ce que nous nommons énergie solaire et énergie cristalline fait son travail, que vous en soyez conscients ou non. N'oubliez pas que vous avez intégré pleinement ces vibrations depuis la fin de l'année 2005 et que vous êtes maintenant en mesure de les laisser se développer, s'exprimer par votre être incarné.

– *Y aura-t-il des rencontres avec nos frères stellaires à une plus grande échelle en 2006 ?*

Il y a bien longtemps déjà que nous lisons dans le cœur des hommes et des femmes de la Terre ce désir, cette volonté d'établir concrètement des liens avec les frères stellaires, avec tous vos guides et êtres de lumière qui travaillent assidûment pour la Terre-Lumière et que vous désirez ardemment rencontrer. Ne désespérez pas, cela est pour bientôt. Nous savons que nous vous l'avons dit à maintes reprises, mais nous le répétons aujourd'hui : *c'est grâce à l'élévation de votre taux vibratoire et de celui de la Terre entière que vous serez amenés à percevoir ces réalités suprahumaines.* N'avez-vous pas d'ailleurs remarqué que de plus en plus de personnes disent apercevoir ce que vous nommez des « vaisseaux » dans le ciel ? Sachez que leur présence se fera de plus en plus perceptible, car les temps s'accélèrent et vos frères stellaires préparent en douceur ces rencontres.

Certains diront qu'il y a pourtant de plus en plus de corruption, de bouleversements, de chamboulements au niveau politique, économique et social, et que les choses semblent au contraire s'aggraver ; vous vous demandez alors comment il est possible que les vibrations s'élèvent, étant donné tout ce qui se passe dans votre monde de la surface de la Terre et qui vous semble de plus en plus absurde. Mais nous vous disons que, malgré tous ces événements que vous percevez comme « négatifs », la vibration première de la Terre-Lumière est en constante élévation. Oui, tout ce que vous vivez présentement, et surtout au niveau collectif et mondial, est la dernière étape qui permettra le saut magique vers ces sphères qui vous attendent. Et tout cela n'aggrave pas les situations ; au contraire, les crises et les conflits qui existent et qui perdurent vont bientôt atteindre un point où elles seront transmutées automatiquement, car tout ce qui vous paraît insupportable doit être transmuté. Il en est ainsi. Alors, ne craignez pas.

Nous avons mentionné plus haut que de nouveaux rayons affluaient depuis 2006 vers votre Terre et qu'ils étaient envoyés à la fois du cosmos et du Cristal central de la Terre*. Eh bien, sachez que c'est en partie grâce à ces rayons que les rencontres avec vos frères de lumière vont avoir lieu. En effet, leur vibration vous permet de créer un lien direct avec les énergies cosmiques et les énergies intraterrestres qui œuvrent actuellement pour la Terre et qui établissent ainsi des ponts de lumière de plus en plus tangibles entre vous et eux. Alors, certes, ces points de lumière que vous apercevez dans votre ciel et qui se font de plus en plus fréquents, ces « vaisseaux » que vous nommez ovnis, seront de plus en plus présents dans votre réalité-matière afin que vous puissiez peu à peu les considérer comme une réalité à part entière. Cela se fait tout doucement, mais, comme vous l'avez remarqué, cela s'accentue, et cela s'accentuera encore jusqu'à ce que certains lieux terrestres soient fin prêts vibratoirement à accueillir « ceux qui viendront de l'espace ».

Pour ce qui est des rencontres éthériques, elles se font également de plus en plus nombreuses et ce sont elles qui ouvrent peu à peu la porte

---

* Vous trouverez plus de détails dans le livre *Rayonnance* (tome 3) à paraître en octobre 2006

aux retrouvailles physiques. Ainsi, vous êtes nombreux, nous le voyons, à percevoir vos guides, vos êtres de lumière et toute cette réalité-lumière qui vous entoure. Et puisque vous réactivez peu à peu en vous tous ces codes qui ouvrent en votre être incarné de nouvelles perceptions sensorielles, ou extra-sensorielles si vous préférez, toutes ces rencontres éthériques feront bientôt partie intégrante de la réalité terrestre. Bien entendu, nous savons que votre demande concerne ce que vous appelez les « rencontres physiques », c'est-à-dire tangibles, concrètes et qui ne relèveront plus du domaine du paranormal ; ces rencontres auxquelles tout le monde pourra prendre part et qui n'appartiendront pas uniquement à une catégorie de personnes (médiums, channels ou autres).

De plus, vous devez savoir qu'un certain nombre de vos frères stellaires sont déjà parmi vous, et ce, depuis quelque temps déjà. Vous serez amenés à les connaître ou plutôt à les reconnaître et cela se fera de façon très simple. Plusieurs ont pris une forme humaine pour vous toucher de leur vibration sans toutefois trop vous effrayer, car nous savons bien que, pour certaines personnes, tout ce dont nous vous entretenons relève du fantastique et non de la réalité. Alors, afin d'établir en douceur ces contacts déjà fortement présents, certains de vos frères de lumière ont choisi de vivre parmi vous et ils sont pleinement conscients de qui ils sont puisqu'ils ont délibérément revêtu un habit physique. D'autres, comme vous le savez aussi, passent par le cycle de la naissance et c'est ainsi que plusieurs de vos enfants terrestres vous font découvrir, au fur et à mesure qu'ils grandissent, des facettes d'eux-mêmes que vous ne soupçonniez pas. Alors oui, les rencontres se font de plus en plus présentes en 2006 et très bientôt vous en serez pleinement conscients.

Nous ajoutons que vos frères intraterrestres également ont entrepris des contacts physiques avec vous, mais cela vous sera expliqué plus loin. Pour l'instant, nous vous dirons simplement ceci : *ces retrouvailles que vous attendez tant ont déjà eu lieu pour certaines personnes, qui viendront bientôt témoigner de leurs expériences.* Il faut également savoir que l'année 2006 aura permis l'ouverture vibratoire de trois portails énergétiques importants qui permettent que les liens tissés entre les êtres de la surface de la Terre et ceux de l'intérieur se dessinent précisément, s'accentuent et prennent place dans la réalité terrestre de tout un chacun. Ainsi, ces portails énergétiques, au printemps, au solstice d'été et à l'automne, représentent une triangulation particulière d'énergies solaires et cristallines qui unifie cette toile de lumière. Nous vous demandons de noter la date du 22 novembre 2006, car en ce jour précis vous pourrez, si vous le souhaitez, vous relier directement à tous les êtres de lumière qui travaillent à l'avènement de la Terre. Certains pourront également observer des phénomènes étonnants dans le ciel. Nous ne vous en disons pas plus, mais efforcez-vous d'être vigilants ce jour-là et les trois jours précédents et suivants.

Enfin, pour clore notre réponse à cette question, nous vous conseillons de vivre tous les instants de votre expérience comme des moments bénis et surtout de ne pas être dans l'attente permanente de phénomènes fabuleux. Oui, ceux-ci se produiront bien un jour, c'est vrai, mais ce qui est important pour chacun de vous, c'est de vivre pleinement dans le présent, en pleine conscience de cette réalité divine qui parcourt chaque être de la Terre. C'est ainsi que vous serez préparés à tout ce qui vous attend.

Chers amis, Salim nous a rejoints pour répondre à la prochaine question et vous enseigner la connaissance du cosmos.
Nous vous quittons pour quelques instants.

Le 21 décembre 2005 et les changements temporels

– *Il semble que des retards dans le déroulement de l'horaire régulier des horloges atomiques se sont produits en de nombreux pays, allant de douze minutes au Costa Rica jusqu'à neuf heures en Égypte. Cela est-il relié à la rotation de la Terre ? Que signifient ces phénomènes ?*

Bonjour à vous de la Terre. Je suis Salim de Véga. Ma joie est grande de collaborer, dans le cadre de ce partenariat actif, avec mes amis et frères Chandra, Hildon et Flex, à l'avancée de votre humanité en matière de rayonnance solaire et de reconnexion consciente à la connaissance galactique. Sachez que les Peuples du Soleil et la Confédération galactique ont choisi de s'unir en cette période de transition, d'évolution et d'élévation pour la Terre, qui deviendra l'Étoile Bleue en pulsation dans le cosmos parmi ses sœurs et reprenant enfin la place qui lui revient.

Aujourd'hui, je viens vous en apprendre un peu plus quant à la connaissance cosmique et galactique qui vous entoure, qui fait partie de tout ce que vous êtes, et qui compose en réalité toutes ces particules de vie autour de vous et en vous. Lorsque j'ai été mandaté, il y a quelques années, pour venir éveiller les consciences à la réalité supraluminique qui se révèle peu à peu à la planète Terre et à ses habitants, j'ai tout d'abord œuvré avec cœur à tous ces réalignements vibratoires, énergétiques. Tous ces changements permettent l'ouverture de vortex spatiotemporels et de toute une série de vortex subséquents liés à la longueur d'onde émise par les êtres de lumière en la matière de la troisième dimension.

Ce fut extraordinaire pour moi de découvrir cette réalité qui est la vôtre et qui me semblait, de prime abord, compliquée… Voici maintenant venu le temps pour vous et pour tous vos frères des étoiles de vous préparer au passage vibratoire que la Terre va être amenée à franchir dans les prochaines années. Je vous parlerai ici de trois axes majeurs qui constituent des points d'ancrage d'une énergie particulière. Ces points sont liés à des configurations interplanétaires particulières mettant la Terre dans l'axe bien spécifique qui a été défini par la Confédération intergalactique et la Grande Loi de la Création.

La première configuration planétaire spécifique a eu lieu le 17 décembre 2003, où s'est ouvert un passage énergétique servant de phase préparatoire aux changements qui vont croissant depuis quelques années pour votre Terre. La prochaine triangulation énergétique interplanétaire faisant partie de cet alignement spécifique aura lieu très bientôt, le 22 novembre 2006. La dernière et ultime date sera le 27 octobre 2009 et cette ouverture spatiotemporelle marquera la fin d'un cycle qui prépare l'humanité terrestre à la date tant attendue de 2012.

Ce que vous qualifiez de changements temporels est en fait une nécessité vibratoire et cosmique qui permet de réajuster certains paramètres terrestres afin que les alignements planétaires puissent effectivement avoir lieu. Ces « changements » n'ont cependant pas été ressentis de la même façon sur toute la surface de la Terre puisque certains endroits étaient prédestinés à réaliser certaines réharmonisations de la grille électromagnétique générale afin que les réajustements puissent se faire de manière douce, efficace et rapide à la fois. Lorsque vous parlez de changement d'axe rotatif pour la Terre, vous ne prenez pas tous les paramètres en compte et vous oubliez souvent que l'axe de la Terre est en réalité relié à tout un ensemble sphérique de vie bien au-delà de la troisième dimension. Ainsi, les phénomènes de changement temporel prennent leur signification dans les alignements particuliers de la Terre avec certaines sphères de vie. À un moment donné, ces sphères de vie envoient directement leur onde vibratoire essentielle sur une ligne directrice tracée par l'axe central de la Terre, celui-ci étant relié en fréquence au champ électromagnétique du Cristal central en perpétuelle respiration divine.

Quelles que soient les forces cosmiques employées, l'avenir de votre humanité se dessine tel que le Plan divin et la Volonté divine l'ont prévu.

Sachez que se profilent des événements que vous jugerez « terribles », si l'on doit employer votre vocabulaire. Se produisant en l'espace de quelques mois, ils vous feront prendre conscience de l'ampleur de ce que vous êtes venus accomplir sur cette Terre. Nous savons que vous qui parcourez ces lignes ressentez cette nécessité d'œuvrer ensemble avec vos frères des étoiles pour transformer enfin votre réalité et laisser apparaître l'essence de lumière divine qui propulsera la Terre vers les sphères qui l'attendent.

Notre mission est d'unir nos forces galactiques aux forces solaires afin de préparer votre Terre à une augmentation considérable de sa réceptivité vibratoire à la fréquence solaire. La Confédération galactique et les Peuples du Soleil s'unissent en vibration harmonique pour faire converger vers vous ce rayon d'unité et de reconnaissance qui vous touche depuis la fin de l'année terrestre 2003 et qui a marqué l'entrée réelle dans l'ère du Verseau. En effet, nous œuvrons à la préparation, à la mise en place et à la mise en action consciente d'un champ électromagnétique qui, par sa position et son axe, ouvrira un vortex considérable des étoiles vers la Terre afin d'ancrer la vibration des Peuples du Soleil en chacun de vous. Nous, de Véga, procédons en parallèle et en intime collaboration avec vos frères pléiadiens et nous sommes en mesure de vous accueillir parmi nous dans les Étoiles, mais cela n'est pas pour tout de suite et il faudra attendre quelques années encore. Bien des êtres des Étoiles participent à cette grande préparation et s'activent avec amour et conviction à cette convergence tant attendue.

Le 17 décembre 2003 a marqué la fin d'un cycle et l'entrée dans une nouvelle phase d'évolution. L'ouverture énergétique s'est alors poursuivie sur quelques mois pour vous permettre d'entrer en douceur dans un autre état de conscience. La triangulation Deneb-Véga-Altaïr du 17 décembre 2003 s'établit maintenant d'une façon plus intensive grâce à l'interaction massive de la Ceinture de photons présente dans le champ électromagnétique de la Terre depuis quelques années et des sphères de vie de cinquième dimension qui entrent également en action directe avec l'alignement de 2006. Cette triangulation du 22 novembre 2006 va relier en harmonie vibratoire Jupiter, Sirius et Véga pour accentuer la rotation-lumière de la Terre faisant ainsi entrer votre sphère de vie dans l'axe particulier qui provoquera le saut quantique prévu. Pour cette raison, entre autres, vous percevrez, en certaines périodes, votre temps terrestre comme un élastique. Ce dernier pourra soit s'étirer de manière considérable et élargir ainsi le champ d'action de certains êtres de lumière qui œuvrent pour la Terre, soit s'accélérer sans que vous en ayez véritablement conscience, pour que l'intégration de certaines fréquences se fasse de manière beaucoup plus intensive chez chacun de vous.

L'alignement interplanétaire actuel est en phase de transfiguration puisque les forces cosmiques sont telles que les lois qui régissent les univers agissent ensemble afin de rétablir une configuration basée sur les règles solaires. Cette transposition s'effectue d'abord en chacun de vous, en vos cellules même, puis s'étend dans l'univers. La triangulation Deneb-Véga-Altaïr et celle de Jupiter-Sirius-Véga entrent en action avec les Peuples solaires pour réaligner et réharmoniser les forces transgalactiques.

Les rayons de la substance subatomique interplanétaire tels qu'ils sont décrits entrent en interconnexion durable et fusionnent, lors des trois dates préétablies (2003, 2006 et 2009), avec l'alignement de Véga dans le cosmos et l'ensemble des planètes solaires du même degré, dont la composition chimique relève de la note permanente qui les unit.

Les Lettres de Feu qui corroborent ces alignements, en accord avec les lois cosmiques et solaires, portent les vibrations qui afflueront sur votre Terre. Ces lettres sont les suivantes, et vous pouvez les prononcer à haute voix afin de vous imprégner de la fréquence qu'elles contiennent et qu'elles vous transmettent, cette fréquence même que vous êtes amenés à intégrer pleinement le jour de l'ouverture du champ électromagnétique donné :

NU – MO – AL – DA – PHE

Le cycle de 25 920 ans que vous nommez la précession des équinoxes s'établit maintenant pour la Terre, et nous savons que vous attendez cela avec impatience et curiosité. Il s'agit, en fait, d'un cycle de 25 917 ans, car votre notion du temps est quelque peu instable, compte tenu de nombreux paramètres qui vous sont encore inconnus. Le 17 décembre 2003 a marqué le début d'un nouveau cycle par l'ouverture espace-temps des 144 000 rayons. La descente des énergies que vous avez reçues alors a continué pendant 237 jours exactement. Après cette période, il a fallu compter 10 lunes pour le passage effectif au nouvel état de conscience prévu. La triangulation sphérique qui s'annonce pour 2006 et se profile dans votre ciel a été soigneusement étudiée, préparée et programmée par les grands conseils intersidéraux, dont la Confédération galactique fait partie, ainsi que par la volonté du Grand Soleil central, berceau des Peuples solaires de votre univers. Elle ouvrira un vortex qui vous maintiendra dans une certaine fréquence durant 325 jours, période pendant laquelle le champ électromagnétique de tous les êtres de la surface de la Terre connaîtra des remaniements conséquents.

Lorsque la masse d'une sphère (planète), dans sa révolution, concentre une poussée telle que sa rotation s'accentue, elle se plie à l'axe majeur qui lui incombe par son attraction et sa position dans le cosmos et au-delà. De telles transpositions ne s'observent que très rarement, par-delà les univers, et constituent des points clés de l'évolution interdimensionnelle. Lorsque les hommes de la Terre l'auront compris, le passage se fera.

Alors, soyez vigilants, car vous serez amenés à faire plusieurs choix qui auront un impact immédiat sur la manière dont vous pourrez « absorber » ce nouvel état de conscience et lui permettre d'ancrer sa réalité en vous.

À vous de permettre cette reconnexion à votre réalité d'Être solaire ; à vous de vous ouvrir à votre conscience galactique et de recevoir la Lumière des Étoiles.

Dans la transparence des Lois cosmiques.
Le rayon intergalactique nous unit.

SALIM DE VÉGA.

L'Amérique du Sud et le Machu Picchu

– *Qu'est-ce que cette partie du monde nous réserve ? Selon les informations qui circulent en général, il semble bien possible que les premières apparitions de nos frères stellaires se fassent sur ce continent. Que dire de cet endroit fabuleux qu'est le Machu Picchu aujourd'hui ?*

Nous vous remercions de l'attention que vous portez à ces terres sacrées qui ont bercé la civilisation inca et qui lui ont permis, grâce à cette force magnétique énergétique très puissante en certains de ces lieux terrestres, d'atteindre nos sphères, celles de la cinquième dimension, celle du cœur.

C'est donc avec grand plaisir et le cœur empli de joie que nous allons aujourd'hui répondre à cette question.

Il est vrai que les territoires de l'Amérique du Sud recèlent des richesses qui sont encore méconnues de vous. Bientôt vous allez les redécouvrir grâce aux ouvertures spécifiques qui ont lieu et qui se poursuivront jusqu'à ce que toutes les connaissances ancestrales aient pris définitivement leur place dans le présent de l'histoire de l'Humanité.

Lorsque nous parlons de richesses, nous ne faisons pas uniquement allusion aux richesses matérielles et vous le savez fort bien. En effet, c'est toute une connaissance qui, pour l'instant, est gardée par certains êtres au cœur pur et qui sera à nouveau partagée lorsque les temps seront venus. Lorsque certains d'entre vous parlent d'apparitions des frères stellaires en certains lieux sacrés, il est juste de dire que c'est grâce à la fréquence harmonique de ces lieux que ces manifestations peuvent effectivement se produire. Ainsi, l'Amérique du Sud sera parmi les premiers territoires à accueillir vos frères de lumière, mais ce ne sera pas le seul endroit, puisque les premiers contacts effectifs se feront simultanément en plusieurs lieux de la planète. Nous disons simplement que les terres sacrées d'Amérique du Sud sont porteuses d'une énergie très forte au niveau de tous ces changements vibratoires et de ce que vous appelez la « nouvelle énergie ».

Vous savez qu'il existe des lieux encore inexplorés par les hommes de la Terre. Lorsque ceux-ci, guidés par leur intuition, seront conduits en certains de ces endroits, vous assisterez à toute une série de découvertes et de redécouvertes qui susciteront chez l'humanité la prise de conscience tant attendue. La forêt amazonienne, qui s'étend bien au-delà de ce que vous croyez puisque, en certains endroits, se trouvent des passages directs vers les dimensions supérieures, possède une énergie solaire et cristalline toute particulière qui unit en vibration les cinq pays que sont le Pérou, la Bolivie, la Colombie, l'Équateur et le Brésil, formant ainsi un pentagone énergétique qui est directement relié à deux autres dispositions géométriques terrestres similaires situées en d'autres endroits du globe.

Nous connaissons votre engouement et nous voyons la demande sincère de vos cœurs lorsque vous pensez aux rencontres avec vos frères de lumière, stellaires ou intraterrestres. Certes, nous vous avons affirmé maintes fois qu'il ne servirait à rien de « creuser », dirons-nous en souriant, afin de découvrir des passages menant à l'intérieur de la Terre. Et pourtant il en existe bel et bien, mais ils sont très rares et certains se trouvent effectivement sur le continent de l'Amérique du Sud. Quelle joie vous éprouverez lorsque vous verrez, au beau milieu de la forêt, un temple de pierres bien physique dont l'entrée laissera apparaître un escalier menant au cœur de ce que vous nommez les cités intraterrestres ! Oui, cela existe bel et bien, mais vous savez que ce n'est pas la seule et unique voie pour accéder aux portes de lumière et que, de toute façon, ceux et celles qui n'auront pas d'abord réussi à vivre pleinement avec le cœur au quotidien ne trouveront jamais ces entrées, qu'elles soient physiques ou éthériques. Alors, ne vous encombrez pas l'esprit de tout cela, car votre mental travaille déjà assez, nous vous l'assurons.

S'il est un élément que vous pourrez constater dans les prochaines années, c'est que le continent de l'Amérique du Sud évoluera quelque peu différemment des autres quant aux changements géophysiques qui auront lieu. Mais nous laissons cela à votre appréciation future.

Enfin, lorsque vous évoquez le Machu Picchu, nous sommes à la fois émus et amusés de voir le caractère hautement sacré que vous associez à ce lieu, et nous vous en remercions, car il est vrai que vous respirez la divinité par l'air qui pénètre vos narines dès que vous entrez en ce lieu. Nos mots vous font rire, n'est-ce pas ? Riez, mes chers amis, car rien ne sert de prendre tout au sérieux ; mieux vaut regarder la vie avec les yeux d'un enfant qui s'émerveille en permanence de tout. Sachez que le site de Macchu Picchu permet en effet aux êtres qui posent leurs pieds sur ces terres de se reconnecter directement avec tout ce potentiel solaire que les Peuples du Soleil, et pas seulement les Incas, sont venus semer en la Terre. Cela, vous le ressentez au niveau énergétique. Vous ne vous trompez pas. Et même si ces connaissances ne parviennent pas directement à votre conscience d'être incarné, elles vous imprègnent totalement.

Nous vous disons également que bon nombre de cristaux éthérés se font de plus en plus proches de votre vibration, ou plutôt c'est vous qui vous rapprochez de cette fréquence requise pour leur retour à la surface de la Terre. Ainsi, en plusieurs lieux de celle-ci, l'énergie cristalline est fortement présente, et la présence éthérique de cristaux de cinquième dimension commence à être perceptible à certains d'entre vous. Nous vous disons cela pour insister sur le fait que vous serez tous amenés à voir réellement ce dont il est question. Cela ne concerne pas uniquement une certaine catégorie de personnes. Vous pourrez tous sentir, ressentir, pressentir cette force énergétique cristalline qui va émaner et qui émane déjà de plusieurs lieux dits sacrés ou, en tout cas, vibrant à une fréquence proche de celle des sphères de lumière de la cinquième dimension. Ainsi, Macchu Picchu laissera également voir, sous forme éthérique puisque appartenant à une civilisation terrestre passée, plusieurs vestiges qui intrigueront grandement vos scientifiques lorsqu'ils se seront aperçus de cette réalité-vie qui ressemble à la matière, qui se superpose à la dimension terrestre et qui pourtant appartient au passé. Cela vous semblera bien curieux de prime abord, mais vous vous habituerez bien vite à cette superposition des images du passé avec celles du présent, car c'est cela qui représente la verticalité de votre temps.

De plus, la région de Macchu Picchu est intimement liée à celle des Pyrénées ; ce lien énergétique très fort constitue un axe majeur quant à l'établissement des villes souterraines et aux grandes lignes directrices véhiculant l'énergie des Cristaux de feu à la surface de la Terre. Beaucoup de lieux ayant une vibration harmonique adéquate ont été mis en résonance, il y a fort longtemps, et c'est ainsi que toute la surface de la Terre est interreliée énergétiquement. Vous découvrirez également, mais cela n'est pas pour tout de suite, que des vortex d'énergie situés en des lieux bien précis de la planète peuvent instantanément vous transporter en d'autres lieux physiques de la Terre. Ne trouvez-vous pas que les vortex énergétiques représentent le moyen de transport le plus rapide de la troisième dimension ? Nous vous parlons ici avec une note d'humour, mais cela est bien réel, vous verrez.

Chers amis et frères de la Terre, sachez que c'est un grand plaisir pour nous que de vous accompagner en vibration lorsque vous nous en faites la demande. Et puissent vos plus beaux rêves prendre forme dans la matière afin de sublimer cette expérience humaine et de révéler l'unité de vos cœurs.

L'année 2007 et la perception stellaire inca

(Chandra, Hildon et Flex + les Gardiens de l'Astrologie Sacrée)

Si vous regardez au-delà de l'année 2006 et de ces vagues incessantes, mais évidentes et plus que nécessaires, de choix à effectuer, de nouvelles orientations à prendre, d'occasions inattendues à saisir, vous apercevrez cette particularité temporelle de 2007. Certains auront même l'impression que tout le temps nécessaire leur est donné pour l'accomplissement de leur mission de vie. D'autres, qui continueront leur chemin en toute simplicité de cœur, seront inévitablement confrontés à cette réalité située au-delà de leur conscience humaine et c'est ainsi que 2007 unifiera grandement la conscience de tous les hommes de la Terre. Année d'unification, certes, tant au niveau collectif qu'individuel, mais aussi année de transposition par rapport à des souvenirs, des connaissances du passé qui ressurgiront telles des vérités indéniables puisque vous aurez évidemment de nombreuses preuves à l'appui. Nous voulons dire par là que de grands principes faisant partie de l'histoire de votre humanité referont surface et viendront ébranler la conscience de ceux qui auront semblé nourrir encore un certain scepticisme quant à la réalité-lumière qui vous attend tous.

Les énergies cosmiques des Incas ainsi que de ceux qui demeurent dans les cités incas intraterrestres se joignent à nous en vibration pour célébrer cet avènement, cette ouverture des consciences qui s'épanouit pleinement en 2006 et se poursuit durant toute l'année 2007. Et nous sommes fort heureux de vous dire que la symbolique de 2007 correspond aussi à la réalisation intérieure de l'état christique en l'homme, qui retrouve ainsi sa véritable essence.

Maintenant, les Gardiens de l'Astrologie sacrée, qui ont œuvré pleinement et de tout leur cœur au sein de la civilisation inca à la surface de la Terre, s'adressent aujourd'hui à vous depuis les sphères de cristal éthérées de la septième dimension, sur lesquelles ils sont retournés après l'ascension de la civilisation inca :

Nous vous bénissons depuis ces sphères d'amour resplendissantes de pureté qui sont autant d'étincelles de vie translucides que ces étoiles de vie qui composent tout votre être. C'est avec un profond respect que nous nous adressons aujourd'hui aux hommes et aux femmes de la Terre.

Nous commencerons par ceci : tel a été le commencement, telle sera l'évolution et tel sera le retour à la Source-Une, dans l'immensité d'un cycle sans fin et en continuité perpétuelle, qui vous semble morcelé, parsemé de richesses et de créations humaines et divines, avec un début et une fin, un départ et un retour, une vie et une mort. Il n'en est pourtant rien. Vous le vivrez, vous en ferez l'expérience. Vous en faites déjà l'expérience en vérité, sans toutefois le savoir par votre conscience humaine. Ainsi, la respiration divine se poursuit. Elle n'a, en fait, jamais commencé et elle ne finira jamais puisqu'elle EST depuis toujours et éternellement. Et vous aussi, de la Terre, vous ÊTES. Voilà tout. Lorsque vous aurez bien compris cela, les astres n'auront plus aucun secret pour vous.

La Création entière sera en totale symbiose avec les êtres majestueux que sont les humains de la Terre. Et pour vous donner une idée de ce qui vous attend en 2007, nous vous disons que la configuration planétaire spécifique de 2006 aura préparé le terrain afin que l'axe central de la Terre se mette en résonance vectorielle. Qu'est-ce que cela signifie ? Qu'elle sera dans une même ligne directrice selon les lois cosmiques de votre Galaxie et de votre Soleil, avec les sphères de la cinquième dimension. Je parle ici notamment de l'étoile Alphée, dont la vibration sera envoyée directement à la Terre en 2015, ainsi qu'à Polaris, qui constitue également un pont de lumière vibrant pour la Terre, puisque cette sphère d'étoile sera mise en pulsation directe avec le Cristal central de la Terre dès 2012. Les constellations du Verseau et du Taureau graviront également une marche supplémentaire quant à leur diffusion luminique d'informations vers la Terre. C'est dans l'axe rotatif primaire du Grand Soleil central ainsi que dans celui du Cristal central de votre Terre que s'aligneront les trois sœurs jumelles de la Terre, sur lesquelles évoluent aussi des êtres de la troisième dimension et qui effectueront le passage vers les dimensions supérieures au même moment que votre Terre-Mère. Ainsi, d'un point de vue astrologique, mais d'une astrologie plus vaste puisqu'elle n'est pas uniquement terrienne, 2007 constitue une année charnière pour la Terre, pour son évolution et pour son élévation vibratoire, entre les quatre années précédentes et les cinq à venir.

C'est en partie par le positionnement de votre Terre dans le cosmos, et nous disons volontairement ici « cosmos » et non « galaxie », que d'importantes vagues d'énergies, pointues et précises, viendront toucher en 2007 certains lieux géographiques définis de votre planète. Tout doit être redessiné, vous savez. Mais ne vous inquiétez pas, car tout est prévu pour que les changements qui doivent avoir lieu puissent effectivement se faire dans les meilleures conditions pour vous tous. Et nous sommes tous là pour vous accompagner et vous soutenir. Alors, nous vous répétons d'avancer sans crainte et surtout de ne pas vous inquiéter. Lorsque nous parlons d'importantes vagues d'énergies, nous faisons allusion à ces ondes vibratoires qui vous parviennent de certains endroits du cosmos. Ces ondes ont pour but de créer, d'insuffler des modifications climatiques et géophysiques afin que les terres, à proprement parler, puissent soit s'élever, soit ressurgir, soit retourner à l'un des éléments principaux créateurs de vie : l'eau. Mais ces changements au niveau de la disposition de vos terres et du climat ne sont pas uniquement provoqués par les ondes cosmiques ; ils sont, en majeure partie, la conséquence de la vibration terrestre qui s'élève en fréquence et qui demande plus de reconnaissance de la part des êtres de la surface de la Terre. Nous disons « reconnaissance », car c'est vraiment une nécessité pour chacun de vous de reconnaître votre Terre-Mère comme une sphère de vie, un être qui vit, qui a un cœur, tout comme vous. Et nous voyons que vous le comprenez peu à peu. Nous vous remercions d'ailleurs de cette prise de conscience, car cela nous touche vraiment.

C'est de nouveau avec respect que nous vous quittons ici en vibration. Nous ne vous quittons pas réellement, car notre vibration est présente tout autour de la Terre et nous sommes heureux de vous voir vous préparer énergétiquement, consciemment pour certains et pas encore consciemment pour d'autres, mais cela n'a aucune importance, car vous êtes tous sur un pied d'égalité quant à l'évolution de l'humanité, à ces changements vibratoires majeurs qui vont ponctuer l'année 2007 et les suivantes. Nous vous aimons.

Sincères pulsations de vie pour vous tous. Du fond du cœur.

– *En ce qui a trait à la conscience humaine, à quel niveau les changements les plus importants se feront-ils ?*

Message d'Octarus, Sterius et Arquila des Pléiades

Merci de nous accorder votre écoute. Nous souhaitons vous parler des changements qui auront lieu tout au long de l'année 2007 dans les consciences humaines et du remaniement prévu des corps énergétiques. Cela fait partie du grand Plan établi pour la Terre, et, bien que vous en ayez déjà conscience, ce dont vous serez en mesure de faire l'expérience à l'avenir vous surprendra et vous étonnera. Il est important pour vous d'être surpris et étonnés, car c'est aussi cela qui fait de l'expérience humaine terrestre une découverte de chaque instant pour chacun de vous. Soyez-en heureux. Nous le sommes aussi. Les années qui viennent peuvent être qualifiées de « transformatrices » dans tous les domaines de votre expérience, c'est-à-dire aussi bien au plan individuel, par les modifications psychiques, émotionnelles, mentales et physiques (ADN et activations cellulaires en particulier), qu'au niveau collectif, avec une épuration de l'inconscient collectif qui gravite depuis trop longtemps en énergie tout autour de votre Terre et que vos frères de lumière vous aident, bien que vous n'en soyez pas encore conscients, à transmuter et à repolariser par la force de la lumière.

L'année 2007 constitue, pour la Terre et pour tous les êtres stellaires qui vous accompagnent en vibration et qui travaillent intensément à l'intégration des fréquences requises pour harmoniser l'ensemble de votre humanité, une année charnière dans le domaine de l'énergétique et de la génétique du corps humain, puisque toutes ces réorganisations vibratoires qui vont vous toucher alimenteront également votre ADN humain d'une substance énergétique nouvelle, ce qui fera croître considérablement vos potentialités et vous permettra de réaliser pleinement, dans la matière et par votre incarnation, ce que la Création divine est venue vous enseigner par cette expérience terrestre. C'est donc au cœur même de votre ADN que la transformation ultime s'effectuera. Cela constituera le déclencheur de nombreux changements collectifs au niveau de tous vos concepts politico-économiques et sociaux établis depuis des générations. Apparaîtront alors de nouveaux principes et de nouveaux modes de pensée, ce qui permettra à toute votre humanité de bâtir de nouvelles fondations, plus solides que les précédentes, lesquelles étaient empreintes du mental et de l'émotionnel de votre histoire, pour repartir de plus belle vers ces temps-lumière qui vous attendent très prochainement.

La réorganisation de votre véhicule physique, comme vous le savez déjà, est en évolution, voire en révolution permanente, afin de vous préparer effectivement à réaliser en totalité votre potentiel humain, qui, nous vous le redisons, engendrera immédiatement une reconnexion évidente à votre essence stellaire, solaire, cristalline et divine.

Nous agissons en pleine conscience de l'accélération temporelle qui s'accentue de surcroît en cette période pour votre planète Terre, et unissons tous, nous, vos frères des Étoiles, nos vibrations les plus intenses et les plus lumineuses pour vous permettre d'être fin prêts lorsque viendra pour vous le moment de recouvrer intégralement la réalité de qui vous êtes. Et nous savons bien que cela a déjà commencé depuis quelque temps et que plusieurs d'entre vous se souviennent peu à peu de leur essence stellaire originelle, de la vibration de vie qui leur a été donnée lors de leur création.

Sachez que nous procédons actuellement à des réglages dans vos corps éthériques, mentaux et émotionnels, car il est devenu nécessaire de reconnecter certaines interfaces énergétiques placées dans ces corps à vos cellules physiques qui ont été encodées pour recevoir ces connexions. Certes, il vous est donné la capacité de concrétiser par vous-mêmes les interconnexions prévues ; nous sommes là pour vous aider à un grand moment de votre évolution humaine et c'est pour cette raison que nous vous facilitons la tâche, pourrait-on dire, en procédant à ces réactivations nécessaires, car vous savez bien que le temps presse et que beaucoup d'êtres de la surface de la Terre tardent encore à se réveiller et à exprimer pleinement la divinité qui demeure voilée en leur être incarné.

Nous, des Pléiades, ainsi que tous vos frères des Étoiles unis en la Lumière du cœur, la Confédération galactique et tous les Êtres solaires, qui sont votre famille de Lumière et d'Amour, préparons cette avancée pour la Terre qui nous est chère et que nous abreuvons de la Lumière des Étoiles depuis nos plans.

Quoi qu'il vous soit demandé d'expérimenter, sachez que nous vous accompagnons depuis toujours et que nous ne vous abandonnons jamais. Et nous serons là lorsque l'élévation de la Terre et de l'humanité se fera.

Amour Fraternel de vos frères des Étoiles.

– *Comment pouvons-nous participer de façon consciente aux changements de notre corps physique ?*

(Chandra, Hildon et Flex)

L'année 2007 aura pour mission vibratoire de vous élever avec vos corps d'énergie tout fraîchement redessinés, mais aussi avec votre corps physique, et nous vous avons dit maintes fois de bien prendre soin de celui-ci. Ce n'est pas anodin. C'est par la transformation adéquate de votre corps physique et en même temps de votre conscience humaine que vous maintiendrez la vibration nécessaire à l'actuelle accélération de la fréquence harmonique de la Terre.

Lorsque nous parlons de transformation de votre corps physique, nous voulons dire tout d'abord qu'il existe pour vous une nécessité primordiale : *nourrir votre véhicule avec la lumière* qu'il vous demande. Lumière solaire, lumière cristalline, certes, mais l'alimentation *lumière* de votre corps physique implique aussi, et en premier lieu, ce que vous ingérez au quotidien. Et c'est sur ce point que nous attirons votre attention, car lorsque vous aurez dépassé les barrières de 2006 et que vous commencerez l'année 2007 avec le cœur grand ouvert sur ce qui vous semble juste, vous ne pourrez plus continuer à mettre en votre corps physique des substances et des éléments dont la vibration ne lui conviendrait plus. Cela sera d'autant plus accentué que votre système de consommation sera automatiquement remis en cause, à grande échelle, car 2006 et 2007 vont voir apparaître de véritables aberrations dans ce qui vous sera proposé par les grandes chaînes alimentaires. Vous saurez alors faire la part des choses, comme vous le faites de plus en plus déjà. Nous ne pouvons nous attarder sur ce sujet, car cela ne nous est pas permis pour l'instant. Nous insistons donc simplement sur le fait que vous devez d'ores et déjà faire bien attention à votre alimentation quotidienne. Nous vous disons que vous pouvez, si vous le souhaitez, vous abreuver de la substance de lumière universelle qui coule en abondance pour ceux et celles qui le demandent et qui nourrira tout votre corps physique en le fortifiant, ainsi que vos corps de lumière. Cela est simple ; il suffit d'en faire la demande et de prendre quelques minutes, lorsque vous le ressentez, pour nourrir toutes vos particules de vie.

Le second point essentiel à prendre en considération pour commencer l'année 2007 avec courage est celui-ci : au début de celle-ci, vous aurez atteint un certain degré de conscience et d'ouverture du cœur qui vous permettra de commencer l'année en confiance, avec assurance, joie et paix. Cependant, il vous faut savoir que votre sincérité et votre confiance seront encore mises à l'épreuve et il vous est demandé de ne pas vous laisser déstabiliser par tout ce qui pourrait aller à l'encontre de vos convictions de cœur. Vous en faites déjà l'expérience, mais sachez que vous serez testés jusqu'au bout, car cela fait partie du jeu de l'expérience humaine ; alors, ne l'oubliez pas. C'est donc tout ce qui vous semblera acquis et que vous aurez réussi à accomplir et à établir de manière juste à travers toutes ces expériences, surtout émotionnelles, que vous aurez traversées qui sera une fois de plus mis à l'épreuve afin de vous permettre de grandir toujours plus et de renforcer cette confiance que vous avez déjà en la Volonté divine, qui s'accomplit quoi qu'il arrive. Ce sera l'une des dernières épreuves de ce genre pour l'humanité. Il y en aura quelques autres, mais elles se feront de moins en moins déstabilisatrices, jusqu'à ne plus avoir lieu du tout quand vous serez arrivés à vivre pleinement votre présence divine à chaque instant de votre vie.

Pour vous accompagner en 2006 et en 2007, comme nous l'avons précisé plus haut, les vibrations solaires et cristallines des Lettres de feu Sateh et Ys vont être émises en pulsations continues depuis le Cristal central de la Terre et envoyées vers vous par nos frères intraterrestres incas. Ces mêmes vibrations seront également dirigées vers vous par les énergies cosmiques des Incas, c'est-à-dire nos énergies stellaires et celles de tous les êtres ascensionnés incas qui vibrent sur les sphères de la septième dimension. Par cette combinaison des forces terre et ciel pour l'émission intensive des vibrations de Sateh et d'Ys, vous recevez les harmoniques de ces Lettres de feu directement dans vos cellules humaines, dans votre ADN. Nous nous expliquons : leur vibration et leur fréquence sont déjà présentes, en codes, dans votre corps physique et dans vos corps de lumière, comme nous vous l'avons enseigné dans nos précédents ouvrages, et le fait de les recevoir à la fois du cosmos et du centre de la Terre crée un champ de force électromagnétique particulier lorsqu'elles touchent votre corps ; c'est grâce à ce champ magnétique que votre ADN et les codes qui sont associés aux vibrations des Lettres de feu se mettent automatiquement en mouvement pour réveiller d'autres codes solaires dans vos cellules, et cela provoque une réaction en chaîne. C'est pour cette raison que les émissions vibratoires unifiées entre le Ciel (cosmos et êtres d'énergie stellaires) et la Terre (Cristal central et cités de lumière intraterrestres) sont d'une importance capitale pour ces années à venir.

– *Qu'en est-il de la consommation de viande et de poisson ? Il y a tellement d'opinions divergentes à ce sujet que nous ne savons plus exactement ce qu'il en est. Le végétarisme ne semble pas convenir à tout le monde. Peut-on consommer de la viande et du poisson (biologique) et conserver notre équilibre énergétique et vibratoire ?*

Nous vous remercions d'avoir posé cette question. Il est vrai que vous êtes de plus en plus nombreux à faire attention à ce que vous mettez à l'intérieur de votre corps physique, et cela est évidemment conseillé, car vous savez maintenant que plusieurs aliments contiennent des substances qui créent des déséquilibres dans votre corps. Cependant, nous voyons également que beaucoup d'entre vous en arrivent parfois à des excès en supprimant de leur alimentation presque toute nourriture alors que leur corps fatigué leur demande plus que ce qu'il ne reçoit.

Il est important de comprendre qu'il y a un lien direct entre l'alimentation et la façon dont vous vivez votre quotidien. Si vous êtes stressés en permanence ou si votre train de vie vous pousse à dépenser beaucoup d'énergie, rien ne sert de suivre un régime particulier qui engendrera des carences et donc des difficultés à maintenir l'énergie suffisante au bon fonctionnement de votre corps physique. Notre conseil : *écoutez et respectez les demandes de votre corps.*

Bien entendu, ceux et celles d'entre vous qui sont dans un état de conscience leur permettant de vivre continuellement la joie et le bonheur au jour le jour peuvent tout naturellement et en toute facilité se nourrir d'aliments plus fluides, moins consistants. Leur façon de « vivre la vie » leur permet de rester dans une harmonie parfaite ou quasi parfaite qui ne déstabilise pas les corps émotionnel et mental, et qui, de ce fait, crée un certain équilibre vibratoire dans toute la substance du corps. Mais cela est très rare.

Sachez que si vous êtes en parfaite harmonie avec vous-même à chaque instant de votre vie, vous pourrez manger tout ce que vous voudrez. Évidemment, nous parlons ici de nourriture de haute qualité et non d'alimentation artificielle dépourvue d'éléments nutritifs.

Parfois, lorsque vous avez l'impression que certains aliments, viandes ou poissons, ne vous conviennent plus, il se passe habituellement deux choses différentes. Pour certains, le corps n'arrive plus à les assimiler correctement parce que les centres énergétiques chargés de l'assimilation et de la transformation de la nourriture révèlent un déséquilibre de son énergie vitale. Cela se traduit alors par une assimilation difficile de ces aliments. Il faut alors recréer l'équilibre en régulant l'énergie de vie dans le corps. Cela permettra d'abord aux organes précis de transmuter adéquatement les aliments que vous mangez, et, par là même, d'éviter de créer des carences pour votre organisme. Pour d'autres, nous voyons qu'ils n'éprouvent tout simplement plus le besoin de consommer viande et poisson parce que leur corps n'en demande plus. À ceux-là, nous disons qu'il est bien de continuer ainsi puisque leur organisme n'en est pas tributaire.

Nous mentionnons également qu'une alimentation saine et de haute qualité, celle que votre corps demande, quel que soit l'aliment consommé, ne peut « abaisser » vos vibrations. De toute évidence, il faut éviter les produits alimentaires qui contiennent des substances non naturelles, car leurs effets sur votre corps et votre organisme sont néfastes, mais il est vrai aussi que certaines personnes ont encore besoin de consommer de la viande et du poisson et que cela n'entrave en rien leur processus d'élévation vibratoire.

Il faut comprendre que vous n'avez pas encore atteint le degré ultime de réalisation qui mène au « nirvana ». Si c'était le cas, vous seriez déjà tous ascensionnés (humour...). Vous devez donc vivre en adéquation avec votre monde, et lorsque vous traversez des périodes difficiles, tant au plan émotionnel, psychologique que mental, vous générez automatiquement un stress qui se répercute sur votre bien-être physique et qui bien souvent crée un état de fatigue et de manque d'énergie. Si c'est le cas, si vous sentez le besoin de manger de la viande ou du poisson, ne vous en privez surtout pas, car le plus important pour chacun de vous est d'être continuellement à l'écoute de votre corps. Et lorsque vous vous sentez en bonne santé, lorsque votre corps n'envoie plus de signaux vous indiquant que l'énergie vitale qui est en vous demande des réajustements, vous pouvez alors passer à une alimentation plus éthérée.

Nous savons que ce que nous disons ici ne sera pas accepté par tous et que beaucoup sont et resteront persuadés que les aliments d'origine animale nuisent à leur avancement spirituel. À ceux-là nous disons aussi d'écouter leur corps et surtout leur cœur.

Finalement, nous terminons notre réponse en vous exhortant à vous réjouir, car bientôt vous serez pleinement conscients de la nourriture céleste qui vous est envoyée par la Création. Cette nourriture-lumière sera palpable et reconnue par tous. Cela n'est pas pour tout de suite, mais les temps approchent !

– *Quels seront les plus grands défis des frères stellaires incas ?*

Tout d'abord, il nous fait plaisir de vous informer de l'ensemble de nos actions. Depuis quelque temps déjà, dans nos énergies cosmiques comme chez nos frères incas des cités de lumière intraterrestres, ces actions, dans leur globalité, concernent en grande partie la nouvelle configuration géophysique de la planète, certes, mais aussi et surtout sa nouvelle configuration énergétique. Nous voulons dire par là que les circuits d'énergie à la surface de votre planète comme à l'intérieur seront redessinés au même titre que le seront vos terres, vos continents et vos océans.

Il est fort important de savoir cela en cette période où les énergies s'accélèrent et où les changements se font de plus en plus fréquents. Toutefois, il est encore plus important de le comprendre en conscience, afin que ceux et celles d'entre vous qui le désirent puissent voir activement, en vibration, à ce que tous ces changements ne soient pas considérés comme des bouleversements ou des catastrophes, mais bel et bien comme des transformations pour un nouvel état d'être. Évidemment, cela ébranle les consciences humaines, mais les préserve également de tout ce qui ne doit plus encombrer l'avancée de la lumière du cœur pour les hommes et les femmes de la Terre-Lumière.

C'est donc ainsi que les énergies cosmiques des Incas ascensionnés travaillent activement avec les Grands Conseils galactiques afin que les rayons de puissance cristalline et les rayons cosmiques puissent effectivement rejoindre vos cœurs et toucher vos consciences. Cela se fait par étapes successives, et les premières séries vibratoires ont commencé il y a quelques mois déjà. Disons que nous en sommes maintenant à la moitié de ce que nous nous sommes engagés à réaliser pour l'évolution de la Terre. Vos frères intraterrestres œuvrent également à l'émission de rayons de puissance cristalline grâce au maintien vibratoire nécessaire, à l'intérieur de votre Terre, de la vibration cristalline, qui se propage ensuite au travers de la nouvelle grille dont nous vous parlerons plus tard et qui est nourrie de l'énergie de tous vos frères cristaux, car ceux-ci vous aiment et vous suivent en vibration de très près.

Nous préparons donc avec cœur le passage à ce nouvel état d'être qui est déjà en mouvement à la surface de la Terre et qui sera parfaitement achevé quand le moment en aura été décidé par la Création. C'est grâce à ce maintien énergétique de l'énergie solaire et cristalline pour la Terre, et surtout à son intégration en vos consciences et en votre monde de matière, que nous serons amenés à agir plus précisément en 2007 sur l'ouverture de vortex spécifiques qui permettront à certains d'entre vous de rejoindre nos sphères pour un temps afin de pouvoir œuvrer depuis un plan situé au-delà de la troisième dimension et d'ensuite en témoigner lors de leur retour à la réalité. C'est ainsi que 2007 réservera à plusieurs d'entre vous de merveilleux voyages de lumière ! Et cela en pleine conscience. Alors, soyez prêts. Nous nous en réjouissons déjà. Et, pour répondre à votre question, nous dirons que ce sera là notre plus grand défi que de permettre à la Terre et aux êtres de la surface d'arriver à la fréquence requise en leur cœur, en leur conscience, et de la maintenir dans leur quotidien afin que nous puissions effectivement réaliser ces *« cosmic tours »*…

Que cela vous garde dans l'espoir d'un avenir lumineux et empli de paix, car nous savons que bon nombre d'entre vous imaginent un avenir sombre. Ils s'apercevront toutefois un jour que leur vision était voilée. Oui, l'avenir sera lumineux ; oui, il vous faudra passer par toute une série d'étapes, de changements ; eh oui, ceux-ci vous paraîtront douloureux maintes fois, mais sachez que cela ne durera pas. Il s'agit d'un laps de temps bien court qui sera rapidement dépassé pour vous permettre d'ÊTRE, enfin.

Nous allons donc œuvrer continuellement avec tout l'amour que nous vous portons. Cette année 2007 qui se profile à l'horizon nous permettra de nous rapprocher si les temps le veulent bien, c'est-à-dire quand nous serons prêts ensemble, vous et nous.

Les nouvelles fonctions de la grille cristalline…

Comme nous vous l'avons expliqué auparavant, la nouvelle énergie qui s'installe actuellement à la surface de votre Terre est régie par l'unification des vibrations envoyées du cosmos par vos frères stellaires et de celles qui sont émises depuis l'intérieur de votre Terre. C'est là la particularité, nous le répétons, de ce que vous nommez la « nouvelle énergie ».

Ces vibrations sont alchimisées, unifiées dans le cœur des êtres humains de la Terre, mais elles sont également reçues par tous les règnes (les végétaux, les minéraux et les animaux) [plus de détails dans le troisième tome, *Rayonnance*]. Vous savez déjà qu'il existe à la surface de votre Terre un réseau de lumière, une trame énergétique, et qu'il en existe d'ailleurs plusieurs, qui se superposent et s'unissent. Ce que nous appelons la nouvelle grille cristalline est en réalité cette trame de lumière, ce circuit énergétique planétaire, intraplanétaire et extraplanétaire, qui permet la diffusion constante de la vibration cristalline pour votre humanité ainsi que sa permanence en toute substance de vie sur la Terre tridimensionnelle.

Par circuits énergétiques planétaires, nous désignons des circulations d'énergies qui se font à la surface de votre Terre et qui sont partiellement liées à la disposition géophysique de la planète. Le circuit que nous nommons intraplanétaire est celui qui est régi par les lois des cités de lumière intraterrestres, ce qui signifie que ce sont les peuples intraterrestres qui en ont la charge. Ce sont eux qui maintiennent, par un travail actif, la fréquence de la vibration cristalline dans tout ce réseau intraplanétaire. Les circuits énergétiques planétaire, intraplanétaire et extraplanétaire s'interpénètrent, se juxtaposent et se superposent à la fois, selon la vision d'ensemble que l'on a. Le circuit extraplanétaire d'énergie cristalline est celui qui est en perpétuelle extension tout autour de votre Terre, c'est-à-dire cette énergie qui compose l'aura de votre planète, en quelque sorte. Ce circuit énergétique est maintenu en vibration et en pulsation-lumière par vos frères stellaires, les guides cosmiques, les Conseils galactiques qui œuvrent pour la Terre-Lumière et son Plan, et également par nous, car nous rejoignons souvent en vibration, pour ces travaux bien précis, nos frères incas cosmiques. Ainsi, il n'y a pas un seul circuit d'énergie cristalline, mais trois grilles à la fois distinctes et imbriquées, qui forment dans leur ensemble *La grille cristalline.*

En ce qui concerne les fonctions de cette grille cristalline, nous dirons que la première, et vous la connaissez, c'est de maintenir sans cesse, pour la surface de la Terre et pour vous tous, la fréquence qui permet à l'ouverture du cœur d'avoir effectivement lieu et de se poursuivre quoi qu'il arrive. L'éveil des consciences humaines se fait à un moment donné, lorsqu'une certaine fréquence est atteinte, et que cet éveil, qui aboutit à une réelle ouverture à l'être divin que vous êtes et à l'ouverture totale de votre cœur, ne permet pas de retour en arrière. D'ailleurs, nous vous l'avons déjà dit, il n'y a jamais de retour en arrière, car rien n'est figé, rien n'est en état de stagnation, puisque la création est énergie de vie en mouvement et que cette évolution est constante. Ainsi, cette fréquence est maintenue afin que vous puissiez tous avoir cette prise de conscience, à un moment ou à un autre. Et cela prendra le temps qu'il faudra, mais nous savons que tous, sans exception, vous accéderez à cet état d'être divin, à cette plénitude de l'âme, à cette harmonie permanente.

Une autre fonction primordiale de la grille cristalline est de permettre à tous les cristaux de la Terre de diffuser leur fréquence d'amour vers vous. L'énergie des cristaux qui sont dans votre Terre est considérable et elle vous est vraiment d'une grande aide devant tous ces changements majeurs qui ont lieu pour chacun de vous et ces modifications vibratoires qui sont nécessaires. Oui, la grille cristalline unit, relie, et intensifie ce lien entre tous les cristaux de la Terre. Ceux-ci sont également interreliés en vibration, c'est-à-dire mis en interconnexion vibratoire, avec les trois Cristaux de feu et le Cristal central de la Terre. C'est cette unité cristalline vibratoire qui renforce l'émission de la fréquence cristalline à la surface de la Terre.

Enfin, une fonction particulière de la grille cristalline, et plus précisément du circuit d'énergie cristalline extraplanétaire, est de permettre à l'énergie du Verseau de se déverser, de « s'étaler » dirons-nous, en tous points de votre Terre. Ce circuit d'énergie est en quelque sorte le réceptacle de l'énergie du Verseau et plus précisément de l'énergie féminine dont vous parlez tant, qui est transmise par les principes créateurs de vie. Le circuit extraplanétaire d'énergie cristalline permet donc à cette énergie féminine d'être canalisée pour être ensuite diffusée plus aisément aux êtres humains de la surface de la Terre.

Nous, des Étoiles, œuvrons à la fois sur les trois grilles cristallines, planétaire, intraplanétaire et extraplanétaire, car nous faisons en quelque sorte le lien entre les énergies cosmiques incas, les cités intraterrestres incas et la mémoire inca de la surface de la Terre. C'est ainsi que nous avons été missionnés en cette période pour le Plan de la Terre-Lumière. Et si nous vous disons que ces trois circuits d'énergies cristallines sont en fait une seule et même grande grille cristalline, c'est parce que nous ne faisons aucune distinction entre les trois du point de vue de leur harmonique première, c'est-à-dire de leur essence. Ainsi, nous vous disons de ne pas faire de distinction entre ces circuits, si ce n'est dans le but de comprendre leur fonctionnement en conscience, mais de les unifier en vos consciences sous le terme de « grille cristalline » si vous le souhaitez ou de tout autre terme qui vous semblera approprié.

Sachez que c'est aussi par cette grille cristalline que sont transmis à la Terre les rayons cosmiques et les rayons de puissance cristalline dont nous vous avons parlé précédemment. Et, si vous le désirez, vous pouvez percevoir par votre être incarné cette trame de lumière cristalline. Il suffit de vous relier à cette énergie par votre cœur et de demander que les trois joyaux de ce dernier se mettent à pulser à l'unisson avec la vibration du Cristal central et des cristaux. Cela vous permettra de prendre plus facilement conscience de la circulation de cette énergie cristalline en vous tout d'abord, en vos veines, en vos propres circuits énergétiques, puis dans toute la Terre en sa globalité. Contentez-vous de ressentir, cela est suffisant. N'intellectualisez pas, ressentez.

Sachez également que lorsque toute votre humanité vibrera sur les mêmes harmoniques d'unité, il n'y aura plus de grille ou de trame de lumière, plus aucun circuit, puisque la lumière sera partout. L'énergie divine coulera à flots, mes amis ! Elle coule déjà abondamment, mais lorsque vous aurez dépassé le concept de la dualité, c'est-à-dire lorsque vous aurez appris à vivre avec ce concept en étant dans un état constant de béatitude et de paix intérieure, la Terre-Lumière sera alors un grand océan de lumière cristalline, solaire et divine.

– *Quel impact cela aura-t-il sur l'humanité en 2007 ?*

Sachez que cela aura un impact considérable sur les consciences.

Nous parlons ici des consciences de tous les êtres d'énergie de vie de la Terre, c'est-à-dire les êtres humains, les animaux, les végétaux et les minéraux. Tout ce qui compose la vie et tout ce qui est régi par la loi divine, c'est-à-dire qui possède l'énergie lumineuse en toutes ses particules de vie, sera profondément touché, transformé, transmuté par la vibration qui sera alors émise de la grille cristalline et des trois circuits énergétiques qui la composent. Cet impact se fera de façon immédiate, mais il ne sera pas perceptible tout de suite par l'ensemble des êtres humains, car son intégration se fera par paliers, tout au long de l'année 2007 et de celles qui suivront.

Vous ressentirez néanmoins ce changement, sans toutefois savoir de quoi il s'agit exactement. Ce sera comme une réharmonisation soudaine, une nouvelle atmosphère qui vous semblera plus bienveillante, plus accueillante, un bien-être général qui vous fera le plus grand bien.

C'est alors que vous serez amenés à redéfinir de manière plus cohérente, c'est-à-dire en ayant la conscience de l'énergie de vie contenue en toute création et de l'interrelation existant entre tout ce qui vous entoure et vous-mêmes, les nouvelles structures politiques, sociales et économiques. Nous vous avons dit précédemment que ces secteurs d'activité que vous connaissez seront totalement remis en question et redessinés, repensés de manière plus juste, dans leur ensemble.

Lorsque vous nous demandez comment il vous serait possible de travailler avec ces nouvelles fonctions de la grille cristalline, nous vous répondons en premier lieu qu'il est important pour vous, pour votre corps physique, de s'adapter progressivement à cette vibration en permettant à toutes les cellules de votre corps, à toutes les particules de vie qui vous composent, de se rapprocher vibratoirement de la structure cristalline. Cela se fait par votre alimentation, certes, mais nous insistons ici sur le fait que de prendre conscience de la structure cristalline de l'eau que vous buvez peut être un point de départ. En effet, l'eau, dans sa substance et dans son essence la plus profonde, est cristalline en vibration, en forme, en structure et en énergie. C'est-à-dire qu'elle représente, à l'état de matière, la cristallisation de l'énergie. Certains d'entre vous connaissent l'impact que l'intention peut avoir sur la structure des cristaux d'eau*, et cela est important pour chacun de vous de prendre conscience de l'énergie, de la vibration que vous déposez dans l'eau que vous buvez. Certes, vous buvez parce que vous avez soif, mais vous pouvez aussi demander à l'eau qui circule en vous de vous emplir d'amour ou de vous fortifier, ou bien de vous donner du courage pour affronter telle ou telle situation qui vous paraît désagréable. La structure moléculaire de l'eau et celle des cristaux d'eau va alors agir immédiatement sur votre structure interne, celle de vos cellules, celles de vos organes et également celle de votre psychisme.

Une autre façon de vous rapprocher, en vibration, de cette nouvelle vibration cristalline et de l'intégrer dans votre être incarné est de porter plus d'attention au monde minéral, c'est-à-dire aux pierres et aux cristaux de votre environnement. Plusieurs d'entre vous, nous le voyons, ont chez eux et dans leur environnement des pierres et des cristaux, mais ils ne leur portent pas assez d'attention, c'est-à-dire qu'ils ne les considèrent pas encore comme des êtres vivants à part entière, au même titre qu'eux-mêmes. Souvent, ils les oublient dans un coin. Certes, ces minéraux agissent

---

* NDÉ : Par exemple, le livre du Dr Masuru Emoto, *Le pouvoir guérisseur de l'eau.*

d'eux-mêmes et continuent de diffuser leur vibration même si vous ne vous en souciez pas, mais il arrivera un temps où vous serez amenés à vivre avec eux comme si vous viviez avec vos frères ou vos sœurs car, en fait, ce sont vos frères et vos sœurs.

Alors, prenez un peu de temps chaque jour pour les reconnaître et les considérer. Occupez-vous-en et vous verrez la différence dans votre quotidien. L'énergie cristalline se répandra chez vous et tout autour de vous, car vous en aurez fait la demande par le simple fait de reconsidérer votre lien avec les cristaux de votre environnement et de le renforcer énergétiquement. Il s'agit d'un véritable lien du cœur. La pulsation du cœur du cristal est en résonance avec celle du Cristal central de la Terre. En vous reliant aux cristaux, vous vous mettez à pulser à l'unisson avec eux, votre cœur bat avec le cœur du cristal, et c'est également ainsi que vous vous connectez consciemment à la nouvelle grille cristalline, à ces circuits d'énergie et à tout ce qui vous est envoyé en lumière-cristal.

C'est aussi de cette manière que vous pouvez vous rapprocher de la vibration des trois Cristaux de feu, c'est-à-dire les sentir nourrir votre corps physique et tous vos corps de lumière de cette énergie douce et puissante qui émane d'eux depuis si longtemps pour votre humanité. Les dômes de minéraux et de cristaux qui soutiennent et recouvrent les Cristaux de feu s'ouvrent peu à peu pour laisser de plus en plus la force vibratoire des trois Cristaux rejoindre la surface de la Terre. Cela se fait progressivement, et certains d'entre vous ont déjà ressenti cette ouverture énergétique créant plusieurs vortex d'énergie aux alentours des lieux où les Cristaux de feu sont amenés à ressurgir*. Ce sont des vortex cristallins, c'est-à-dire qu'ils vous unissent à l'énergie du Cristal de feu dont ils dépendent, dès que vous entrez dans leur champ de force électromagnétique. Lorsque vous êtes ainsi unis vibratoirement à l'énergie des Cristaux de feu, vous participez à leur remontée à la surface par votre évolution quotidienne dans votre monde tridimensionnel, c'est-à-dire que vous êtes alors reliés, comme interconnectés, au Cristal de feu dont vous vous êtes

* NDÉ : Les cristaux de feu sont censés ressurgir dans la région du Saint-Laurent, dans les Pyrénées et au Brésil (Voir *L'envolée humaine*, du même auteur).

rapprochés, et que celui-ci peut commencer à vous enseigner ses connaissances, celles qu'il garde en mémoire. La mémoire du Cristal est alors la vôtre. Cela se fera pour chacun d'entre vous, car, comme nous vous l'avons déjà dit, il n'y a pas d'exception, mais ceux et celles qui ressentent d'ores et déjà cet appel du Cristal peuvent venir se relier et s'interconnecter aux Cristaux de feu par l'intermédiaire des vortex cristallins. Ainsi, vous pourrez commencer le travail en conscience et vous ouvrirez la porte aux autres humains qui, pour l'instant, ne ressentent pas consciemment cette nécessité de réaliser leur potentiel divin en l'incarnation, mais sont toutefois amenés à le faire par tout ce dont ils font l'expérience dans leur quotidien, aussi simple puisse-t-il leur sembler.

Ainsi, si vous le désirez, vous pouvez vous relier à cette énergie cristalline et à ces magnifiques spirales de cristaux qui vous sont envoyées en rayons d'énergies cosmiques et cristallines. C'est simple, et vous savez bien que c'est au niveau le plus simple de la vie que vous pouvez réaliser les choses les plus merveilleuses et divines, parfois même sans le savoir…

Tout ce que vous êtes amenés à expérimenter au cours de l'année 2007 révélera des facettes de votre être que vous ne connaissez pas pour l'instant et que vous serez émerveillés de retrouver.

Que cela vous réjouisse, car votre avenir est florissant ! La lumière qui rayonne de votre cœur touche le nôtre à l'instant et nous sommes joyeux de vous voir resplendir ainsi de cette divinité qui est vous. Nous vous envoyons nos plus belles étincelles d'amour pour vous remercier de cette merveilleuse expérience terrestre que vous avez tous eu le courage d'accepter et de vivre.

Que la plénitude de votre Être divin vous adoube maintenant !

– *Comment se préparent les retrouvailles avec nos frères incas intraterrestres ?*

Nous sommes heureux aujourd'hui de vous annoncer que toute cette beauté qui demeure à la surface de la Terre, mais que vous ne voyez pas à sa juste valeur pour le moment, va bientôt se révéler à vous sous une tout autre forme, c'est-à-dire que vous allez véritablement prendre conscience de la beauté de votre humanité et de la Terre-Mère qui vous porte.

Ainsi, cette prise de conscience vous amènera, tous sans exception, à reconsidérer votre relation à la terre, à la nature et aux peuples de la nature. Il en sera ainsi parce que votre Terre-Mère vous appelle, et c'est en partie grâce aux changements qui ont lieu et qui vont se poursuivre à la surface de votre planète – nous voulons parler de tous les changements géophysiques et climatiques – que vous allez être amenés à un tout autre état de conscience vis-à-vis de la Terre, qui sera alors considérée par vous tous comme un être vivant à part entière parce que vous aurez enfin compris le message qu'elle vous donne depuis longtemps déjà.

Nous commençons de cette manière notre réponse à votre question, car nous voulons vous amener à une vibration toute particulière qui vous mettra en résonance avec les énergies incas intraterrestres et qui vous permettra de mieux accueillir et intégrer ce qui va suivre.

Tous les peuples intraterrestres qui demeurent dans les cités de lumière œuvrent depuis fort longtemps déjà au maintien de la vibration harmonique requise pour vous tous, de la surface. Ainsi, plusieurs d'entre nous, des Étoiles, travaillent en équipe, pourrions-nous dire, avec nos frères de lumière intraterrestres. Vous savez fort bien que nous attendons avec autant de joie que vous ces retrouvailles qui sont proches. Eh bien, sachez que vos frères intraterrestres se rapprochent de vous, en vibration, grâce à votre fréquence harmonique qui est en constante augmentation, mais aussi en énergie plus palpable puisque certains viennent déjà vous rendre visite bien que vous ne les reconnaissiez pas toujours pour l'instant. Nous vous disons que les liens se resserrent de plus en plus, et tout ce qui se passera au cours des prochaines années pour la Terre, pour vous à la surface et pour nous de l'intérieur, demandera inévitablement une unité entre tous les êtres vivants de la planète, c'est-à-dire entre vous, de la surface, vos frères de l'intérieur de la Terre et tous les êtres évoluant sur d'autres plans que vous commencez aussi à percevoir.

Nous laissons ici la parole à notre ami et frère Elphis.

Message d'Elphis, Grand Prêtre inca,
sur la cohérence harmonique des énergies cristallines intraterrestres.

Merci, mes amis, de me permettre aujourd'hui de m'adresser à vous, de la surface de la Terre, afin de nouer de belles relations, en conscience, qui seront les germes de nos rencontres à venir, plus physiques celles-là. Nous sommes heureux, et nombreux, à vous voir avancer si merveilleusement dans cette expérience de vie terrestre qui, nous le savons pour l'avoir connue auparavant, n'est certes pas aisée à tout moment… Et nous sommes là, avec vous, même si vous ne nous voyez pas encore de vos yeux physiques. Nous avons la possibilité maintenant de projeter nos corps de lumière totalement à la surface de la Terre, ce que nous ne faisions qu'en partie jusqu'à présent, et cela nous permet d'être d'autant plus présents, en énergie, au sein de vos activités de tous les jours et de tout ce que vous vivez, pour vous accompagner de notre vibration et vous donner l'espoir de ce monde meilleur que vous attendez tous. Car ce monde existe. Il est là et vous le vivrez bientôt. Tous. C'est aussi pour nous un temps de changement puisque nous voyons que tout s'accélère pour notre Terre, et c'est également à cela que nous participons tous, de l'intérieur de la planète.

En réalité, je m'adresse à vous aujourd'hui depuis Kaletah, la première cité de lumière intraterrestre inca, celle qui nous a accueillis lorsque nous avons quitté la surface de la Terre. C'est ici que se trouvent la plupart des salles où se tiennent régulièrement les Grands Conseils incas et c'est aussi en ce lieu que nous nous rejoignons, avec les représentants des autres cités de lumière, pas uniquement ceux des cités incas, mais aussi tous les êtres de lumière intraterrestres qui demeurent à cette même fréquence harmonique.

Ces réunions se font en un endroit bien précis, une sorte de grand dôme de cristal au sommet pointu (que vous, de la surface, appelez « zome »), qui est entouré de cristaux ovales d'une hauteur de deux à trois mètres. Ce dôme permet, une fois que l'on cst à l'intérieur, de se retrouver en un lieu où nos frères incas cosmiques, qui vibrent sur les sphères de lumière autour et au-delà de votre Terre (c'est-à-dire dans le champ énergétique de la Terre), sont également présents. En réalité, les énergies incas cosmiques ont aussi un dôme comme celui-ci, et, lorsque nos frères incas pénètrent à l'intérieur, ils se retrouvent au même endroit que nous puisque ces lieux ne sont vraiment qu'une seule et même salle qui n'a en vérité aucune place définie dans l'espace et le temps puisqu'elle appartient à plusieurs cités de lumière à la fois. Non, elle n'appartient pas ; elle EST, tout simplement. Cela est certainement difficile à comprendre pour vous, et je dirais que ce n'est pas aisé non plus à expliquer pour moi, mais disons qu'il s'agit en quelque sorte d'une Grande Salle de cristal qui peut être considérée comme un vortex. Et toutes les cités de lumière disposent d'une grande salle comme celle-ci, donc d'un vortex similaire. Ainsi, tous ces vortex mènent au même lieu, qui est l'intérieur de toutes les Grandes Salles de cristal des cités de lumière. C'est donc en ce lieu que nous nous réunissons régulièrement pour plusieurs choses que nous devons mettre en place afin que le Plan établi pour la Terre se déroule de manière juste selon la Volonté divine de la Création.

Depuis quelques mois déjà, nous nous réunissons ici plus fréquemment, car nous préparons la diffusion, à la surface, de la nouvelle énergie cristalline dont mes amis vous ont déjà parlé. Concrètement, nous unissons, avec les représentants des autres villes de lumière, les vibrations de toutes les cités intraterrestres afin que la fréquence harmonique que nous vous envoyons puisse directement toucher le cœur de tous les êtres de la surface de la Terre, et cela pour que vous soyez prêts à recevoir et à « alchimiser » les nouveaux rayons de puissance cristalline. Oui, je vois votre interrogation ; vous vous demandez comment nous faisons pour unir les vibrations de toutes les cités de lumière. Eh bien, nous demandons de l'aide à nos amis les cristaux.

En réalité, chaque représentant des cités de lumière qui œuvre dans ce but apporte avec lui le Cristal générateur de sa cité. Chacun de ces cristaux a été choisi il y a bien longtemps pour servir de réceptacle à l'énergie commune que nous recevons du Cristal central de la Terre. Tous les cristaux générateurs ont été mis en résonance vibratoire, c'est-à-dire qu'ils sont tous unis, en vibration. Ils représentent une seule et même énergie, ils sont indissociables et pourtant chacun est unique. Contrairement à ce que vous pourriez penser, les cristaux générateurs ne sont pas grands ; ils ont la taille et la forme de crânes humains, et c'est aussi pour cette raison que leur vibration peut toucher directement vos cœurs. Ils représentent la pureté cristalline de l'être humain qui a parachevé une partie de son expérience de vie terrestre. Oui, ils sont en quelque sorte semblables à ceux que vous connaissez et que vous nommez les « crânes de cristal », et ils leur sont d'ailleurs intimement liés. Les cristaux générateurs de chaque cité de lumière sont disposés de façon bien précise (nous ne pouvons vous donner plus d'informations à ce jour, mais vous serez bientôt habilités à savoir tout cela) et chacun de nous prie intensément afin de se mettre sur la même harmonique que le cristal. Nous appelons alors tous les cristaux de la Terre, l'énergie des Cristaux de feu et celle de tous les cristaux, qui servent de lien vibratoire entre vous et nous, entre l'intérieur et la surface. Et puisque l'endroit où nous nous trouvons est partout à la fois, cette vibration se diffuse instantanément à toute essence de vie de la Terre : de la surface, de l'intérieur et du champ vibratoire terrestre. C'est ainsi que nous participons au renforcement et à l'unification de la nouvelle grille cristalline.

Chers amis, vous pouvez aussi y participer, et c'est ce que vous allez être amenés à faire. Lorsque vous aurez compris que vos crânes cristallins ont aussi une place bien précise dans cette Grande Salle de cristal, vous saurez les réunir, les disposer, les agencer comme ils vous le demanderont, et c'est ainsi que l'humanité franchira véritablement un grand pas. Nous sommes là pour vous aider. Si vous le souhaitez et si vous nous le demandez, nous serons ravis, en temps voulu, de vous réapprendre ce que vous savez.

Ainsi le cristal vibre en vous. Ainsi vos cœurs chantent. Merci à vous, de la surface de la Terre, de m'avoir donné l'occasion de m'exprimer sur ce sujet. Cela était voulu. Cela devait se faire ainsi. Nous avons ouvert aujourd'hui une porte de lumière.

À très bientôt, dans la sincérité de nos cœurs qui chantent ensemble.

Les sept déesses de cristal de la création

Nous sommes les forces féminines et cristallines qui œuvrent pour la Création. Nous sommes les aspirations profondes, ces réalisations intimes de paix en la substance universelle qui abreuve toute vie cosmique.

Chacune d'entre nous est reliée à une sphère céleste vibratoire qui porte les caractéristiques de l'ère du Verseau pour la Terre.

Chacune d'entre nous est donc une vibration, une force-lumière à elle seule, et pourtant nous sommes interreliées puisque notre substance n'est qu'Une.

Lorsque l'on vous dit de laisser couler en vous l'énergie de la Déesse, c'est à nos qualités que l'on fait référence. Celles-ci sont au nombre de sept. Sept qualités féminines prédominantes, dirons-nous. Il y en a d'autres, sous-jacentes, sur lesquelles nous reviendrons plus loin. Et nous sommes donc au nombre de sept.

Il est temps pour vous tous, de la Terre, de retrouver en vous ces aspects, ces qualités que nous déversons en vous depuis la lumière cosmique qui vous entoure. Il y a quelques années déjà que nous avons été appelées à agir, puisque la concordance galactique et cosmique le permet, pour que l'ère du Verseau puisse entièrement succéder à celle des Poissons, qui vous a portés, façonnés, depuis plus de deux mille ans déjà. L'heure n'est plus à vous porter, à vous façonner ou à vous modeler ; vous savez dorénavant que votre expérience vous est propre et vous avez pris conscience de l'ampleur de cette incarnation.

Au même titre que les archanges, nous sommes porteuses chacune d'une flamme particulière possédant les qualités, la couleur et la note de notre vibration respective. Ces flammes, ou qualités, si vous préférez, sont des dons divins que chacun d'entre vous a reçus à son premier souffle de vie, c'est-à-dire lorsque sa lumière originelle et essentielle s'est « détachée » de la Source pour mener l'expérience. Ces flammes qui nous sont propres correspondent à de nouveaux rayons cristallins et cosmiques qui s'ajoutent à ceux que vous connaissez déjà. Il s'agit en réalité de vibrations célestes que vous serez amenés à concrétiser en cette expérience de vie. Vous savez bien que tout s'accélère, que les changements sont imminents. Eh bien, qu'adviendra-t-il de toute cette réalité terrestre telle que vous la connaissez, une fois que toutes les étapes du processus auront eu lieu pour la Terre ? Pensez-vous que vous allez quitter ce plan en laissant derrière vous tout ce que votre humanité a bâti depuis des millénaires ? Croyez-vous que vous allez être amenés dans les cités de lumière des hautes sphères et que toute votre expérience, celle que vous aurez connue au fil de vos incarnations, sera oubliée ? Non. Il n'en sera point ainsi, car vous avez choisi de passer par toute cette série d'expériences, par tout ce grand cycle karmique qui, bien que long et laborieux, nous vous l'accordons, vous a appris à reconnaître en vous la divinité, pour que vous puissiez créer à votre tour des mondes en évolution, interagir avec eux depuis le plan sur lequel vous allez bientôt rayonner, mais aussi être les guides de ces êtres qui devront également, tout comme vous dans le passé, venir s'incarner sur une sphère de vie de troisième dimension. Alors la Terre, lorsqu'elle sera couronnée de lumière, s'élèvera tout comme chacun de vous dans la lumière de la réalisation divine, mais cela ne veut pas dire que la Terre de troisième dimension disparaîtra complètement. Après avoir connu ces modifications qui l'attendent, elle demeurera une sphère de vie de troisième dimension dans l'immensité du cosmos, et il faudra alors tout un cycle, c'est-à-dire des millénaires, pour que, dans l'élan de vie de la Création cosmique portée par le souffle du Créateur, une nouvelle expérience puisse permettre à des êtres tels que vous de se construire dans un monde tridimensionnel et d'accéder à la divinité ultime après tout un périple dans l'incarnation selon la loi karmique. Et vous serez là, parce que vous aurez vécu vous-mêmes l'expérience humaine, pour éclairer la voie à ces êtres afin qu'ils puissent, eux aussi, retrouver le chemin qui les ramènera à la Source.

– *Quelles sont les qualités féminines des Déesses de cristal ?*

Vous ne devez plus laisser les vieux modèles de domination et d'involution prendre la place prépondérante dans votre vie terrestre. Et cela est valable pour vous tous… sans exception. Les énergies qui vous portent ne suffisent plus à régler tout ce qui vous perturbe dans votre quotidien. Le temps est maintenant venu pour vous, non pas de fuir cette réalité divine qui s'est réveillée en vous, mais de la vivre et de laisser ainsi couler en vous l'énergie divine de la flamme Une, de la Source, pour ne plus être « portés », mais pour avancer finalement avec votre propre énergie. C'est ainsi que vous réglerez bien plus efficacement tout ce que vous appelez des « problèmes ».

C'est donc avec une extrême gratitude envers vous et envers la Création qui nous envoie pour bénir de nos flammes divines la Terre-Lumière en éclosion que nous nous adressons à vous dans ces lignes.

Lorsque nous vous disons que chacune de ces flammes est porteuse d'une qualité particulière et que ce sont ces qualités que nous venons déposer sur votre Terre, nous tenons à préciser qu'il y a bien longtemps que nous avons été appelées pour commencer, en douceur, à ensemencer l'humanité terrestre de ces dons divins. Ainsi, ces qualités vous sembleront familières, mais c'est leur essence que vous devez réunir en vous, c'est leur nature que vous devez accepter, c'est leur vibration divine que vous devez vivre.

Nous vous présentons ici de manière succincte les sept qualités féminines premières, celles qui caractérisent ce que vous nommez à juste titre « l'énergie de la déesse » ou la nouvelle énergie féminine qui coule maintenant en vous, en vos veines, en votre corps physique et en vos cellules.

1. **Douceur et tendresse (Mère divine).** Il s'agit en réalité d'une seule et même vibration, celle de la Mère divine, de la Conscience-Féminine-Une, qui engendre avec la Conscience-Masculine-Une tout ce qui est, puisque ce sont les deux principes qui forment l'Unité de la Création et qui s'unissent pour donner naissance à la vie cosmique. C'est dans la réceptivité de cette première vibration que se mettront en place les changements liés à la conception et à l'enfantement pour les femmes de la Terre.
2. **Justesse et fermeté.** Cette qualité divine est celle qui permettra plus de fluidité et de rigueur dans les prises de décisions, et c'est cette

vibration qui aura un impact considérable sur tout ce qui concerne les décisions prises par les gouvernements. C'est cette qualité, cette facette de l'énergie féminine en expansion, qui va raviver les débats sur l'égalité homme/femme et qui amènera à une nouvelle conception, tout aussi novatrice que judicieuse, des structures étatiques en cours de morcellement et de recomposition.

3. **Joie et plénitude.** Voici un don divin qui semble faire défaut à la plupart d'entre vous, hommes et femmes de la Terre. Et pourtant, c'est l'une des plus simples qualités à développer puisqu'il vous suffit de laisser couler son énergie en vous. Mais nous savons aussi que c'est pour vous un exercice bien difficile que de se laisser aller complètement et de lâcher prise. La joie et la plénitude doivent être comprises et appréciées dans l'esprit de plénitude à chaque instant de la vie incarnée. C'est ainsi que la notion d'abondance sera reconsidérée, à bon escient. Plus de doutes, plus de douleurs. Seulement la gratitude de l'esprit, la plénitude d'un cœur en joie. Tout vous est alors donné puisque vous n'attendez plus rien et que vous êtes satisfaits de cet état de béatitude divine.
4. **Accueil et réceptivité.** Ces qualités représentent l'ouverture du cœur dans l'écoute d'autrui, mais aussi et surtout l'écoute de soi-même et de ses propres aspirations divines afin de vivre un épanouissement réel qui amène automatiquement à l'écoute vraie et sincère de l'autre. Sans jugement. C'est aussi l'acceptation de tout ce qui est, et l'évidence de la divinité en toute particule de vie, qu'elle soit humaine, animale, végétale ou minérale, et nous allons plus loin en parlant de particule de vie matérielle, car tout ce qui constitue votre matière est en réalité une somme de particules de vie tenues en suspension matérielle grâce à une onde spécifique de cohésion de la matière, dont vous ferez bientôt l'expérience.

L'accueil de la vie qui vous est donnée… Cela peut vous paraître simple lorsque vous entendez ces mots, mais la mise en pratique de ces qualités d'accueil et de réceptivité demande de laisser l'ego de côté. Totalement. Vous ouvrez alors des portes de lumière, et celles-ci deviennent aisées à franchir, en laissant apparaître de nouvelles à l'infini.

5. **Guidance et droiture.** Il s'agit là de la reconnaissance de l'énergie féminine descendante et ascendante en tant que matrice première de l'intuition humaine. Ainsi, toute action mue par l'intuition peut être vécue de manière divine. Lorsque l'on vous dit que vous êtes de véritables guerriers de lumière, c'est à ces qualités-là que nous faisons référence ainsi qu'à celles de justesse et de fermeté. Ce sont ces vibrations qui engendrent une reconnaissance de l'énergie féminine en tant que principe d'impulsion de vie dans la matrice de la création humaine.
6. **Générosité et partage.** Ce sont des vibrations nécessaires à développer et à vivre, pour chacun de vous, afin que les relations soient basées sur un véritable échange divin et non plus sur une notion de possession ou de pouvoir asservissant toujours l'un ou l'autre des individus.
7. **Paix et Amour.** Ces notions vous semblent à la fois éternelles, larges et vagues puisqu'elles paraissent représenter depuis la nuit des temps l'image que vous vous faites d'un monde parfait. Vous allez voir qu'elles sont en réalité bien plus que de simples mots évoquant la légèreté ou l'innocence de l'être qui entreprend de vivre ses rêves les plus fabuleux. Ce sont des concepts divins dont émane une vibration immense pour ceux et celles qui savent les accepter et les laisser couler dans leur vie. Vous verrez bientôt que les notions de paix et d'amour telles que vous les connaissez ne sont que les balbutiements des énergies de lumière que ces concepts représentent. Ainsi, tout sera à nouveau lumière.

Dans nos prochains échanges vibratoires, nous vous indiquerons comment ouvrir votre réceptivité à ces sept qualités féminines primordiales. Quelles que soient vos ambitions premières en ces temps de changement pour chacun de vous et pour votre humanité entière, ces dons divins que nous nommons qualités sont en vous depuis l'éternité, et c'est grâce à l'énergie nouvelle qui se déverse en vous depuis le cosmos et depuis le cœur même de votre Terre (nous voulons parler ici des nouveaux rayons) que vous êtes amenés à vivre pleinement ces qualités féminines de l'ère du Verseau et à les mettre en pratique dans votre vie de tous les jours. Que la lumière du feu sacré s'élève en chacun de vous et puisse enfin révéler la véritable nature de l'Être ! C'est ainsi que nous préparons les choses, c'est ainsi que nous avons été appelées à agir. Grâce à nos énergies premières et à leur vibration que nous vous envoyons, c'est avec le courage, la sérénité et la splendeur de la déesse qui est en vous que vous affronterez merveilleusement les quelques étapes qu'il vous reste à dépasser.

Chacune d'entre nous est une énergie féminine divine à part entière et nous sommes indissociables les unes des autres puisque unies sur une même note vibratoire. Chacune de nous est reliée à une sphère de cristal, un centre d'énergie cosmique qui porte les caractéristiques de l'ère du Verseau et qui est en action depuis quelque temps pour votre Terre. Ces sphères de cristal sont en réalité des énergies solaires et cristallines très puissantes puisqu'elles interviennent directement dans le Plan d'évolution des planètes comme la Terre, qui est sur le point de parachever une étape de son expérience, et surtout pour les êtres qui évoluent sur ces planètes de troisième, quatrième et cinquième dimension. Oui, nous œuvrons simultanément sur différents plans et pour différentes formes de vie, car notre vibration est infinie et s'étend au-delà du cosmos. Il est maintenant temps pour nous de revenir vers vous, de la Terre, car nos énergies ont déjà été présentes en votre humanité. Nous sommes donc de retour, et ce, depuis quelque temps déjà, pour parfaire ce que nous avons commencé jadis.

Vous savez tous que ce que vous nommez l'ascension planétaire se fera de manière globale, élevant tous les cœurs et les corps, toutes les formes de vie de la Terre de troisième dimension. Cela s'est déjà réalisé en partie pour certaines civilisations qui ont vécu sur la Terre. Et, en ces temps, l'énergie des Déesses et nos qualités ont également été déversées, sous une forme quelque peu différente, aux êtres qui se devaient d'effectuer cette transition vibratoire vers les sphères célestes.

Aujourd'hui est un autre temps. Maintenant, vous ne pouvez plus attendre. Tout doit être action. Et c'est aussi dans ce sens que nos vibrations vous sont envoyées. Les qualités féminines que nous appelons dons divins, ou l'énergie de la Déesse vivant en chacun de vous, vous y poussent inévitablement. L'action dans le respect de la Loi divine. Et cette action est immédiate puisque, comme vous le savez tous, les temps s'accélèrent. Alors, nous vous disons que l'immensité de la Création divine agit consciencieusement pour l'ère du Verseau. Les sphères de vie de cinquième et septième dimension se sont unies en vibration pour que la dose énergétique que vous devez recevoir puisse effectivement toucher chacun de vous, chaque cœur, chaque cellule humaine et divine, chaque création terrestre. C'est ainsi que nous œuvrons.

– *Votre travail actuel est-il similaire à celui de l'époque des Incas avant leur ascension ou est-il différent ?*

Nous avons été présentes bien des fois sur votre Terre, et, en ces temps nous avons œuvré pour l'ascension de civilisations dont les connaissances constituent les bases essentielles du processus d'élévation dans la lumière et dont la mémoire est désormais reconnue par chacun de vos cœurs. Nous voulons parler ici de la civilisation inca, mais aussi de celle de vos frères atlantes. Ainsi, nous avons posé les germes de ce qui est à venir pour l'humanité. Non, l'histoire ne se répète pas ; elle se poursuit, se construit et s'embellit.

C'est grâce aux énergies divines que vous ont léguées ces civilisations et d'autres peuples au cœur pur que vous pouvez aujourd'hui reconstruire le cass-tête de ce grand jeu cosmique qui en arrive à une transition imminente. Puisque nous avons été présentes maintes fois sur votre Terre, nous avons, en des périodes régulières, posé les fondements de l'énergie particulière qui est celle du Verseau. Notre objectif premier a été de ramener sur la Terre l'essence féminine cristalline qui constitue l'une des vibrations essentielles au passage de la troisième dimension à la cinquième et au-delà. Cela a été fait lors de notre travail à l'époque de la civilisation inca. Nous avions à unifier le Cristal intérieur de chaque être, ce qui fut parfaitement réalisé grâce à la pureté de cœur de ce peuple du Soleil. Les Temples de cristal que celui-ci avait édifiés étaient de véritables centres de concentration de nos énergies. Cela a pu se faire par les prières, les chants sacrés et surtout l'harmonie de tous les êtres de cette civilisation. Aujourd'hui, ces temples sont en vous. En vos cœurs. C'est pour cette raison que nous vous disons que les qualités des Déesses sont en vous. Elles l'ont toujours été. Nous vous aidons maintenant à les révéler et surtout à les vivre.

– *Pouvez-vous élaborer un peu sur les changements qui auront lieu au niveau de la gestation ?*

Bientôt, le temps de gestation chez la femme aura diminué de moitié ; cela signifie aussi que le temps d'harmonisation énergétique et vibratoire dans les corps subtils deviendra perceptible pendant les quelques mois qui précèdent la conception.

Sachez que vous êtes de plus en plus nombreuses à remarquer des changements vibratoires en vous et autour de vous durant les cinq à huit mois qui précèdent le début de la « grossesse » effective. Cependant, vous n'accordez pas assez d'importance à ces changements et vous ne les associez presque jamais à une future grossesse. C'est en train de changer, car les enfants qui viennent ont un impact vibratoire considérable sur l'aura des futures mères, et cela bien avant la conception. C'est ainsi que s'harmonisent les vibrations et que se créent les premiers échanges. Permettez-vous de vivre cela avec la compréhension du cœur. L'évidence et la reconnaissance de l'harmonisation énergétique et vibratoire entre la mère et l'âme qui vient s'incarner constitueront un grand pas pour votre humanité et marqueront le point de départ d'une nouvelle phase.

Les femmes n'ont pas conscience de l'immense pouvoir de guérison qu'elles ont sur leur enfant. Le lien qui lie les mères à leurs enfants est un réel canal d'échange d'énergie.

Dans le ventre, l'enfant est nourri physiquement de l'énergie de sa mère par le nombril et il la diffuse dans tout son corps. De la même manière, la mère peut diffuser l'énergie de la Mère divine par le nombril pour soigner son enfant. Cela peut se faire lorsque celui-ci est encore dans le ventre de sa mère. Cela constitue un moyen de communication interne énergétique et vibratoire très puissant. Mais ce lien est également présent après la naissance, c'est-à-dire que le centre du nombril est un point d'entrée de l'énergie maternelle important pour l'enfant. Vous découvrirez d'ici peu de nouvelles techniques pour harmoniser les échanges mère/enfant. Il en est une toute simple que vous pouvez mettre en pratique dès maintenant ; il s'agit de la *technique d'harmonisation ombilicale* : la mère doit simplement mettre la main gauche sur le nombril de son enfant et la main droite dans son dos. Cela réharmonise immédiatement la circulation énergétique dans le corps physique de l'enfant, et les déséquilibres qui peuvent exister disparaissent simultanément.

Cela est possible grâce au lien très fort qui existe entre la mère et son enfant. C'est cela qu'il vous faudra mettre en pratique, car vous êtes toutes les représentantes de la Mère divine sur cette Terre de troisième dimension. Vivez-le avec le cœur grand ouvert. Laissez couler cette énergie au travers de vos mains pour nourrir vos enfants. Cela les apaisera de sentir cette vibration qu'ils connaissent en vérité depuis toujours. Ils vous remercieront de cet échange de lumière et d'amour.

C'est une fois de plus avec une extrême gratitude que nous vous envoyons notre lumière cristalline et nous vous disons à très bientôt.

Un mot de la fin de Salim

Chers amis, je vous remercie de recevoir, à nouveau, en votre cœur et votre conscience la vibration que je porte. D'ores et déjà, vos frères des Étoiles préparent le nouvel agencement énergétique pour la Terre, comme vous le savez, et nous sommes tous unis pour vous transmettre nos fréquences de Lumière qui vous ouvriront la porte de la connaissance du cosmos.

La Confédération galactique et les Peuples du Soleil se joignent à moi en vibration, dans ces quelques lignes, pour vous toucher de leur Amour sans fin pour la Création.

La limite spatiale que vous connaissez sera de loin dépassée lorsque vous entrerez en contact avec vos frères des Étoiles en ces jours précis où les alignements se feront. Cela entraînera une descente considérable des énergies des Peuples solaires. Nous vous mettrons dès lors à contribution, car la dose énergétique que vous vous apprêtez à recevoir doit être correctement canalisée par chacun de vous. Soyez vigilants, redoublez de discernement, car certaines forces que vous nommez *obscures* tentent des « attaques psychiques » qui ont pour but de vous déstabiliser afin de vous détourner, en conscience, de l'ampleur vibratoire de ces alignements cosmiques.

Lorsque l'établissement de la zone d'amorce s'effectuera entre les triangulations dont je vous ai déjà parlé, alors se feront voir les ondes réceptives à cette transmission. Et les structures relatives à cette étape trans-galactique réaliseront, en accord avec la grille magnétique de la Terre, la reliance électromagnétique en champ, en fréquence, en ondes vibratoires telles que vous les définissez, pour ouvrir la route de la Terre vers les étoiles ainsi que le passage effectif des énergies des Peuples solaires vers l'humanité entière.

Demeurez dans l'axe et gardez le cap !

En terminant…

Hildon, Chandra et Flex

Nous vous bénissons de notre lumière cosmique, amis de la Terre. En réalité, nous vous bénissons de votre propre lumière, celle qui demeure depuis l'éternité en les joyaux sacrés de votre cœur et qui se répand peu à peu à tout votre être incarné.

Soyez prêts à accueillir avec conscience tous les événements marquants à venir pour votre humanité. Nous serons là en vibration lorsque vous ferez appel à nous. N'oubliez pas que si vous ne nous demandez pas de l'aide, nous ne pouvons pas agir pour vous. Alors, n'hésitez plus, accueillez à bras ouverts les énergies solaires et cristallines qui vous sont envoyées, acceptez de les vivre en ce monde de troisième dimension et ainsi vous incarnerez leur harmonique pour toute l'humanité terrestre.

Vous êtes en mesure de vibrer sur les sphères solaires qui vous attendent. Vous êtes maintenant arrivés à un état de conscience qui vous permet non seulement d'accepter toute cette réalité supraluminique, mais également de la vivre par votre propre expérience.

Nous, des Étoiles, savons intimement que le Plan divin établi pour la Terre se réalise à merveille et nous sommes ravis de pouvoir vous toucher de nos vibrations pour vous permettre d'ouvrir ces portes de lumière présentes devant vous. Ainsi, par l'intégration de votre essence solaire, puis de votre vibration cristalline, vous unissez la vibration de votre être incarné en troisième dimension à celle de votre Être réalisé. Ainsi, votre être essentiel emplit cette expérience de vie en l'incarnation et réactive, avec l'accord de la Création entière, ces codes de lumière qui vibrent au cœur de votre ADN humain.

Avec tout l'amour que nous vous portons, nous envoyons vers vos cœurs des milliers de fleurs d'étoiles aux couleurs subtiles et nous sommes ravis de voir vos yeux pétiller de lumière !

Sixième partie

Méditations
individuelle et de groupe

Méditation individuelle

Cher ami(e), bienvenue à cette méditation, à ce moment privilégié entre nous. Sachez que nos vibrations vous accompagnent afin de vous faire vivre une expérience qui touchera votre cœur de la lumière divine présente en toute la Création.

Aujourd'hui, si vous le voulez bien, nous vous proposons de retrouver en vous la lumière de votre sphère de vie originelle, c'est-à-dire la vibration primordiale qui vous a bercé lorsque vous avez commencé à œuvrer – à partir du moment où vous vous êtes détaché de la Source d'Amour originelle, que certains nomment Dieu – pour vivre cette fabuleuse expérience qu'est l'évolution. En retrouvant cette reliance éternelle, en la reconnaissant en toute conscience, puis en l'activant, vous ouvrirez les portes de votre potentiel, de votre lumière encore endormie. Nous sommes là pour vous aider à les stimuler, puis à les remettre en action. Si vous êtes prêt, commençons donc notre travail…

- *Tout d'abord, prenez quelques instants pour bien ressentir, au plus profond de votre être, tout cet amour que l'on déverse en ce moment même sur vous depuis les plus belles sphères célestes de cristal.*
- *Centrez-vous en votre cœur. Respirez doucement, calmement. Détendez-vous. Laissez simplement l'énergie que nous vous envoyons agir en chacune des cellules de votre corps, en chacune des particules de vie qui composent votre corps de lumière.*
- *Maintenant, ressentez cette plénitude qui fait vibrer à l'unisson les trois joyaux de votre cœur, ces cellules primordiales de vie divine qui portent la fréquence de votre essence originelle. En cet instant même, nous vous*

envoyons, avec l'accord de votre Présence divine, des milliers de faisceaux de lumière qui portent la vibration harmonique des sept rayons. Maintenant, vous allez répéter trois fois, en votre cœur ou à voix haute, selon votre préférence, le code vibratoire suivant :

AL MENARAN DELUA DEL GARBETH
TELEAN TOLAH DU MARETH

Ces paroles, en langage solaire, représentent le lien qui vous unit à la lumière des sept rayons. Vous faites appel à la lumière du Créateur et vous lui demandez d'envoyer la puissance des sept rayons à votre cœur, créant ainsi un pont, un arc-en-ciel de lumière, entre votre être réalisé et votre être incarné.

- *À présent, respirez doucement cette lumière intense qui jaillit du cosmos et qui touche à l'instant votre cœur. Emplissez-vous de la paix que portent toutes ces étincelles de vie divine, ressentez la fraîcheur et la douceur intense de cette reliance d'amour et de lumière avec votre Être réalisé. Demeurez quelques instants en cette vibration.*
- *Ensuite, doucement, demandez à votre étoile de cristal, celle qui est en votre cœur et qui représente la vibration christique, c'est-à-dire, à la fois, solaire et cristalline, d'unifier tous vos centres énergétiques, vos douze chakras, et de les faire vibrer sur les harmoniques des douze rayons. Avec le plus grand respect pour ces mots sacrés, répétez trois fois en votre cœur ou à voix haute :*

MANU DELA MIRNUA
TELEMAN DETRA VESTALIS

À ce moment même, ces rayons d'amour et de lumière vous touchent et activent au sein de votre ADN des codes de lumière qui doivent être réactivés en cette période de changement pour la Terre et pour vous-même. Cela va vous permettre de retrouver en cette incarnation la véritable essence de qui vous êtes.

Cet appel sacré permet à chaque cellule de votre corps de recevoir la vibration cosmique, solaire et cristalline des douze rayons divins, ceux qui mènent à l'ascension et à la réunification de l'être incarné et de l'être réalisé.

Prenez quelques instants pour ressentir la force d'amour et de lumière qui vous traverse et imprègne chaque cellule de votre corps physique afin de vous nourrir de votre propre essence divine. Maintenant, la lumière de votre aura s'intensifie et révèle la luminescence de vos corps de feu solaires et cristallins.

Si vous êtes prêt, nous allons passer à l'étape suivante. Cette fois-ci, nous allons établir cette reliance avec vos corps solaires et cristallins. Pour que cela soit effectif, vous allez demander, du plus profond de votre cœur et avec le plus grand respect pour la Création, à recevoir la vibration des Lettres de feu *Sateh*, *Vav* et *Ys*.

Sateh, est une énergie à la fois très puissante et très douce puisqu'elle unit la force de l'action et du choix juste. *Vav*, permet de soigner les blessures karmiques en agissant comme un baume de soleil très doux qui réchauffe tout votre être incarné. *Ys*, sa fréquence harmonique délie tout ce qui est bloqué en énergie et favorise la circulation énergétique.

Vous allez alors répéter trois fois : Sateh… Sateh… Sateh – Vav… Vav… Vav – Ys… Ys…Ys…

Le simple fait de faire appel à ces vibrations va déclencher des boucliers de feu solaires tout autour de vous. Ainsi, toutes les particules non lumineuses qui alourdissent vos corps sont instantanément transmutées en lumière.

Et vos corps de feu solaires resplendissent de toute leur puissance. En inspirant profondément deux ou trois fois, vous allez, à partir de votre cœur, envoyer tout l'amour que vous portez à vos corps de feu solaire. Et, tout naturellement, cet amour s'étend au-delà de vos corps de feu pour toucher un à un vos treize corps cristallins. Ceux-ci vibrent maintenant sur les harmoniques cristallines nécessaires à votre reliance avec votre sphère de cristal.

- *À ce moment même, nous vous demandons d'écouter votre cœur. Écoutez sa vibration. Écoutez sa pulsation… son mouvement…sa respiration. Entrez en résonance avec sa pulsation, tout doucement… à votre rythme. Vous devenez entièrement votre cœur.*
- *Maintenant, visualisez un petit point de lumière, à environ deux mètres, tout droit devant vous. Approchez-vous de lui… tout doucement. Approchez-vous de ce point de lumière jusqu'à ce qu'il soit à environ un mètre de vous. Il s'agit en réalité d'une porte. C'est une ouverture de lumière qui se présente à vous. Soyez alors conscient que ce passage vous mène directement à votre sphère de cristal… votre sphère de vie solaire et cristalline dont vous portez l'essence originelle. Prenez le temps d'être bien, d'être en paix avec vous-même.*
- *Tenez-vous prêt à franchir cette porte. C'est en vérité une ouverture qui se trouve en votre cœur, à l'endroit le plus sacré, en ce point de fusion de vos trois joyaux divins. Laissez derrière vous toute crainte, toute peur. Il n'y a que l'amour au-delà de cette porte de lumière. Soyez confiant, nous vous accompagnons. Vous pouvez aussi, si vous le souhaitez, demander à vos guides et à vos anges de lumière de vous accompagner.*
- *Avancez tout doucement et franchissez cette porte de lumière. Permettez-vous de vivre cette expérience unique de reliance avec votre sphère de vie... Que ce voyage vous soit des plus agréables !*
- *Revenez maintenant à votre être incarné. Dirigez-vous, tout doucement, vers la porte de lumière. Avant de la franchir de nouveau, remerciez toute cette énergie céleste qui vous entoure, celle de votre sphère de lumière. Remerciez-vous, car l'expérience que vous venez de vivre requiert une harmonie vibratoire importante. Tout doucement, repassez alors la porte de lumière dans l'autre sens…*
- *Tout en gardant vos yeux fermés, demeurez dans cette vibration d'amour intense que vous avez reçue et permettez-vous de la diffuser maintenant à votre être incarné, à tout votre corps physique, afin que ce voyage que vous avez effectué vers votre sphère de lumière puisse imprégner tout votre être. C'est le point plus important de cet exercice.*

- *Continuez de respirer à votre rythme et portez de plus en plus votre attention sur votre corps. Ressentez chaque partie de celui-ci, en remontant lentement des pieds jusqu'à la tête.*
- *Puis, portez votre attention sur toutes les cellules qui composent votre corps et qui reçoivent par le fait même la vibration que vous avez ramenée avec vous, en votre cœur. Cette vibration a toujours été là. Il fallait simplement la retrouver et c'est ce que vous avez accompli.*

Sachez qu'en cet instant même chaque cellule de votre corps pétille de vie et dégage une lumière intense, amenant ainsi votre corps à vibrer à la fréquence lumineuse de la sphère solaire et cristalline avec laquelle vous vous êtes reliés. Chaque particule de vie de vos corps subtils se met également en rotation intense pour sublimer… révéler…alchimiser tout ce dont vous êtes porteurs.

La vibration originelle de votre sphère de vie divine se répand à tout votre être incarné, qui à son tour répand sur la Terre cette vibration solaire primordiale dont l'humanité a grand besoin en ces temps.

Les paroles que vous êtes sur le point de prononcer, prenez le temps d'en ressentir la vibration… de chaque mot… de chaque syllabe, car il s'agit de sons vibratoires et pas seulement de simples mots. Vos frères incas disaient cette prière chaque jour au lever du soleil et à son coucher. Tout le monde connaissait ces mots sacrés, qui étaient devenus familiers à toute cette civilisation du Soleil.

- Maintenant, pour compléter cette intégration et pour qu'elle puisse prendre place dans chaque action de votre vie, dans chaque geste et chaque parole, nous vous proposons de répéter trois fois la prière qui va suivre.

DE AORA TELABAS DE RU
KALEAN FLERETH MANU LARIS
MONE DELAM KELEMAS DELA
FUERIS TOBIAN DOLEVIAN NAMO

Cette prière sacrée a été donnée par le Grand Cristal de feu à vos frères incas lorsque ceux-ci expérimentaient l'évolution en la troisième dimension, à la surface de votre Terre, comme vous le faites aujourd'hui. Sa puissance permet véritablement d'ancrer sur cette Terre, et surtout dans le cœur de chaque être humain incarné, la vibration solaire nécessaire à l'acceptation de sa divinité. C'est cette harmonique solaire qui vous permettra d'avancer plus rapidement et de vivre en conscience tous les événements à venir.

Finalement, pour terminer cette méditation, permettez-vous maintenant de recevoir la vibration des rayons cosmiques que nous vous envoyons de nos cœurs d'Amour et de Lumière unis en l'infini de la Création.

Respirez cette lumière et diffusez-la dans tout votre corps. Restez dans cette unité parfaite avec vous-mêmes. Et n'oubliez pas : l'essentiel pour chacun de vous est d'arriver à vivre le bonheur, la joie, l'amour et la paix au quotidien.

Nous vous remercions et vous disons à très bientôt, sur cette vague de lumière qui parcourt le cosmos et embellit toute création de son amour éternel.

Méditation de groupe

Suggestion avant de commencer votre méditation de groupe

(Les participants s'assoient en formant un cercle. Nous recommandons des groupes de sept ou huit personnes. Pour un groupe plus important, comme une vingtaine de personnes, il faut faire un grand cercle. Chacun doit tenir un cristal transparent entre les mains, mettre une bougie blanche au centre, de l'encens (myrrhe ou copal). Ceux qui le souhaitent peuvent ajouter des fleurs et des cristaux.)

Bienvenue à vous tous. Remerciez-vous, chers amis de la Terre-Lumière. Remerciez chacun de vous ici présents, car la vibration que vous allez cocréer aujourd'hui par cet exercice sera plus que bienfaisante pour vous, mais aussi pour tous les êtres de la surface de la Terre.

Jadis, nous avons enseigné à vos frères incas cet exercice qui vous est proposé ici. Réunis sur l'herbe verdoyante devant les temples sacrés, ils prenaient toujours un grand plaisir à vivre ces instants. Ils avaient la certitude, au plus profond de leur cœur, d'œuvrer à l'avancement vibratoire de tous leurs frères et sœurs, sur la Terre mais aussi au-delà du cosmos. La vibration qui naît de cette méditation touche non seulement votre Terre-Mère, mais aussi tous les mondes en évolution qui vivent en ce moment la même expérience de vie tridimensionnelle. Sachez donc que vous toucherez ainsi bien des cœurs. Si vous le voulez bien, commençons notre méditation…

- *Tout d'abord, fermez les yeux et centrez-vous en votre cœur. Puis, respirez profondément à quelques reprises et laissez couler l'énergie de vie en vous.*
- *Maintenant, prenez quelques instants pour vous détendre et respirez normalement.*
- *À présent, portez une grande attention à votre cristal, ce médiateur énergétique. Sentez sa vibration s'unir à la pulsation divine de votre cœur et laissez cette harmonie vous emplir totalement. Ce cristal que vous tenez entre vos mains véhiculera l'information lumineuse des plans subtils jusqu'à vous durant cette méditation. Sentez cette lumière se diffuser dans chaque cellule de votre corps, puis dans chaque particule de vie de vos corps de lumière. Prenez un moment pour bien ressentir tout cela. Respirez doucement.*
- *Lorsque cela est accompli, déposez devant vous votre cristal en lui demandant de rester dans votre aura et de vous unir en vibration. Puis, donnez-vous tous la main afin que le cercle de lumière scelle sa vibration. Sachez que vous êtes unis sur une même harmonique, celle du Grand Cristal central.*
- *De notre côté, nous vous envoyons la lumière cosmique et solaire qui permettra à votre vibration divine de s'épanouir entièrement en votre être incarné. Puis, par votre entremise, cette pulsation divine se répandra dans toute l'humanité. À cet instant même, vous êtes reliés dans la même unité vibratoire. N'oubliez pas que les cristaux placés devant vous forment également une grille de circulation énergétique avec vos cœurs et le cœur du Cristal central. Prenez quelques instants pour bien assimiler cette lumière cosmique.*
- *Maintenant, posez vos deux mains sur votre cœur et demandez au Cristal central de la Terre de vous envoyer, par l'intermédiaire de vos cristaux, la vibration dont l'humanité a abondamment besoin. En réponse à cette demande, le Cristal central se met alors à diffuser immédiatement une lumière intense, de par ses milliers de faisceaux de lumière solaire et cristalline, accompagnés également par tous les cristaux de la Terre qui vibrent en résonance avec la nouvelle grille cristalline, incluant les cristaux qui se trouvent devant vous.*

- *Connectez-vous totalement à cette vibration. Vous êtes cristal… Vous êtes CHRIST à l'intérieur de votre cœur. À cet instant, ressentez de nouveau ce lien du cœur qui vous unit, qui scelle ce cercle, formant ainsi un anneau d'or. C'est par la fusion de cette vibration or avec la vibration de vos cristaux que vous alchimisez les rayons de lumière qui vous sont envoyés depuis le Cristal central de la Terre pour pouvoir ensuite les diffuser.*

Maintenant, tout en demeurant centré en votre cœur, nous allons passer à la deuxième partie de notre méditation, soit la prononciation du chant sacré.

Sachez que ces paroles sacrées (ou ce chant sacré) que vous êtes sur le point de prononcer peuvent être chantées trois fois, neuf fois ou douze fois de suite. Cela demeure votre choix. Mais, dans le but d'une plus grande uniformité, nous vous proposons d'établir d'avance le nombre de fois que vous les prononcerez. Vous ressentirez, à la prononciation de ces sons, de ces vibrations, la pureté et la transparence des énergies cosmiques incas qui vous accompagnent maintenant. Ces paroles permettent de diffuser sur toute la surface de la Terre la vibration que vous recevez du Cristal central.

Mais, avant d'entamer le chant, il faut bien faire la visualisation qui suit :

- *Tout en prononçant ces paroles sacrées (trois, neuf ou douze fois), visualisez un cercle de feu blanc s'élevant depuis le cercle que vous formez avec votre groupe, et voyez ce cercle rejoindre d'autres cercles de feu blancs, ceux qui sont émis par les cœurs de vos frères et sœurs de la Terre, ceux qui sont envoyés par vos frères stellaires depuis le cosmos… et ceux qui sont diffusés par vos frères intraterrestres.*
- *Puis voyez ces cercles s'unissant dans le ciel et formant une immense fleur de vie qui prend alors les couleurs de l'arc-en-ciel et d'autres teintes subtiles aux tons multiples et lumineux. Imaginez cela avec votre cœur et non votre mental, et cela suffira pour émettre la vibration de cette réalité.*

Cette infinitude de cercles de feu blancs formant la grande fleur de vie descend à l'instant même et recouvre toute la Terre. Regardez sa lumière envelopper toute la surface de la planète et voyez votre belle planète bleue scintiller dans son aura de feu solaire. Prenez quelques instants pour bien maintenir cette vibration lumineuse.

Tout d'abord, répétons ensemble les paroles sacrées trois fois. Pour ceux qui désirent les prononcer neuf ou douze fois, vous n'aurez qu'à continuer par la suite.

Maintenant, tout doucement, avec le plus pur amour que vous portez en votre cœur, vous allez réciter ces paroles sacrées tout en visualisant des cercles de feu blancs :

DELEMAN NU KAERA FLES
SUTRA MANA DELAERAS
TOLEAN SU DE GABANES
KALOTH SERAN ASHEVALAS

DELEMAN NU KAERA FLES
SUTRA MANA DELAERAS
TOLEAN SU DE GABANES
KALOTH SERAN ASHEVALAS

DELEMAN NU KAERA FLES
SUTRA MANA DELAERAS
TOLEAN SU DE GABANES
KALOTH SERAN ASHEVALAS

- *À nouveau, centrez-vous en votre cœur. Puis, dans l'harmonie la plus totale de votre être, envoyez un faisceau de lumière blanche jusqu'à votre cristal, celui que vous avez apporté avec vous. Il vibrera alors de toute sa splendeur.*
- *Maintenant, par ce lien de lumière qui unit votre cœur à votre cristal, prenez quelques instants pour former l'intention d'harmoniser tous les êtres*

incarnés de la surface de la Terre, c'est-à-dire de permettre à chacun de vibrer sur les harmoniques du cœur, cette fréquence qui est requise pour l'élévation vibratoire de l'humanité. Sachez que cela se fait instantanément.

Regardez tous ces petits points de lumière briller à la surface de la Terre. Chacun provient du cœur d'un être, que ce soit un humain, un végétal ou un animal. Ces points de lumière, grâce à l'énergie que vous envoyez par la fusion de votre cœur, de votre cristal et du Cristal central de la Terre, se mettent alors à grandir, puis s'unissent et forment un manteau de lumière enveloppant toute la Terre.

Tout en continuant à visualiser la Terre et ce manteau de lumière scintillant formé par l'union de tous les cœurs des êtres de la surface, répétez les paroles suivantes trois fois :

AL MENELA KODAM TE BAN
DELEOR ESTA VARUM DE LAN

Cette vibration, en langage solaire, va alors s'élever dans l'atmosphère terrestre et permettre l'union vibratoire de la trame de lumière formée par tous ces cœurs avec la lumière de la fleur de vie que vous avez cocréée au début de cet exercice et qui enveloppe la Terre. Voyez alors deux couches de lumière tout autour de la Terre qui se rapprochent et fusionnent pour ne former qu'un seul grand manteau de lumière solaire et cristalline. Ainsi, vous participez à l'intégration de l'énergie solaire et cristalline au niveau collectif, c'est-à-dire non seulement pour vous-mêmes, mais aussi pour tous vos frères de la surface de la Terre. Et nous vous en remercions.

Nous ouvrons à l'instant même une porte de lumière pour chacun de vous afin que toute cette énergie d'unification et d'amour soit également reçue, non seulement par toutes les parties de votre être qui vibrent sur d'autres plans, mais aussi par l'inconscient collectif de votre humanité et toute l'histoire que la Terre-Mère a vécue depuis le début de son évolution. Ainsi, la vibration qui va se diffuser pourra alléger les mémoires, renforcer l'énergie d'amour/lumière et, de ce fait, sublimer les résidus karmiques collectifs.

- *Pour la troisième et dernière partie de cette méditation, nous vous proposons de vous donner la main de nouveau.*
- *Puis que chacun de vous demande, dans son cœur tout d'abord, à recevoir les rayons rose doré et rose argenté.*
- *Maintenant, faites-le tousù ensemble à voix haute. Voyez alors des milliers de faisceaux de lumière descendre sur vous, depuis le ciel, depuis la lumière du grand Soleil central. Sentez alors la puissance de ces faisceaux de lumière vous emplir totalement et se diffuser par vos mains à tout le cercle.*

L'anneau d'or qui est formé en vibration par votre cercle se met à pulser et à tourner dans le sens inverse des aiguilles d'une montre, générant un champ de force très puissant. Au même instant, les cristaux que vous avez déposés devant vous s'unissent en vibration et forment un anneau de feu blanc qui se met à pulser et à tourner dans le sens des aiguilles d'une montre, de plus en plus rapidement. Les deux anneaux qui tournent en sens contraire créent ainsi un champ de force électromagnétique qui ouvre un vortex entre la Terre de troisième dimension et toutes les facettes de l'évolution terrestre, c'est-à-dire le passé, le présent et le futur, et toutes les parties de tous les êtres de la surface de la Terre qui évoluent sur des plans parallèles.

Ce vortex, d'une grande puissance, ne se déclenche que lorsque nous en demandons l'autorisation. Ainsi, par cet exercice, vous faites appel à nos énergies pour demander l'autorisation à la Création divine d'Amour d'ouvrir ce vortex. Celui-ci s'ouvre, car vos cœurs sont purs et l'intention que vous émettez est juste. Sachez que si ce n'était pas le cas, il ne s'ouvrirait pas, de toute façon.

- *Demeurez dans cette vibration quelques instants et respirez l'unité qui vous envahit*
- *Enfin, pour terminer cette méditation, vous allez prendre votre cristal entre vos mains et l'amener à votre cœur. Sachez que la vibration du cristal est maintenant en résonance avec celle de votre propre cœur et que ce*

lien peut vous permettre de vivre des expériences de lumière magnifiques si vous méditez, à l'avenir, avec ce cristal. Vous pouvez aussi simplement dormir avec lui et son énergie résonnera avec votre aura pour vous emmener sur des sphères de lumière.

- *De votre cœur, envoyez alors des milliers d'étincelles de lumière à votre cristal. Celui-ci fait alors de même, vous envoyant des milliers d'étincelles d'amour qui touchent votre cœur et tout votre être incarné. Remerciez votre cristal. Remerciez votre cœur. Remerciez-vous.*

Sachez que, chaque fois que vous répéterez cette méditation, une vibration nouvelle vous sera envoyée du Cristal central de la Terre. Il en est ainsi, car le cœur de votre Terre-Mère sait intimement quelle vibration est nécessaire à ses enfants à chaque instant.

Nous, des Étoiles, vous remercions de participer activement, et en conscience, à toute cette grande danse cosmique. Que la lumière de la Création pulse en chacune des secondes de votre expérience terrestre ! Et puissent les plus beaux rêves prendre forme grâce à l'harmonie divine de vos cœurs qui résonnent et rayonnent le chant de l'Unité.

A propos de Lee Carroll

Après avoir obtenu un diplôme en études commerciales et en économie de la *California Western University* (Californie), Lee Carroll met sur pied une entreprise spécialisée en techniques audio à San Diego, qui prospère pendant une trentaine d'années. En 1989, il s'engage sur sa voie spirituelle : c'est le début des enseignements Kryeon.

Timidement, les premiers écrits sont d'abord présentés au milieu métaphysique de Del Mar, en Californie ; le reste appartient à l'histoire : au total, douze ouvrages de métaphysique ont été publiés en dix ans. Plus de 800 000 exemplaires des ouvrages Kryeon et Les enfants Indigo ont été imprimés dans le monde, en vingt et une langues, dont le français, l'espagnol, l'allemand, le chinois, l'hébreu, le danois, l'italien, le grec, le coréen, le hongrois, le russe, le japonais, le portugais, le roumain et le turc. Dans le monde francophone seulement, plus de 150 000 exemplaires de la série Kryeon ont été vendus.

En 1995, Lee a été invité à présenter Kryeon aux Nations Unies (O.N.U.) à New York, devant un groupe mandaté par cette organisation, la *Society for Enlightenment and Transformation* (S.E.A.T.). La présentation a été si bien accueillie qu'il y est retourné quatre fois par la suite pour transmettre son message d'amour, soit en 1996, en 1998, en 2005 et en 2006 ! Ces rencontres se tiennent aux étages supérieurs, dans les aires de travail de l'édifice des Nations Unies, non loin de l'Assemblée générale. Elles sont réservées aux délégués aux Nations Unies et aux invités de la société.

Voici les titres parus aux Éditions Ariane :

- *La Graduation des temps*
- *Allez au-delà de l'humain*
- *Alchimie de l'esprit humain*
- *Partenaire avec le divin*
- *Messages à notre famille*
- *Franchir le seuil du millénaire*
- *Un nouveau don de lumière*
- *Le retour*
- *Les enfants indigo*
- *Célébration des enfants indigo*

À propos de Aurélia Louise Jones

Aurélia Louise Jones est née en 1941 à Montréal dans une famille canadienne française. Elle a travaillé comme infirmière à Montréal dans la première partie de sa vie adulte. Éventuellement, elle déménagea aux Etats-Unis. Puis un jour, elle reçu la guidance de Adama et des membres du Conseil de Lumière Lémurien de Telos, l'incitant à s'installer au Mont Shasta afin d'y remplir sa mission de vie.

Aujourd'hui, Madame Jones est la fondatrice et la propriétaire d'une petite maison d'édition, « Mount Shasta Light Publishing », établie pour assister la préparation de la résurgence Lémurienne. Elle donne des conférences et des ateliers partout dans le monde. Son site internet est : www.lemurianconnection.com

L'auteure a déjà trois livres à son actif concernant les enseignements lémuriens en provenance de Telos. Tout d'abord publié en français, ces ouvrages se sont rapidement classés parmi les meilleurs vendeurs chez les libraires. En plus de la langue française, ces livres sont également disponibles en anglais, espagnol, russe, hébreu, portugais et roumain.

Voici les titres parus aux Éditions Ariane Inc. :

- *Telos, Tome I* : Révélations de la Nouvelle Lémurie.
- *Telos, Tome II* : Enseignements pour l'épanouissement d'une Humanité en Transformation.
- *Telos, Tome III* : Protocoles de la Cinquième Dimension

Titre paru par l'entremise de la Fondation Telos Mondiale Inc. (www.fondationtelosintl.com) :

- *Effets des Drogues Récréatives sur le Développement Spirituel.* Un livret de 40 pages donnant un message extrêmement efficace pour ceux qui sont pris dans l'illusion de la culture moderne d'addiction et drogue.

À propos d'Edna G. Frankel

L'auteure et enseignante Edna G. Frankel est un canal métaphysique à temps plein pour la Fraternité de lumière. Elle a commencé à étudier le Reiki Usui en 1985 et est devenue maître en 1994. Elle a passé dix ans en méditation active avec la Fraternité de Lumière et les Maîtres Ascensionnés, se préparant à la canalisation et apprenant comment le corps humain se répare énergétiquement. Son premier livre, *The Circle of Grace* (2003) expose les fonctions énergétiques des couches physique, émotionnelle, mentale et spirituelle (PEMS) du corps, et la façon de les nettoyer et de les équiliber.

Le Cercle de grâce est un mécanisme de nettoyage intégré aux méridiens énergétiques et au système nerveux. Apprenez à dégager (à volonté) l'excès de pression et les blocages énergétiques de vos couches PEMS du corps. Le temps est venu de vous dégager de votre densité tridimensionnelle, de vous élever avec grâce dans les énergies supérieures du Changement de millénaire.

Les *Séminaires du Cercle de grâce* sont offerts aux États-Unis, au Canada, en Europe et ailleurs. Aux adeptes de la spiritualité, Edna enseigne le CDG en tant que méditation que l'on guide soi-même. Aux praticiens holistiques, elle offre des ateliers de deux jours sur la façon d'utiliser le CDG sur les autres en ant que modalité autonome, ou d'intégrer le CDG dans leur pratique existante. Une fois en accord, vous travaillerez avec des « énergies chaudes » à la table et des « énergies froides » à une distance d'un à trois mètres de la table, afin d'enlever les blocages qui vont au-delà du champ aurique du client. Si vous désirez un événement dans votre région, veuillez écrire à edna@beyondreiki.com.

www.beyondreiki.com est un site web consacré à la fusion de la science et de la spiritualité. Lisez les articles publiés par Edna dans leur forme canalisée originale. Visitez la boutique de Ressources pour les plus récents ouvrages, cristaux accordés, diapasons et autres outils du praticien utilisés dans le travail avec le Cercle de grâce.

Paru aux Éditions Ariane :

- *Cercle de grâce, fréquence et physicalité* (2005).

À propos de Régine F. Fauze et Didier Wagner

Régine F. Fauze et Didier Wagner vivent à Bagnac en France. Depuis 1999, Régine canalise le collectif Soria. Elle a déjà huit livres publiés aux Éditions Ariane, dont *Les grandes voies du soleil, Maîtrise du corps, Voyage, Fleurs d'esprit, L'être solaire, Cercles de paroles, Réalisation solaire et Paroles et semences de vie.* Régine et Didier voyagent régulièrement au Québec afin d'offrir des conférences et des ateliers. Ils sont également très actifs en France.

« Afin de vous transmettre des énergies intimes pour votre évolution personnelle, j'ai créé une matrice où vous pouvez vous asseoir et recueillir ma vision sur la place de l'être humain. Matrice d'échanges et de parole honorant la vôtre. Ainsi sont nés les Cercles de paroles dans lesquels je pose ma robe de lumière pour vous entourer de ma force universelle. »

Soria

Cercles de paroles :

Automne 2006 –
Au Québec

- Saint-Damien de Brandon – *Le Souffle sacré des quatre éléments.*
  31 août et 1,2 et 3 septembre. Inscription : Claude au 450-835-5730
- Gatineau, les 22,23 et 24 septembre.
  Inscription : Lorraine au 819-643-9531
- Deux-Montagnes, les 29,30 septembre et 1er octobre.
  Inscription : Antoinette au 450-473-7848
- Montréal (Centre St-Pierre) le 9 septembre à 19 h., *Conférence*
  Inscription : Simone 514-739-7653

En France

- Grenoble, les 11,12 et 13 novembre
  Inscription : Régine, B.P. 11 – 46270 Bagnac.

À propos de Nathalie Chintanavitch

Depuis 2003, cette jeune auteure de 28 ans transmet les enseignements des Frères stellaires du peuple Inca Hildon, Chandra et Flex. Elle a déjà publié deux ouvrages les concernant et un troisième sera disponible sous peu. Vous pouvez la rejoindre au courriel suivant : incasmasters@yahoo.fr

Livres parus aux éditions Ariane :

- *La délivrance par le soleil*
- *L'envolée humaine*
- *Rayonnance* (à paraître en octobre 2006)

À propos de Gabriel Uribe

Gabriel Uribe est un jeune artiste aux multiples talents. Il travaille comme illustrateur, infographiste et webdesigneur. Il a déjà à son actif plusieurs pages couvertures de livres ainsi que la création de plusieurs sites internet.

Pour plus de détails, consultez son site internet :www.creamage.com

Quelques exemples de livres d'éveil publiés par Ariane Éditions

Aimer ce qui est
Anatomie de l'esprit
Contrats sacrés
Marcher entre les mondes
L'effet Isaïe
L'ancien secret de la Fleur de vie, tomes 1 et 2
Vivre dans le cœur
Les enfants indigo
Le pouvoir de créer
Célébration indigo
Aimer et prendre soin des enfants indigo
Série Conversations avec Dieu, tomes 1, 2 et 3
L'amitié avec Dieu
Communion avec Dieu
Nouvelles Révélations
Retour à Dieu
Le Dieu de demain
Le pouvoir du moment présent
Mettre en pratique le pouvoir du moment présent
Quiétude
Le futur est maintenant
Votre quête sacrée
Sur les ailes de la transformation
Messages du Grand Soleil Central
Révélations d'Arcturus
L'amour sans fin
L'âme de l'argent
Le code de Dieu
Entrer dans le jardin sacré
L'oracle de la nouvelle conscience (jeu de cartes)
Guérir de la détresse émotionnelle
Cercle de grâce
Médecine énergétique
L'envolée humaine
Intelligence intuitive du cœur
Sagesse africaine
L'univers informé
Science et champ akashique
Guérir avec les anges (jeu de cartes)
Accéder à son énergie sacrée
Au-delà du Portail
Les cités de lumière intraterrestres
Nirvana
Nouvelle Terre
Telos, tomes 1,2 et 3
Le livre de l'éveil
Et l'univers disparaîtra
Tout est accompli
Tansparence II
Créateurs d'avant-garde

Série Soria :

Les grandes voies du Soleil
Maîtrise du corps ou Unité retrouvée
Voyage
L'Être solaire
Fleurs d'esprit
Cercles de paroles
Réalisation solaire

Série Kryeon :

Graduation des temps
Allez au-delà de l'humain
Alchimie de l'esprit humain
Partenaire avec le divin
Messages de notre famille
Franchir le seuil du millénaire
Un nouveau départ
Un nouveau don de lumière